# 前生을 봐 드립니다

安東民 著

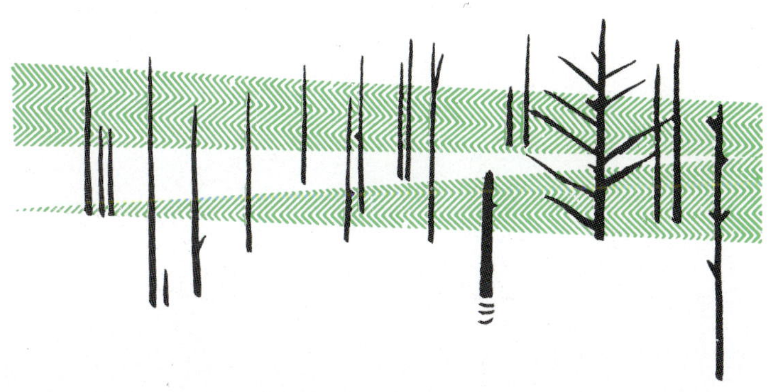

明文堂

# 序　文

　　내가 철저한 무신론자(無神論者)에서 유신론자(有神論者)로 변신(變身)한 지도 20년이 가까워 온다.

　　남달리 병약(病弱)했던 내가 누구보다도 건강해졌을 뿐 아니라, 수많은 난치병 환자들의 체질(體質)을 개선(改善)시켜 줌으로써 건강을 되찾게 해 준 것도 지금 생각해 보면 놀라운 일이 아닐 수 없다.

　　생전에 내가 의사가 되기를 바랐던 선친(先親)의 뜻과는 반대로 배고픈 직업인 작가(作家)가 되었던 내가 40대 초반에 변신(變身)을 해서 의사 아닌 의사인 심령능력자(心靈能力者)가 되어서 수많은 난치병 환자들을 상대하게 되리라고는 꿈에도 생각지 않았던 일이었던 게 사실이었다.

　　심령능력자로 변신한 뒤 처음 8년 동안은 일요일도 없는 바쁜 매일매일을 보내야만 했었다.

　　아침에 눈을 뜨면 벌써 환자들이 찾아와서 미리 번호표를 타들가고, 일을 시작하고 정신을 차려보면 벌써 바깥은 어두워 있곤 했다.

　　나의 개인적인 용무는 전혀 볼 수 없는 생활이었다. 어떻게 생각하면 감옥살이를 한 것 같은 느낌마저 들던 긴 세월이었다.

　　심령능력자가 된지 10년째 되던 해, 뜻하지 않던 사건(事件)이 일어나서 나는 그때까지 내가 해오던 일에 회의를 느끼게 되었다.

　　내가 발견한〈옴 진동수〉도 여간해서 퍼질 것 같지 않았고, 나는 내가 심령능력자로서 과연 어느 정도의 실력자인지 확인하고 싶은 생각이 들었다.

이때 머리에 떠오른 것이 일본이었다.

일본은 아다시피 명치시대(明治時代) 그러니까 지금으로부터 100년 전부터 심령과학을 연구하게 된 나라이다. 그래서 나는 일본으로 갔다.

해방되던 해 나는 열다섯의 어린 소년이었다. 일본어라고는 그때까지 정식으로 배웠을 뿐, 그 뒤로는 때때로 독서를 한 실력(實力)을 갖고 있는 내가 감히 일본어로 책을 쓴다는 것은 처음에는 엄두도 내지 못했던 일인데, 어쨌든 나는 일본어로 책을 쓸 필요가 있었고, 또 그것이 성공을 거둔 것은 놀라운 일이 아닐 수 없었다.

지난 8년 동안에 대륙서방(大陸書房)에서 일곱 권, 다른 서점에서 출간한 것까지 합하면 열권의 책을 출판을 했고, 국내에서 발간한 것까지 합치면 20권 가까운 일본어 책을 쓴 셈이다.

덕분에 일본에도 6000명 가까운 회원이 생겼고, 나는 지난 8년 동안 수십번에 걸쳐 일본을 드나들어야만 했었다. 대중들을 앞에 놓고 강연을 한 것도 수십번에 이르렀다.

이제 나에게 있어서 일본어는 모국어(母國語)인 한국말 이상으로 친숙한 말이 된 것도 사실이다.

내가 정식(正式)으로 심령능력자가 된지 올해로 만 15년이 된다.

여기서 한번 내가 지난 날 해 온 일들을 정리해 볼 필요를 느꼈기에 나는 이 책을 쓰기로 결심을 한 것이었다.

내가 심령능력자로서의 체험을 통해 얻은 지식은 일반 심령과학과는 틀리는 점도 많은 게 사실이다.

또 많은 종교에서 말하는 진리(眞理)가 진리가 아님을 알게 된 점도 많기에 일단 정리를 해볼 필요를 느끼게 된 것이라고나 할까?

여지껏 수많은 내 책을 읽은 독자들은 이 책에 중복된 내용이 있음을 발견하여 의아해 할 줄 아나, 나로서는 이 책 한권으로 내가 알게 된 중요한 사실들을 전부 정리해 볼 생각이 있어서 그렇게 하였음을 밝혀두는 바이다.

　이 책을 읽고, 우주(宇宙)의 진리(眞理)를 깨닫고, 삶의 참다운 뜻을 알게 되어, 올바르고 행복한 생활을 해나가는데 하나의 지침(指針)이 될 수 있다면 그 이상 다행한 일은 없지 않나 생각한다.

1988년　월

三淸洞　碧湖亭에서

安東民

# ■차　례■

# 序章 당신은 누구인가?

## 1. 人間에게는 영혼이 있는가?

옛날에는 인간에게 영혼이 있다는 것을 의심하는 이는 없었다. 인간이 영혼을 지니고 있다는 것은 누구나의 상식에 속하는 이야기였다. 그러나 오늘날 물질만능(物質萬能)의 세상이 되면서 사람들의 생각은 많이 달라진게 사실이다.

육체가 살아 있을 때, 뇌가 정상으로 작동할 때 마음이란 존재한다.

사람이 죽어서 뇌가 망가지면 마음도 사라진다. 따라서 영혼이란, 육체와 별개로 존재하는 것은 있을 수 없다고 생각하는 사람들이 많은게 요즘의 현실이 아닌가 한다.

나 자신도 무신론자(無神論者)에서 유신론자(有神論者)로 변하기 전까지는 그렇게 생각했던 것이 사실이었다.

그러면 여기서 알기 쉽게 영혼과 육체의 관계를 방송국과 TV와 비유해서 설명해 보고져 한다.

방송국과 TV는 따로따로 존재한다. 그와 마찬가지로 우리들의 영혼의 본체(本體)가 존재하는 곳은 영계(靈界)라는 별개의 세계이고 이 세상은 아니다.

그러니까 나의 영혼의 본체는 영계에 살고 있으며 내 육체는 수신기에 지나지 않는 TV와 같은 것이라고 생각하면 된다.

영계에 있는 마음의 본체가 많은 경험을 쌓기 위하여 육체를 만들었고 그 육체는 영혼의 파장(波長)을 수신하는 수신기에 지나지 않는다.

수신기가 고장이 나면 잘 작동을 하지 않는다. 아무리 방송국에서 방송을 하고 있어도 TV가 고장이 나면 화면은 나오지 않는다.

사람의 영혼은 그 영파(靈波)의 파장(波長)이 모두 다르게 마련이다.

마치 사람마다 지문(指紋)이 다른 것과 같다고 생각하면 될 줄 안다.

우리가 잘못된 마음을 갖고 살면 육체는 고장나게 마련이고, 또한 육체가 크게 고장나면 영계에서 오는 파장을 잘못 수신(受信)하기 때문에 마음이 이상해지게 마련이다.

건강한 마음이 건강한 육체를 만드는 것도 사실이고 건강한 육체가 올바른 마음을 갖게 하는 것도 또한 사실이다.

또한 잘못된 식생활(食生活)을 하게 되면 육체에 병이 생기게 마련이다. 육체가 결정적으로 망가지면 영계에서 방송되는 자기의 본 마음을 수신하지 못하게 된다.

그때, 육체를 옳게 작동시켜주는 영혼의 수신이 불가능하게 되면 육체는 완전히 망가지게 된다. 이것을 우리들은 죽음이라고 부르는 것이다.

흔히들 마음이 어디에 있는가 하는 생각들을 한다. 마음은 눈에 보이지도 않고 일정한 형태가 있는 것도 아니지만 분명히 존재하는 것은 사실이다.

마음이 손 끝에 있는 것도 아니오, 하반신 어디에 있는 것 같지도 않다.

머리 속에 마음은 존재한다고 혼히들 생각을 한다. 그러나 머리 속에도 마음은 존재하지 않는다고 나는 생각한다. 두뇌는 영계에서 방송되는 자기 마음을 수신하는 수신기에 지나지 않는다고 생각하는게 옳다고 나는 생각한다.

그러기에 밤 잠을 잘 때는 수신기는 스윗지를 끈 상태이기 때문에 마음은 존재하지 않는다.

깊이 잠들은 사람은 옆에서 큰 소동이 일어나도 전혀 알지 못함은 그 때문이다. 깊이 잠든 이는 죽은 사람과 거의 다름이 없다고 해도 과언은 아니다.

다만 스윗지가 다시 켜지면 마음이 다시 수신되게 되고 제 정신이 돌아오게 되는 것이, 스윗지가 아주 망가져서 전혀 수신이 불가능하게 된 죽은 사람과 다른 점이라고 하겠다.

또한 영혼과 육체의 관계를 자동차와 운전사의 함수관계로 풀이해 볼 수도 있다고 생각한다.

자동차를 육체라고 한다면 영혼은 운전사에 해당이 된다. 자동차가 완전하고 운전사가 운전을 할 때 자동차는 제 구실을 할 수가 있다.

이것은 마치 건전한 육체에 영혼이 깃들여 있는 것과 같다고 할 것이다.

운전사가 잘못 운전을 하면 자동차는 충돌사고를 일으켜 망가진다. 영혼이 잘못된 생각을 하여 육체를 잘 관리하지 못하면 육체는 병들게 마련이다.

자동차가 완전히 못쓰게 되어서 폐차처분이 되면 운전사는 차를 떠나게 된다. 육체가 완전히 못쓰게 되어 죽게 되면 영혼은 육체를 떠나게 됨과 같은 이치이다.

자동차가 폐차가 되면 운전사는 새로운 차를 사서 그 차를 운전하게 된다.

인간은 죽으면 그 영혼은 저승에 갔다가 다시 태어나 새로운 육체를 배급받게 됨도 이와 같은 이치라고 할 수 있다.

이로써 인간에게는 영혼이라는 눈에는 보이지 않는 일종의 에너지 생명체(生命體)가 존재한다는 사실을 모두 쉽게 이해할 수 있었으리라고 생각된다.

여기서 다시 한번 정리를 해보기로 하자.

인간의 영혼의 실체(實體)는 저승인 영계(靈界)에 존재하며 거기서 영파를 방송하고 있고 각자의 육체는 그 고유(固有)한 영파를 수신하는 수신기에 불과하다. 따라서 수신기가 완전히 망가지면 영혼은 이승에서의 활동을 중지하게 되는 것이라고 할 수 있다.

## 2. 이승과 저승은 무엇이 다른가?

이승과 저승은 분명히 그 구조가 다르다고 할 수 있다.

이승은 에너지와 물질(物質)이 공존(共存)하는 세계이고, 저승은 우리 눈에는 보이지 않는 또 우리 손으로 만져볼 수도 없는 순수한 상념(想念)과 에너지만이 공존(共存)하는 세계이고 우리가 말하는 뜻에서의 거치른 파장(波長)으로 구성된 물질은 존재하지 않는 세계라고 할 수 있지 않나 한다.

또한 이승의 시간은 과거에서 현재를 지나 미래로 흐르고 있고, 우리는 언제나 현재라는 시간 위에 존재할 뿐, 과거나 미래로 여행할 수 없는게 사실이다.

그리고 지금 살고 있는 사람들은 대체로 1800년대 말에서부터 태어난 사람으로써 그 뒤 100년 안에 태어난 사람으로써 구성이 되어 있고 1800년대 초기에 태어난 사람은 하나도 존재하지 않으며 또한 1989년 이후에 태어날 사람도 하나도 존재하지 않는게 사실이다.

또한 우리는 서로 성격이 안맞는 사람끼리도 부부가 될 수가 있고, 또 부자간(父子間)이 될 수 있지만, 주파수가 중요한 저승은 그렇지가 않다고 한다.

성격이나 마음이 다른 사람들은 절대로 서로 만날 수 없는 것이 저승이라고 한다.

그 반면 저승에는 시간이 없다.

5000년 전에 저승에 간 사람도 어제 죽은 사람도 10년 뒤에 태어날 사람도 함께 존재하는 곳이 저승이기 때문이다. 마음이 원하는 것이 같고 성격이 같기만 하다면 저승에서는 5000년 전에 죽은 사람의 영혼도 100년 전에 죽은 사람의 영혼도 어제 죽은 사람도 미래의 세계에 태어날 예정인 사람의 영혼도 함께 만날 수 있고 이야기를 나눌 수 있고 같이 존재할 수 있는 것이 저승이라고 한다.

또한 이승에서의 죽음은 저승에서는 탄생을 뜻하고 저승에서의 죽음은 곧 이승에서의 탄생의 뜻을 갖는다.

## 3. 사람은 왜 태어나는가?

사람은 왜 이 세상에 태어나는가? 나는 무슨 목적으로 이 세상에 태어난 것일까? 이것은 남녀 할것 없이 일생에 몇번은 부딪치는 의문이라고 생각이 된다.

나는 여기에 대해서 〈神이 되는 길〉이라는 나의 시(詩) 두 편을 소개하고 이어서 자세한 설명을 해보고져 한다.

### 神이 되는 길(1)

人生은 하나의 꿈,
모두 지나고 보면 덧없는 하나의 꿈
그러나 그 꿈 속에서 우리는
많은 것을 배우고
꿈 속에도 현실이 있음을 안다.

人生은 하나의 꿈,

수없이 많은 再生을 통해
많은 경험을 얻는 속에서
인간은 어느덧 神이 되는 길을 감을
그대는 아는가, 모르는가?

## 神이 되는 길(2)

어릴 때 흔히 우리들은
별빛 찬란한 밤하늘을 우러러보며
(저 별은 나의 별, 저 별은 너의 별)
이라는 노래를 부른다.

모든 욕망은 인간에게
많은 경험을 얻게 한다.
그러기에 욕망없는 이는
이미 부처가 된 것이고
그가 神이 될 길은 없다.

하늘이 준 온갖 욕망은
모두가 神聖한 것
욕망을 채우고자 괴로워하는 가운데
인간은 깨닫고 성장하게 마련인 것,

어릴 때 흔히 우리들은
별빛 찬란한 밤하늘을 우러러보며
(저 별은 나의 별, 저 별은 너의 별)
이라는 노래를 부른다.

神이 미처 다스리지 못하는
별들의 主人이 되기 위함임을
그대는 아는가, 모르는가?

우리가 살고 있는 이 대우주(大宇宙)에는 수없이 많은 은하계(銀河系)가 존재한다.

우선 우리가 속해 있는 태양계(太陽系)가 속해 있는 은하계에는 우리 태양계와 같은 것이 1000억개(億個)가 모여 있고, 그런 1000억개의 태양계로 구성된 은하계가 약 1000억개가 더 존재하는 것이 이 대우주라고 한다.

인간의 상상을 초월하는 수많은 별들과 은하계로 구성되어 있는 것이 이 대우주임을 알 수가 있다.

또한 인간에게 수명이 있듯이 지구와 같은 혹성도 또는 태양과 같은 항성(恒星)도 수명이 있다고 한다. 우리가 살고 있는 지구는 40억년에서 45억년 전에 태어난 떠돌이별이고 인간에 비유한다면 40대의 중년(中年)에 속하는 나이라고 할 수 있다고 한다.

인간의 수명은 요즘 대체로 70대를 넘어섰지만 아직도 40대 중년에 몹쓸 질병에 걸려서 죽는 이가 많듯이 지구도 현재로는 앞으로 50억년은 끄덕없이 견딜 수 있을 것 같으나, 지구 위에 살고 있는 인간들이 핵전쟁(核戰爭)이라도 일으키는 날에는 당장에라도 죽을 수 있는 위험한 상태에 놓여 있는게 사실이다.

말하자면 인간이란 지구(地球)라고 하는 거대(巨大)한 우주생명체(宇宙生命體)에 기생(寄生)하고 있는 작은 바이러스와 같은 존재가 아닌가 한다.

한편 인간의 몸은 약 1000억개의 살아 있는 세포(細胞)로 이루어져 있고, 우리의 육체를 다스리고 있는 우리의 마음은 이 은하계를 다스리고 있는 신(神)과 같은 존재(存在)라고 할 수 있지 않나 한다.

인간의 몸을 대우주의 축소판, 또는 우리가 속해 있는 은하계의 축소판과 같다고 하는 이유가 납득이 되었으리라고 생각한다. 우리의 몸을 구성하고 있는 1000억개의 살아 있는 세포는 우리의 은하계를 구성하고 있는 태양과도 같은 존재라는 이야기이다.

이 대우주에는 수많은 종류의 생명체(生命體)가 살고 있으며 좀더 거시적(巨視的)인 입장에서 본다면 지구(地球)도 분명 하나의 우주생명체(宇宙生命體)라고 볼 수 있지 않나 한다.

지구 위에 존재하는 모든 식물(植物)은 인간의 모발(毛髮)에 해당되며 흙은 피부, 바위와 암층(岩層)은 골격, 땅 속에 있는 뜨거운 용암(熔岩)은 인간의 피에 해당되는 것이 아닌가 한다.

지구(地球)라고 하는 이 거대(巨大)한 우주생명체(宇宙生命體)가 건강을 유지하려면 지구 위에 살고 있는 모든 종류의 생명체가 서로 조화(調和)를 이루어 공존공생(共存共生)을 해야만 한다. 인간만이 존재하기 위하여 다른 생명체를 학대 멸종시킨다면 마침내 이 지구는 인간도 존재할 수 없는 황폐한 땅이 되게 마련이다.

### 다같이 산다

박테리아와 바이러스 덕분에 흙은
비옥해진다.
비옥해진 땅에 뿌리를 내림으로써
식물도 산다.

부지런한 꿀벌 덕분에 나무들은
열매를 맺고
나무들이 뱉어내는 숨결 산소 덕분에
동물들은 산다.

또한 동물들이 뱉어내는 탄산가스로 해서
식물들은 무성해진다.

누가 누구를 돕는 것일까?

우리 모두가 서로 손을 함께 잡고
다같이 살아가자꾸나.


이야기가 잠시 빗나갔기에 다시 본론(本論)으로 돌아온다.
인간의 마음인 영혼이란, 그 육체에게 있어서는 신(神)과
같은 존재라고 했다.
그렇다, 인간의 영혼은 저마다 어린 신(神)이라고 나는 믿
는다.
앞서 나는 이 대우주에는 수많은 종류의 생명체(生命體)가
존재한다고 했다. 얼른 생각하기에 무생물(無生物)인 것 같
은 지구(地球)조차도 아득한 태고(太古)에는 존재하지 않았
던 시절이 있으며 어느 날 지구는 태어났고 어린 시절과 청
년시절을 거쳐서 지금은 중년(中年)의 나이에 이르렀다고 나
는 설명을 했다.
하루살이가 볼 때는 인간은 영원(永遠)을 사는 존재인 셈
이고, 지구와 같은 입장에서 보면 인간은 제아무리 오래 사
는 사람이라도 하루살이보다 못한 존재에 지나지 않는 것이
다.
한편 인간의 육체의 수명은 고작해야 100년 전후이지만,
우리의 마음은 몇억년 전 과거를 생각할 수 있고, 몇억년 앞
을 내다볼 수 있는게 사실이다.
이것은 무엇을 뜻하는 것일까?
그것은 곧 인간의 마음인 영혼은 영생(永生)하는 신(神)과
같은 성질을 지니고 있다는 것으로 나는 해석한다.
여기서 나는 인간의 영혼과 신(神)의 동질성(同質性)을 찾
을 수 있다고 생각한다.
여기, 순수한 상념(想念) 에너지로만 구성된 신(神)이라는
존재가 있다고 가정을 하자!
그들의 수명은 수십억년 이상 사는 장수족들이었다. 그러
나 그들이 태어나 성숙해지기까지는 수십억년이라는 긴 세월

이 걸려야만 했다.

성숙한 신들은 얼마 살지 못해서 곧 노년기(老年期)를 맞게 되고, 죽음이 이르는 순간, 그들의 상념체(想念體)는 대폭발을 해서 수없이 많은 어린 신(神)이 된다고 하자!

어린 신들은 아무것도 모르는 갓난이와 같은 존재였다. 그들이 제대로 신(神)의 구실을 하게 되려면 수십억년에 걸친 오랜 성장과정이 있어야만 한다.  이에 싫증을 느낀 노쇠한 신들은 죽음의 순간이 이르기 전에 스스로 대폭발을 일으켜서 자살(自殺)을 하게 되었다.

그렇게 되면 신의 몸체였던 상념체(想念體)를 구성했던 하나의 세포들은 죽은 물질이 되고 신으로서 성장할 길은 막히게 된다.

이리하여 태초에는 그 수효가 많았던 신들의 족속은 거의 멸종단계에 이르렀다.

그래서 그들의 장로회의(長老會議)에서 결정을 본 것이, 지구와 같은 떠돌이별에 육체를 가진 생명체 속에 깃들이게 하여 윤회전생(輪廻轉生)을 통하여 수많은 경험을 쌓게 하면 불과 몇만년이라는 짧은 시간 안에 성숙된 신(神)으로 성장할 수 있게 하는 방법이 있음을 실천하는 일이었다고 나는 믿는다.

이래서 어린 신(神)은 영혼이라는 눈에 보이지 않는 존재가 되어서 우리들이 살고 있는 이 물질세계에 태어나게 된 것이라고 나는 믿는다.

지구 위에 살고 있는 모든 생명체가 볼 때에는 몇만년이란 한없이 긴 세월이지만 몇십억년을 살 수 있는 신(神)이라는 우주생명체가 볼 때는 짧은 시간에 지나지 않고, 그렇게 되면 그들은 몇십억년이라는 긴 세월은 성숙한 신으로서 이 우주를 지배(支配)할 수가 있는 것이 아닌가 한다.

인간은 그래서 몇번이고 거듭 태어나게 되는 것이고, 육체단계의 경험을 전부 쌓게 되면 그 다음에는 보호령(保護靈)

으로서 육체를 가진 인간들을 보호 지도하는 구실을 하게 되고, 그 다음 단계에는 토지신(土地神)이 되고, 그 다음에는 한 나라의 토지신들을 다스리는 국조신(國祖神)이 되고, 지구를 다스리는 책임자가 되고, 태양계를 다스리는 책임자가 되는, 이런 식으로 한없이 진화(進化)의 길을 밟게 마련인 것이라고 나는 믿는다.

인간은 우연히 태어난 것은 결코 아니라고 나는 생각한다.

보다 수명이 길고 현명한 우주생명체(宇宙生命體)인 성숙한 신(神)이 되기 위하여 우리는 지금 육신을 갖고 태어난 것이라고 나는 믿는다.

인간의 영혼이 신(神)과 같이 영생(永生)하는 존재임도 바로 이 때문인 것이다.

## 4。 複合靈의 理論

우리가 지금까지 알기로는 인간의 육체가 죽으면 영혼은 육체를 떠나 저승(幽界 또는 靈界)으로 가게 되고, 그곳에서 살아 있었을 때 행한 일들에 대해서 심판(審判)을 받게 되고 어느 기간동안 저승에서 수양을 한 뒤에 다시 이승으로 돌아오게 되는 것으로 알고 있는게 사실이다.

사람의 몸이 죽게 되면 육체 속에 들어 있는 유체(幽體)라는 부분이 몸에서 떠나는 것으로 되어 있는 것도 사실이다. 한마디로 말해서 영혼은 살아 있는 사람의 몸에 깃들여 있다가 죽음과 동시에 육체에서 떠나서 저승이라고 하는 차원(次元)이 다른 세계로 이동을 하는 것으로 알고 있는 터이다.

그러나 한편으로는 우리는 저승으로는 아무것도 갖고 갈 수가 없으며 살아 있었을 때 얻은 체험(體驗)에 대한 기억만을 갖고 간다고 했다.

여기에 대해서 나는 이렇게 해석한다.

인간의 영혼은 처음부터 영계 또는 유계(幽界)에 존재하며 육체는 영계 또는 유계에서 방송되는 각 개인의 영파(靈波)의 수신기에 지나지 않으며, 죽을 때 이탈하는 이른바 유체(幽體)는 생전의 기억이 기록되어 있는 녹음 테이프 같은 것에 지나지 않는다는 것이 나의 새로운 이론인 것이다.

육체는 저승으로 이동이 되어 본체(本體)에 그 기억이 수록된 뒤, 얼마간의 시간이 흐른 뒤, 다시 영혼은 영파를 보내서 새로운 육체인간을 창조하고 그 인간의 잠재의식과 심층의식(深層意識) 속에 전생(前生)의 기억을 심게 된다. 이로써 인간의 개성(個性)과 성향(性向)이 결정되는 것이 아닌가 한다.

영혼과 육체의 관계를 영사기와 화면으로 비유해서 설명을 해보고져 한다.

영사기에는 필름이 장치되어 있고 영사기가 작동하면 벽에 화면이 비치게 된다. 이 경우, 우리가 보는 것은 벽에 비치는 화면(畫面)인데 사실 이는 하나의 허상(虛像)에 불과한 것이고, 실체(實體)는 영사기에 장치된 필름인 터이다.

이 영사기에 장치된 필름에 해당되는 것이 영계에 존재하는 자기의 영혼의 실체(實體)이고 화면에 비치는 그림이 이승에서 살고 있는 육체인간이라고 해석하면 된다.

영사기를 끄면 동시에 화면은 없어진다. 저승에서 영파의 송신을 중단하거나, 육체가 망가져서 송신되어오는 영파를 제대로 수신하지 못하게 되면 육체는 죽게 된다.

그러니까 이 세상의 모든 육체인간은 따지고 보면 잠시 있다가 사라지는 허상(虛像)인 것이고 영원한 것은 영계에 존재하는 영혼의 실체(實體)뿐이라는 이야기가 된다.

이승에서 쌓은 경험과 미리 존재하던 영계의 본체가 지닌 경험을 혼합해서 새로운 인간이 탄생이 된다.

이때, 한 영혼은 이번에는 두어서너 군데 인간으로 태어나게 된다. 이들은 대부분의 경우, 생전에 서로 만나는 일이 없다. 그러나 죽으면 이들은 영혼의 파장이 같기에 한데 모이게 된다.

이렇게 되면 여러 사람으로 살았던 서로 다른 기억이 다시 하나가 되어서 또다시 여러 사람으로 태어나게 된다.

왜 이런 현상이 일어나게 되는 것일까? 그 대답은 간단하다.

되도록 빠른 시일 안에 인간을 신(神)의 경지(境地)까지 끌어 올리려면 이렇게 하는게 훨씬 효과적이기 때문이다.

이런 영혼들을 나는 복합령(複合靈)이라고 부른다.

좀더 알아듣기 쉽게 이야기하면 인간은 누구나 약 150억개의 뇌세포를 갖고 있는데, 그 세포가 하나의 집이어서 그 속에 여러 마음이 깃들여 있다고 생각하면 될 줄 안다.

앞서도 설명한 것과 같이 저승은 이승과 달라 정직한 곳이어서 속임수가 통하지 않는 세계라고 할 수 있다.

서로 생각이 다르고 사상(思想)이 다른 영혼들은 결코 한 곳에 모일 수 없는 곳이라고 했다.

그러나 뜻이 같은 영혼끼리라면 5000년전에 죽은 이도 100년전에 죽은 이도 오늘 죽은 이도 서로 만날 수 있는 곳이 저승이라고 했다.

그렇다면 에너지 생명체(生命體)인 이들 영혼들은 이승에서의 똑같은 목적을 가진 경우, 저승에서 하나가 되어서 하나의 육체를 갖고 태어날 수 있다는 이론(理論)이 성립이 된다.

나는 인류가 살아남기 위해서는 지금과 같은 상극(相剋)의 원리(原理)를 버리고 상생(相生)의 원리를 찾아야 한다고 믿는 사람이다.

그렇다면 상극의 원리란 무엇인가?

쉽게 말해서 국회의원 한 사람이 당선되면 입후보했던 다른 사람들은 모두 낙선의 고배를 마셔야 한다는 이 세상은 바로 상극의 원리가 지배하는 세상이라는 이야기이다.

대한민국 사람이라면 마땅히 한국의 국익(國益)만을 생각해야지 북괴의 이익 되는 일을 해서는 안되며, 한편 북괴의 사람들은 대한민국에 이익이 되는 일을 생각해서는 절대로 안되는 게 현실이다.

그러나 이렇게 되면 서로 충돌을 면할 길이 없는 것도 또한 사실이다.

정말 옳은 길은, 다같이 의좋게 살 수 있는 최대공약수를 발견하는 일임은 물론이다. 대한민국에도 좋고 북조선 사람들에게도 행복을 가져오는 방법을 찾아내려는 마음은 바로 상생(相生)의 원리이고 앞으로는 그런 세상이 되어야 한다는 것이 나의 생각이다.

인간이 한 몸 속에 여러 마음을 갖게 되면 서로 다투게 마련이다.

우리 속담에 사공이 많은 배는 산에 오른다는 말이 있다.

자기의 몸 속에 깃들여 있는 여러 마음이 함께 공존(共存)하는 방법을 배운다면, 우리가 현실세계에서 민주주의 사회와 공산주의 사회가 서로 평화스럽게 공존공영(共存共榮)할 수 있는 방법을 배우는 것도 전혀 불가능한 일은 아니라고 나는 생각한다.

나는 복합령의 가장 대표적인 예였기에 40대 초반까지도 많은 갈등이 있었던게 사실이었다.

이제는 내 마음 속에 있는 여러 마음들이 사이 좋게 살아가는 방법을 터득한지 오래이고, 그렇게 되고 보니 이렇게 편리할데가 없다.

나는 작가(作家)이고 시인(詩人), 평론가이며, 새로운 정치이념(政治理念)을 가진 특수능력을 가진 심령능력자이기도 하지만, 필요하다면 이 모든 것을 접어두고 가장 평범한 삼차원(3次元)의 인간이 될 수도 있는게 사실이다.

초능력자일 때의 나는 생각을 하지 않는다. 무엇이든지 직관(直觀)으로 해답(解答)을 얻을 수 있고, 귀신을 부릴 수도 있지만, 보통 인간으로 변신(變身)을 하게 되면 나는 상식으로 판단하고 생각하는 인간이 되는 것이다.

초능력자였다가 보통 인간으로 변하면 굉장히 불편한 것은 사실이지만, 이것은 이것대로 좋은 점이 있다고 나는 믿는다.

여기 날개가 달린 인간이 있어서 날라만 다닌다면 두 다리는 퇴화(退化)하게 마련이다. 걸어 다니라면 잘 걷지 못할 것은 너무나도 당연한 이야기가 아닐 수 없다.

그러니까 때로는 날개는 접어두고 되도록 걷는게 좋다는게 내 생각이다.

나는 손님들과 만나는 오후 한시에서 세시까지는 〈제3의 눈〉을 가진 초능력자로 변신을 하지만, 보통때는 〈제3의 눈〉은 감고 지낸다.

나는 여러개의 개성(個性)을 지닌 가장 대표적인 복합령이지만, 그들이 추구하는 목적은 같은게 사실이다.

어떻게 하면 이 세상을 모두가 살기 좋은 세계로 만드느냐 하는 과제이다.

나는 멀지않은 장래에 아세아는 하나의 나라인 대아세아연방(大亞細亞聯邦)이 될 것이고 21세기 초까지는 세계연방이 탄생하리라고 믿는 터이다.

그러기에 앞서서 우리는 이승과 저승의 법칙을 터득해서, 인간의 영혼의 본질(本質)이 무엇인가를 분명히 깨달을 필요가 있다고 나는 믿는다.

현대인들은 생활도 복잡하지만 그들의 마음도 복잡하고 단순하지 않은게 사실이다.

우선 자기자신의 존재를 분명히 파악하여 스스로를 사랑하는 법을 배울 필요가 있다고 나는 믿는다.

사람은 누구나 자기가 제일 사랑스럽지만, 현실세계에 있어서 자기자신을 학대하는 사람이 너무나 많은 것도 또한 사실이다.

필요이상의 자존심을 갖는 것도 본인에게 부담이 되고, 또

자기를 학대하는 것도 옳지 않은 일이라고 나는 믿는다.

인간은 누구나 영원한 생명을 사는 영혼의 투사체(投射體)이며, 누구나 어느 날엔가는 저 별들을 지배하는 신(神)이 되기 위하여 인간으로 태어나서 몇번이고 거듭 태어나는 것이라는 사실을 믿는다면 모든 사람들은 행복해질 수 있는게 아닌가 한다.


# 5. 사람은 왜 再生되는가?

이 우주를 지배하는 법칙은 크게 정리하면 다음의 세 가지가 아닌가 한다.
1. 인과응보(因果應報)
2. 공존공생(共存共生)
3. 불간섭의 원칙
그리고 사랑과 지혜와 힘이 조화를 이룰 수 있다면 이 세상 모든 생명체는 행복하게 살아갈 수 있는 것이라고 나는 믿는다.

서양인(西洋人)들의 사상은 너무나 인간 위주이고, 인간을 제외한 다른 동물이나 식물들은 인간을 위해서 존재한다는 잘못된 생각을 가진 이들이 많은 것도 사실이 아닌가 한다.

특히 인간 가운데도 자기네 백인종(白人種)만이 신(神)의 선택을 받은 백성이고 나머지 인종들은 열등한 민족이라고 규정지어 온 것도, 바로 얼마전까지의 현실이었다고 생각이 된다.

그러나 사실은 그렇지가 않다.

우리 인간들이 평화스럽고 행복하게 살려면 생태계(生態系)의 질서를 유지해야만 하는 것임을 알아야 한다.

한마디로 말해서 이 지구(地球)는 이 땅 위에 존재하는 모든 생명체(生命體)의 터전인 것이고 그 누구도 다른 생명체

를 학대하거나 말살해서는 결국 자기자신이 해(害)를 입게
되어 있는게 엄연한 현실임을 알아야 한다.

무슨 일이나 원인(原因)이 생기면 반드시 그 결과가 생기
게 마련이다.

앞서 세상에서 어떤 원인을 만들면 당대에서 그 결과가 안
나오더라도 다음 생(生)에서 그 결실을 거두게 마련이다. 그
리고 아무리 싫더라도 우리는 인간만이 살 수는 없는 세상이
고 다른 동식물(動植物)과 사이 좋게 공존공영(共存共榮)해
야 하는 것도 또한 사실이다. 마음에 들지 않는 이웃과도 되
도록 의좋게 사귀도록 노력해야만 하는 것이 우리의 도리인
것이다.

또한 자식도 성장해서 일가를 이루면 부모도 간섭을 하지
않는게 옳은 일이라고 생각한다.

다른 나라의 일에 간섭하는 것도 옳지 않은 일임은 물론이
다.

그리고 사랑과 지혜와 힘의 조화를 이룬 생활이 무엇인가
를 생각하고 항상 그런 조화된 생활을 하도록 노력할 필요가
있다고 나는 믿는다.

사람이 다시 태어나는 목적은 이 여러가지 우주의 법칙을
스스로 깨닫고 실천할 수 있는 진인(眞人)이 되기 위해서이
고, 이 현실세계에서 이런 우주의 법칙을 완전히 터득하려면,
보통사람의 경우, 12000년에 걸친 100회 이상의 재생(再生)
이 필요하다고 한다.

육체인간의 단계에서 벗어나면 우리는 다시 이 세상에 태
어나지 않게 되고, 보호령으로서 신(神)이 되기 위한 견습과
정으로 들어간다고 한다.

인간은 이 대우주를 지배(支配)하는 법칙을 스스로 많은
체험을 통하여 터득하기 위해서 몇번이고 거듭 태어나는 것
이고 마침내는 신(神)으로 진화(進化)하게 되는 것이라고 나
는 믿는다.

본질적(本質的)으로 볼 때, 이 세상에 정말 악인은 없다고 나는 믿는다.

있다면 우주의 법칙이 존재한다는 사실을 모르는, 자기의 욕망대로 살려는 지극히 미숙한 정신의 소유자가 있을 뿐이라고 생각한다.

언젠가는 그런 악인들도, 거듭된 재생(再生)을 통하여 많은 것을 배우게 되고, 우주의 법칙을 터득하게 되면 완숙한 인격자로 변신(變身)을 하게 마련인 것이다.

시간의 차이가 있을 뿐, 모든 인간들은 언젠가는 신적(神的)인 존재로 진화(進化)되게 되어 있는게 이 대우주의 계획이 아닌가 나는 믿고 있는 것이다.


## 6。 前生은 지금의 生에 어떤 영향을 미치고 있는가?

사람에게는 누구나 숙명(宿命)이라는 것과 운명(運命)이라는 것이 있다고 나는 생각한다.

숙명이란, 태어난 사람 본인의 뜻과는 전혀 관계없이 이루어진 상태를 말함이니, 이를테면 첫째, 하고 많은 생명체(生命體) 가운데 인간으로 태어났다는 것, 어느 시대 어느 나라의 남자 또는 여자로 태어났다는 것은, 본인의 뜻과는 전혀 관계없는 조건이라고 하겠다.

내 자신의 경우를 예로 들어보면, 나의 어머니는 어려서부터 병약했었고, 열아홉살 때 자살소동을 벌인 일이 있었다. 그래서 황해도 장연(長淵)에서 외갓집은 전부 서울로 이사를 왔다고 한다. 어머니는 국민학교도 나오지 않았는데 이모라든가 외삼촌은 그 당시 동경 유학생 출신이었다.

마침 이웃집에 하숙하고 있던 가난한 동아일보사 기자(記者)가 있었다.

논 백섬지기를 지참금으로 준다는 조건으로 결혼을 했다.

나는 이런 부모 사이에서 첫아들로 태어났다. 만일 어머니가 병약하지도 않고 이모와 같은 동경유학생이었다면 아버지와 결혼하는 일은 절대로 없었을 것이었다.

그러니까 이 경우 어머니가 어버지와 결혼하지 않을 수 없게 된 처지가 운명이라면, 그 사이에서 태어난 나는 숙명이라고 할 수 있지 않나 한다.

만일 어머니가 보통 사람이어서 보통 고등교육을 받았었다면 어디로 보나 아버지와 결혼했을 까닭은 절대로 없었으리라고 생각한다. 그러니까 어머니의 아버지와 결혼하게끔 된 여러가지 조건은 어머니에게는 운명이지만, 나에게는 숙명이 되는 셈이다.

왜냐하면 내가 태어나기 전의 어머니의 상태는 나의 뜻과는 전혀 관계가 없는 일이기 때문이다.

남달리 사이가 나쁜 부모 사이에서 태어난 나는 많은 인간고(人間苦)가 있었고, 그것이 오늘날의 내가 되게 한 원인이었다고 생각한다. 화목한 가정에 태어난 아들이었다면 나는 그토록 괴로운 소년시절은 보내지 않았을 것이고 또한 작가(作家)가 되는 일도 없었으리라고 생각한다. 나는 다섯명의 동생들이 있는데 그중 두명의 남동생과 두명의 여동생은 일찍이 미국으로 건너가서 그곳 시민권을 얻은 바 있다.

나는 큰 아들이었기 때문에 아버지를 도와서 집안 일을 돌봐야만 했고, 그래서 미국 유학을 떠나지 못한 것이었다.

이 경우, 큰 아들로 태어난 것도 내 숙명이라고 할 수 있다고 본다.

왜냐하면 큰 아들로 태어난 것 역시 내 뜻과는 전혀 관계가 없는 일이기 때문이다.

숙명과 운명의 차이가 무엇일까 결론을 내려보면 숙명은 태어난 본인의 뜻과는 전혀 관계없이 이루어진 태어날 때의 조건을 말함이고, 운명이란 이미 주어진 조건에 자기의 뜻과

노력이 가미된 것이라고 볼 수 있지 않나 한다.

오늘날, 내가 작가이며 심령능력자가 된 것은 반은 숙명적인 조건과 반은 내가 선택한 운명적인 조건에서 이루어진 것이라고 생각이 된다. 내가 큰아들이 아니어서 미국 유학을 할 수가 있었다면 나는 아마 문학을 전공하는 대학교수가 되기 쉬웠을게고 지금의 아내와 결혼하는 일도 없었으리라고 생각이 된다. 그렇게 되면 지금 미국 유학중인 아들이나, 시집간 딸이나 막내 딸은 태어나지 아니하였을게다.

내 자식들에게는 나의 운명이 그들의 숙명이 된 셈이라고 할 수 있지 않나 한다. 다시 말해서 그들이 태어나기 전에 내 조건이 달라졌다면 그들은 절대로 이 세상에 태어날 까닭은 없는 일이기 때문이다.

여기서 숙명과 운명에 대한 간단한 설명을 그치고, 본론(本論)으로 돌아가 볼까 한다.

요즘에 와서 안 일이지만, 나는 이승에 태어나기 전에 세계를 구해 봐야겠다는 뜻을 가진 여러 영혼들이 하나로 합쳐서 복합령(複合靈)이 되어서 태어난 경우라고 생각이 된다.

그러기 위해서는 나의 영혼을 구성한 여러 영혼들은 전생(前生)에서 인간구제를 위하여 순수하게 일생을 보낸 강증산이나 라히리 마하사야 같은 이가 중심인물이 될 필요가 있었고, 또한 전생에서 수많은 목숨을 앗아간 유방(劉邦)이라든가 풍신수길(豊臣秀吉) 같은 인물이 끼어들 필요가 있었던 것이라고 생각이 된다.

인과응보(因果應報)의 우주법칙으로 보아서 살생(殺生)을 많이 한 사람이라야 많은 목숨을 살려야 하는 의무를 갖게 되기 때문이다.

이것은 많은 사람들을 불행하게 한 이만이 많은 사람들을 행복하게 해 줄 의무를 가졌다는 이야기이기도 하다.

또한 난마(亂麻)와 같은 천하(天下)를 평화스럽게 통일하기 위하여서는 진기스칸(成吉思汗)이나 순(舜)과 같은 사람

의 영혼이 끼어들 필요가 있었던 것으로 생각한다. 이 부분
에 대해서는 나는 아직 많은 의문을 갖고 있는게 사실이다.
왜냐하면 나는 세계가 올바르게 발전하기 위해서는 가까운
장래에 아세아의 여러 나라들이 합심(合心)해서 아세아연방
을 이루어야 하고 또한 각 지역연방(地域聯邦)이 성립된 뒤
에 세계연방이 되어야 한다는 확고한 신념을 갖고 있기는 하
지만, 내가 그것을 실천에 옮겨야 할 사람이라는 조건이 거
의 없는 상태이기에 단순히 그런 사상을 펼 인물에 지나지
않는가 하는 생각을 하고 있기 때문이다.

그러나 한편으로 생각하면 내 영혼 속에 유방이나 순(舜)
이나 풍신수길과 같은 인물의 영혼이 끼어 있는게 사실이라
면, 반드시 그렇지만도 않으리라는 기대가 있는 것도 또한
사실이다.

아시다시피 이 세 인물은 보잘것 없는 집안에서 태어나서
처음에는 천하(天下)를 통일하는 인물이 되겠다는 뜻은 전혀
없었다는 점에서 공통점(共通點)을 갖고 있다.

나의 경우도 마찬가지다.

나는 어린 시절, 너무도 불행했고 가난했기에 그런 상태를
면해 보고 싶었을 따름이고, 자신을 실천력이 전혀 없는 몽
상가(夢想家)라고 판단하였기에 작가(作家)가 되었던 것이고,
아세아연방설립 운동을 하는 초당파적이고 초국가적인 정치
가가 되겠다는 생각은 최근에까지도 가져본 일이 없었던게
사실이었다. 또한 남달리 병약(病弱)했던 내가 남들의 난치
병을 고쳐주는 심령능력자가 된다는 것도 꿈에도 생각지 않
았던 일이었던게 사실이었다.

만 15년 동안 이 일에 종사하다가 보니까, 어느덧 나는 이
방면에서 자타(自他)가 공인하는 초능력자가 된 셈이지만,
생각하면 어처구니 없는 일이 아닐 수 없다.

작고(作故)한 선친(先親)께서는 내가 의사가 되기를 갈망
했지만, 나는 선친에 대한 반발 때문에 문학의 길을 택했던

것이고, 그 길에서 어느 정도 일가를 이루었던 것인데, 아버지가 돌아가신 뒤에 엉뚱하게 심령과학의 분야(分野)에 뛰어들게 되어서 의사 아닌 의사가 된 셈이다.

내 본시의 뜻은 아니었기에 운명이라고 하기보다는 숙명이 아닌가 생각이 된다.

내가 겪은 많은 인간고(人間苦)도 지금 하고 있는 일을 잘하기 위해서는 절대로 필요했던 경험이라고 생각이 되는 요즈음이다.

전생(前生)에 한 일과 전생에서 가졌던 뜻은 그대로 이번 생(生)에서 반영이 되는 것이라고 나는 믿는다.

그러니까 여러분들이 지금 어떤 생활을 보내고 있든, 그것은 모두가 전생에서 원인(原因)을 만든 결과이고 또 본인들이 원했던 일이라면 불만을 가질 이유가 없다고 생각이 된다.

나의 선친의 경우, 나를 낳아주셨고 나에게 많은 인간고(人間苦)를 안겨주셔서 오늘날의 나를 있게 하신 분이기에 또 말년(末年)에 오래 사시기를 간절히 소망하셨기에 나의 막내딸로 재생(再生)한 것이라고 생각이 된다.

또한 여성을 멸시했고, 어머니와도 사이가 안 좋았었기에 이번에는 여자의 입장을 좀더 경험시키기 위하여 하늘이 나의 막내딸로 태어나게 한 것이 아닌가 생각이 된다.

간암으로 돌아가시기 전까지도 포기하지 않고 눈물겨운 투병생활을 하셨기에 다시 새로운 생명을 얻은 것이라는 생각이 들기도 한다.

돌아가신 아버지를 막내딸로 태어나게 하여 사랑과 정성으로 키움으로써 나는 아버지에 대한 은혜는 갚아가고 있다고 생각한다.

결론으로 말해서 전생(前生)은 다음번 생(生)에 80% 이상의 영향을 미치고 있다는게 나의 생각이다.

전생(前生)을 어떻게 살았느냐 하는 것이 이번 생의 동기가 된 것이 사실이라면 다음 생(生)을 어떻게 살 수 있게 되느냐는 지금 여러분들이 어떤 생활을 하고 있느냐 거기에 달려 있는 것이라고 할 수 있다고 나는 믿는다.

## 7. 前生을 알게 됨으로써 얻는 것은 무엇인가? 잃는 것은 무엇인가?

보통 사람들은 전생(前生)을 기억하지 못한다. 그러나 앞서 이야기한 바와 같이 누구나 전생에 한 일이 원인이 되어 이승으로 태어나게 되고 이승에서의 운명의 반은 전생이 원인이 되어서 비롯된 것이라고 했었다.

전생애 대한 기억은 없지만, 누구나 전생의 영향을 받고 있음은 사실이다.

그러나 전생에서 어떤 일생을 보냈는지 알고 있는 것과 그렇지 아니한 것은 전혀 다르다고 나는 생각한다.

여기 한가지 예를 들어보기로 한다.

어떤 부자(父子)가 있었다.

쌍둥이 아들을 두었는데 큰 아들과 아버지 사이는 모든게 정상(正常)인데 작은 아들하고는 아주 사이가 나빴다.

아무리 애를 써도 아버지는 작은 아들을 사랑할 수가 없었다. 아니 사랑할 수 없을 뿐만 아니라, 작은 아들이 몹시 미웠다. 따라서 작은 아들도 아버지를 존경하지 않았고 매사에 반항적이었다.

아버지의 직업은 고등학교의 한문선생이었다.

수신제가치국평천하(修身齊家治國平天下)라는 말뜻을 누구보다도 잘 알고 있는 아버지였다. 그런데도 병적(病的)으로 아들을 미워하는 마음을 어쩔 수 없었기에 그는 수신제가가 되지 않는 상태였다.

정신과 의사를 찾아가서 여러번 의논도 해 보았으나 해결할 수 있는 실마리를 찾지 못했다. 생각다 못하여 그는 나를 찾아왔다. 나는 작은 아들을 데리고 오라고 했다. 어느 날, 이 아버지는 작은 아들을 데리고 나를 찾아왔다.

작은 아들을 본 순간에 나는 이들의 불화(不和)의 원인이 전생(前生)에 있음을 알았다.

그 이야기를 여기에 적어볼까 한다.

옛날 이조중엽(李朝中葉)이었다고 생각이 된다.

경상도 안동(安東)땅에 부모를 일찍 여읜 형제가 살고 있었다.

형은 아우보다 열 살이나 위였기에 아우를 어려서부터 아버지처럼 보살펴야만 했었다.

어린 시절에는 아우는 무엇이나 무슨 일에 있어서나 형의 말을 잘 따랐다.

그러나 차차 커감에 따라서 형은 어디까지나 형이지 아버지는 아니라는 생각이 들게 되었다. 아우는 형보다 머리가 좋은 편이었기에 자연히 형에 대하여 비판적이 될 수밖에 없었다.

아우는 어려서 소아마비를 앓았었기에 하반신이 불구자였다.

어른이 되었지만 그에게 시집 오려는 처녀는 없었다. 또한 불구자인 동생을 거느린 가난한 형에게 시집 오려는 처녀도 없었다.

하는 수 없이 이들은 평생을 독신으로 지내는 수밖에 없었다.

〈내가 저 아우만 아니더라도 떳떳이 장가를 들어서 남부럽지 않게 살아보는 것인데……〉하는 생각이 있었기에 세월이 흐르는 동안, 차차 형의 마음 속에서는 아우에 대한 사랑이 사라지고 미움이 싹트기 시작했다.

이런 형에 대하여 아우도 불만을 갖게 된 것은 너무나도 당연한 일이 아닐 수 없었다.

서로 원수처럼 생각하면서도 형은 아우를 버릴 수 없었고 아우 또한 형의 곁을 떠날 수가 없었다.

형제의 일생은 몹시 불행했다고 할 수가 있다.

그러나 정신적으로 보면 이들은 아버지와 아들과 같은 관계였다.

서로 미워했지만 한편으로는 서로를 의지했던 것도 또한 사실이었다.

이것이 원인이 되어서 그들은 이번 생에서 부자(父子)의 관계를 맺게 되었다. 어려서 형을 믿고 따르던 마음은 큰 아들이 되었고 커서 형에 대하여 몹시 비판적이던 마음은 작은 아들이 되어서 이들은 쌍둥이로 태어난 것이었다.

그들은 쌍둥이였기에 얼굴과 모습은 똑같았지만 아버지에 대한 태도는 전혀 달랐던 것이었다.

「어때요, 큰 아들이 아버지를 믿고 따르는데 비하여 작은 아들은 매사에 비판적인게 아닙니까? 아버지를 아버지로서 대하는게 아니라, 마치 만만한 형과 같이 대하는 것이 차차 아버지로 하여금 작은 아들을 미워하게 만든게 아닐까요?」

고 나는 물었다.

이 말에 대하여 아버지는 전적으로 수긍을 했다.

「아버지가 형만 사랑하는데 반항심을 갖게 된게 아닐까요? 아버지에 대한 존경심을 잃게 된게 아닐까요?」

하는 나의 질문에 작은 아들도 동의(同意)를 한 것은 물론이었다.

그들은 크게 깨달았다고 나에게 치사를 했다.

아들에 대한 미움이 아침햇살에 안개 사라지듯 사라졌다고 했다.

아들은 아들대로 아버지에 대하여 새삼스럽게 고마운 생각이 들었노라고 했다.

그 뒤 이들은 다시 나를 찾지 않았다.

아마 그들 사이에는 큰 변화가 일어났으리라고 생각한다.

금생(今生)의 불화(不和)의 원인이 전생(前生)에 있었음을 알고 깨닫는 순간, 이들 사이 나빴던 부자(父子) 사이에는 사랑이 찾아온 것이었다.

이런 경우는 전생(前生)을 알게 됨으로써 행복해지는 방법을 찾게 된 예라고 할 수가 있다.

그러나 전생을 앎으로써 이득만이 있는 것은 아니다.

전생(前生)에서 여러 남자를 죽인 여류검객(女流劍客)이었음을 알게 됨으로써 스스로 자책(自責)을 하게 되어 더 불행해진 예도 있는 터이다.

이런 경우에는 전생을 몰랐던게 차라리 좋았던게 아닌가 나는 생각한다.

전생을 알게 됨으로써 마음의 갈등이 없어져서 행복해진 예도 있지만, 나빴던 전생을 알아서 더 자기자신을 책망하여 우울해진 예가 더 많기에 나는 이런 사람의 경우에는 전생을 알아도 이야기해주지 않는다.

〈모르는게 약이다〉라는 말이 진리(眞理)임을 말해두고 싶다.

그러나 사람에 따라서는 오늘날 매사가 잘 안풀리는 원인이 전생 때문이라는 것을 알게 됨으로써 남을 원망하는 마음을 버리게 되고, 자포자기하는 상태에서 벗어나 보다 명랑한 생활을 하게 된 이들 또한 많은게 사실이다.

전생을 말해서 본인에게 해(害)로울 경우에는 대체로 보호령이 반대해서 알 수 없는 것도 재미있는 사실이 아닐 수 없다.

# 8。 前生은 어떻게 알 수 있는가?

앞서 이야기한 바와 같이 보통사람들은 자기의 전생(前生)을 모르는게 당연한 일이라고 했다.

왜 그럴까?

사람은 죽을 때, 이승에서 행한 일에 대한 기억만을 갖고 저승으로 가게 된다. 이승에서 행한 일의 결과에 따라서 이승에서 어느 나라의 누구의 자식으로 태어나는가, 여자 또는 남자로 태어나는가가 결정이 된다.

이것을 우리는 숙명(宿命)이라고 했다.

그렇다면 전생에 대한 기억은 어떻게 되는 것일까? 그것은 우리의 잠재의식(潛在意識)과 심층의식(深層意識) 속에 간직이 되어 있어서 그 사람이 행하는 모든 행동의 동기가 되는 것이라고 나는 믿는다.

어려서부터 어떤 특수한 분야(分野)에 관심을 갖는 것은 전생과 깊은 관계가 있다고 나는 믿는다.

만일 여기 여덟살의 어린 나이에 바이올린의 명연주자가 된 이가 있다면 그는 그 앞서 여러 생(生)에 걸쳐서 바이올린과 깊은 인연이 있었던 사람인게 분명하다고 생각한다.

한편 사람에게는 누구나 고유(固有)한 영파(靈波)라는게 항시 방송되고 있는 것도 또한 사실이다.

그러나 사람들의 지문(指紋)이 서로 다르듯이 영파의 파장(波長)도 모두 다른 터이기에 모두가 방송만 할 뿐, 그 영파를 수신(受信)할 능력이 없는 것도 또한 사실이라고 나는 믿는다.

이래서 우리들은 언어(言語)라는 것이 발달이 되었고, 말을 통해서 서로의 의사(意思)를 전달하는 문화(文化)가 발달된 것이라고 할 수 있다.

보통 사람들에게는 말을 통하지 않고 서로 의사 전달이 되는 테레파시 능력이 없기에, 사람들은 저마다 프라이버시를 유지할 수 있는 것이라고 생각이 된다.

마음이 아직 성숙하지 못하여 수많은 욕망과 감정이 존재하는 보통 사람들에게는 차라리 테레파시 능력이 없는게 다행이라고 나는 생각한다.

아무리 상대편을 미워하더라도 행동과 말로써 표현을 하지 않는다면 모르게 마련인게 이 세상의 이치가 아닌가 한다.

그러나 간혹 일란성쌍생아(一卵性雙生兒)인 쌍둥이의 경우에는 타고날 때마다 두 사람 끼리만의 의사소통이 가능하다고 한다.

그들은 영파의 파장이 같기에 서로 송수신(送受信)이 가능하기 때문이다.

그런데 나는 어떻게 하여 남의 전생을 알 수가 있는 것일까? 더구나 사진만 보고도 알 수가 있는 것일까?

나는 어머니의 체질(體質)을 닮아서 유체(幽體)가 유달리 발달이 되어 있어서 본래부터 영매적(靈媒的)인 체질인데다가, 40대 초반에 우연한 일로 〈제3의 눈〉인 송과체(松果體)를 태양에너지를 이용하여 발달시킬 수 있다는 사실을 알게 되었고, 스스로 발견한 수련법을 충실하게 실천에 옮김으로써 나는 어느덧 모든 사람들의 영파의 파장에 동조(同調)할 수 있을 뿐만 아니라, 육체를 갖지 않은 영혼의 영파에도 동조할 수 있는 거의 만능(萬能)에 가까운 일종의 검파기(檢波器)를 갖게 된 터였었다.

지난 15년 동안, 연인원(延人員) 20만명이 넘는 많은 사람들의 영파에 동조함으로써 나는 사람들의 잠재의식과 무의식(無意識)세계의 기록을 읽을 수 있는 초능력자(超能力者)가 된 것이 사실이다.

아니 그뿐만이 아니다.

살아 있는 사람, 죽은 이의 영혼뿐만 아니라, 살아 있는 거의 모든 동식물(動植物)이 발하는 사념(思念)도 수신이 가능해진게 사실이고, 심지어는 에이즈(Aids)의 병원균(病原菌)과 같은 미생물과도 대화(對話)를 나눌 수 있는 경지(境地)에까지 오른 것도 또한 사실이라고 나는 생각한다.

단 한가지 예외는 있다.

내가 아무리 어떤 사람의 전생(前生)의 기록을 읽으려고 해도 본인에게 강력한 보호령이 있어서, 본인에게 전생을 알려 주는 것이 해(害)롭다고 판단을 해서 강력하게 방해전파를 발신할 때는, 전혀 알 수 없는 것은 사실이다.

이 경우에는 방송국이 쉬고 있을 때의 TV수상기를 켜 놓았을 때와 같은 현상이 일어나게 마련이다.

흰 스크린이 보일 뿐 아무 것도 떠오르지 않는 것이다.

또한 본인이 절대로 전생(前生)이 존재하지 않는다고 굳게 믿고 있을 때도 마찬가지 현상이 일어나게 마련이다.

이 경우에는 본인 스스로가 강력한 방어 스크린을 침으로써 영파의 방송이 불가능해지기 때문이 아닌가 한다.

그러나 대부분의 사람들은 전생이 존재한다는 사실에 반신반의(半信半疑)하고 있고, 이런 사람들에 전생을 이야기해주는게 좋다고 그들의 보호령이 협조를 해주는 경우에는 쉽게 전생을 알 수가 있는 것이라고 생각이 된다.

이 우주를 지배(支配)하고 있는 세가지 우주법칙 가운데 하나가 바로 〈불간섭의 원리(原理)〉이기에 본인이 믿지 않거나, 원하지 않는 경우, 또 본인의 보호령이 강력하게 반발하고 있는 경우, 억지로 전생을 보려고 함은 잘못된 일이라고 나는 믿는다.

왜냐하면 우주법칙을 깨고 본인의 운명에 쓸데없는 간섭을 하는 게 되기 때문이다.

아직 때가 오지 않아서 좀더 고생을 해야만 할 경우에도 보호령은 방해 스크린을 치게 마련이다.

그래서 〈제3의 눈〉을 작동해서 상대편의 영파에 동조(同調)해서 10초 안에 아무런 반응이 없을 경우에는 전생(前生)을 읽는 것을 포기하는게 옳은 일이라고 나는 믿는다.

〈평안 감사도 저 하기 싫으면 그만〉이라는 속담이 있다.

본인이 전생(前生)이 있음을 전혀 믿지 않거나 또는 알기를 원하지 않을 경우에는 그대로 내버려두는 것이 옳은 일이라고 나는 생각한다.

〈불간섭의 원칙〉을 지켜야 한다고 믿기 때문이다.

그런데 사진의 경우는 또 달라진다.

사진은 유체(幽體)의 반사체(反射體)이기에 사진에서도 영파를 검출할 수가 있고 또한 사진에는 보호령아 붙어 있지 않기에, 사진을 통하여 쉽사리 그 사람의 전생을 조사할 수가 있는게 사실이다. 그러기에 본인을 통해서는 알 수 없었던 비밀이 사진을 통하여 알게 된 예는 많다.

내가 사진을 통하여 전생을 알아 볼 수 있는 까닭이 바로 여기에 있는 터이다.

그러나 세상만사 원칙에는 반드시 예외(例外)가 있듯이, 아주 드문 예지만 사진에도 보호령이 간섭하는 경우가 있다. 이런 경우에는 사진을 아무리 살펴보아도 전생을 알 수가 없게 마련이다.

갑자기 나의 〈제3의 눈〉이 장님이 된 것이 아닌가 생각이 들 정도이다.

이런 경우에는 단념을 하는게 옳다고 나는 믿는다.

섣불리 전생(前生)을 조사하여 알려줌으로써 그 사람의 운명에 좋지 않은 영향을 끼칠 경우라고 생각이 되기 때문이다.

기독교인들은 사람들에게 전생(前生)이 있음을 믿지 않고 또한 영혼이 윤회전생(輪廻轉生)한다는 사실도 믿지를 않는다.

나를 찾는 손님을 앞에 놓고, 갑자기 그 손님이 기독교신자라는 생각이 드는 경우가 있다. 그런 경우, 물어보면 대체로 내 예감이 맞는다.

그런 경우, 나는 일체 그들이 믿고 있는 교리(敎理)에 어긋나는 이야기는 하지 않기로 하고 있다.

이야기할 수도 없거니와, 또 이야기해보았자 믿지도 않고 반발만 살 것이 너무나 분명하기 때문이다.

신앙(信仰)은 각자의 자유(自由)이다.

믿음의 자유를 침범하는 행위는 불간섭의 원칙을 어기는

일이라고 생각이 되기 때문이다.

이런 경우, 나는 일체 4차원에 속하는 이야기는 하지 않는 방침이다.

3차원적인 어드바이스, 정신분석학적인 조언(助言)을 하는 데 그치게 마련이다.

## ⑨. 靈査란 무엇을 말함인가?

영사(靈査)란 무엇을 말함인가? 하는 질문에서부터 이야기를 시작해보고져 한다. 내가 조사 연구한 바에 의하면 사람에게는 누구나 육안이 있는 동시에 이른바 〈제3의 눈〉이 존재한다고 믿는다.

시상하부(視床下部) 송과체(松果體)에 사리(舍利)가 형성되어 있는 사람은 영안(靈眼)이 작동하는 사람이라고 생각한다. 우리의 육안이 순전히 삼차원적(三次元的)인 시각(視覺)을 가진 것이라면 영안은 직관(直觀)에 의한 사물의 본질(本質)을 꿰뚫어보는 능력을 가진 것이 그 특징이라고 할 수 있다.

상대편의 잠재의식(潛在意識), 또는 심층의식(深層意識)에 동조(同調)함으로써 전생(前生)의 기록을 알아낸다든가, 그 사람의 중요한 행동의 동기를 알아내는 것도 영안이 발달된 사람만이 가진 능력이라고 할 수 있다.

과거도 미래도 생각할 수 있는게 인간의 마음이라면, 그 마음의 매개체(媒介體) 구실을 해주는 것이 영안이라고 할 수 있고, 영안을 작동해서 여러가지 새로운 사실들을 알아내는 것을 영사(靈査)라고 생각하면 될 줄 안다.

이런 영사능력을 써서 알아낼 수 있는 일들은 어떤 것이 있을까? 여기에 대하여 설명해 보고져 한다.

1. 상대편의 영혼의 전생(前生)이 어떤 것이었나를 알아낼

수가 있다.

2. 상대편의 육체에 나쁜 영혼이 붙어 있느냐 아니냐 하는 사실을 알아 낼 수 있다.

3. 상대편의 육체에 나쁜 영혼이 빙의(憑依)되어 있는 원인이 무엇에서 비롯된 것인가를 알아낼 수 있다.

4. 빙의된 영혼의 정체(正體)를 알아낼 수가 있고, 또한 빙의된 영혼의 전생(前生)도 알아낼 수 있다. 이 경우, 두 사람의 영혼의 전생은 하나만이 아니고 전생의 그 앞 전생까지도 알아볼 수가 있다.

5. 영혼이 빙의된 것이 이번 생(生)에서 비롯된 것인지, 영혼이 빙의된 상태에서 거듭 태어난 것인지도 알아볼 수 있다.

6. 뛰어난 영사능력(靈査能力)을 가진 영능력자(靈能力者) 또는 초능력자(超能力者)는 본인 자신뿐만 아니라 사진을 통해서도 알아 볼 수가 있다. 드문 예지만 죽은 사람의 사진도 영사할 수 있는 경우가 있다. 죽은 이의 사진을 통해서 죽은 사람의 영혼의 상태를 알아볼 수 있다는 이야기이다.

7. 뛰어난 영사능력을 지닌 초능력자는 사람에게 빙의된 영혼을 제령(除靈)시킬 수도 있다.

제령하는 방법은 다음과 같은 여러가지 방법이 있다.

1. 영혼이 빙의되게 된 인과관계(因果關係)를 알아내어서 빙의된 영혼의 소망을 알아내어서 빙의당한 이에게 설명을 해주고 양쪽이 납득할 만한 방법을 찾아내어 성취시킨다.

2. 빙의된 영혼을 설득하여 보호령의 힘을 빌려서 유계(幽界) 또는 영계(靈界)로 보내서 재생(再生)의 길을 밟게 한다.

3. 빙의된 영혼을 제령시킨 뒤, 보호령의 힘을 빌려서 유체(幽體)를 축소시켜 상념체(想念體)를 발달시키는

방법을 강구함으로써 다시는 다른 영혼이 붙는 일이 없도록 보호조치를 해준다. 이 경우, 본인이 매사에 감사하는 밝은 마음을 갖도록 유도하는 일은 매우 중요하다, 왜냐하면 어두운 마음, 원망하는 마음을 가진 이에게는 원한을 가진 영혼이 같은 파장(波長)이기에 쉽사리 빙의될 수 있는 것이기 때문이다. 내가 발견한 〈옴 진동수〉를 장기복용시켜서 체질을 바꿔주는 방법, 또한 내가 고안해낸 특수한 은제(銀製) 악세사리를 착용시켜서 나쁜 영혼이 가까이 오지 못하도록 막는 방법도 있다.

이중에서도 가장 좋은 방법은 우리가 3대 우주법칙이 존재함을 믿고, 항상 내자신과 남을 사랑하는 공명정대(公明正大)한 마음을 갖는 것만이 최상의 길이라고 믿는다. 왜냐하면 우주의 진리(眞理)를 깨닫고 천하(天下)의 정도(正道)를 걸으려는 사람에게는 강력한 보호령 또는 보호신(保護神)이 지켜줌으로써 나쁜 영혼이 달라붙을 틈을 주지 않기 때문이다.

이 점을 깊이 명심해 주기 바란다.

# 第 1 章 **前生을 봐 드립니다**


## 1. 金東里선생과 고양이 이야기

얼마전에 기회가 있어서 김동리 선생댁을 방문한 일이 있었다.

동리선생은 고양이를 기르고 계셨는데 이 고양이를 굉장히 사랑하시는 듯했다.

「이 고양이는 아무래도 전생(前生)에 사람이었던 것 같아요. 한번 봐주시겠어요.」

하고 말씀하셨다.

나는 곧 공심법(空心法)을 써서 거울이 되었다. 거울에는 TV스크린에 화면이 비추듯 다음과 같은 장면들이 떠올랐다.

지금으로부터 100년 전 일이었다고 생각이 된다. 강원도 어느 산골에 법장사라는 작은 절이 있었다.

이 절에는 주지스님 한분만이 계실 뿐인, 작은 절이었다.

스님은 법명(法名)을 일석(一石)이라고 했다.

김일석 스님이었다.

스님이 즐겨 부르는 노래가 있었다.

"나는 돌멩이로다, 길가에 딩구는
하나의 이름없는 돌멩이로다.

허나 인연있는 중생(衆生)이 있어서
나를 줏어 김치독 속에 넣은즉
맛 있는 김장김치 익게 하는
나는 돌멩이로다. 길가에 딩구는
하나의 이름없는 돌멩이로다."
자신을 두고 지은 노래였다.

어느 날, 법장사의 공양모(供養母)가 김일석 스님에게 이
야기를 했다.
「스님은 아무래도 원효대사님의 후신(後身) 같으세요.」
「엘키, 이 사람아 그런 소리 하지도 말게, 벌 받으이. 원효
 대사는 큰 스님이신데 벌써 오래 전에 열반의 경지에 이
 르셨을 것인데 나 같은 돌중이 되어 다시 태어났을 까닭
 이 없네.」
「아니어요, 원효스님은 병자를 보고 약사경을 읽느니 직접
 병구원을 해주시라고 하신 분이니까 필시 다시 태어나셨
 을 것입니다. 말세(末世)에는 여기 저기 원효 낳다는 이
 야기가 떠 돈다는 말씀도 있지 않아요.」
「허허…이 사람 그런 소리 하는 것 아니래도…또 설사 원
 효스님이 거듭 태어났다고 해도 분명 나는 아닐세.」
「그래도 저는 일석스님이 원효스님 같기만 한데요.」
「아니, 내가 모르는 내 전생(前生)을 자네가 알고 있다면
 자네가 나보다 도(道)가 높으이, 오늘부터 내 스승이 되
 어 주어야겠네.」
하고 김일석 스님은 몸을 흔드시며 크게 웃으셨다.
 공양모가 말했다.
「이 다음에 스님이 다시 태어나게 되시거든 축생(畜生)이
 라도 좋으니까 저도 스님 곁에 다시 태어나게 해주시어요.」

「이 사람, 점점 괴이한 소리만 하는구먼. 인간으로 태어나기가 얼마나 어려운데 하필이면 축생(畜生)이 되기를 원한단 말인가?」

「사람으로 태어난다면 고작해야 스님을 모시는 상좌 밖에 더 되겠어요. 하지만 고양이로 태어난다면 지금 저 고양이처럼 스님의 사랑을 독차지할게 아니에요.」

하고 공양모는 서글프게 웃었다.

공양모의 소원이 그대로 이루어져서 일석스님이 다시 태어난 동리선생의 댁에 지금 와서 이렇게 사랑을 받게 된 것이라고 나는 고양이의 내력을 이야기했다.

일채는 유심조(唯心造)라 무심히 뱉은 말이 씨앗이 되어 열매를 맺게 되어 다음번 세상에 그 소원이 이루어지니 정말 삼갈 것은 입이라고 생각이 된다.

지난번 기회가 있어서 김동리 선생댁에 방문했을 때 있었던 일이었다.

## 2. 1000년 전의 인연

이 세상을 지배하는 우주의 법칙 가운데 가장 무서운 것은 인과법(因果法)이다. 무슨 일이든 한번 어떤 원인이 발생(發生)하면 반드시 그 결과가 나타난다는 법칙이다.

가령 내가 누구에게 잘못한 일이 있으면 이 세상 또는 다음 세상 또는 몇백년 뒤에라도 반드시 그 보복을 받게 마련이다. 하필, 나쁜 일만이 아님은 물론이다. 좋은 일을 하면 그것이 씨앗을 심은 것이 되어 반드시 언젠가는 열매를 걷게 마련이다.

그것은 영계(靈界)에는 아카식·레코드라는 일종의 우주적인 규모의 거대한 콤퓨터 기억장치가 되어 있어서 이 세상에서 일어나는 일은 무엇이든지 자동적으로 기록이 되어서 처리가 되기 때문이 아닌가 생각된다.

인과법(因果法)이 적용된 가장 좋은 예를 하나 소개하여 볼까 한다.

얼마전 일이었다.

공무원으로 계시는 중년신사 한분이 나를 찾은 일이 있었다.

몇년 전부터 두 어깨에 심한 신경통이 생겼는데 병원에 가서 아무리 치료를 받아도 소용이 없었고, 좋다는 한방요법, 침술요법, 그밖의 온갖 민간요법(民間療法)을 모두 써보았으나 전혀 효과를 거두지 못했다는 이야기였다.

그러다가 책방에서 우연히 내가 쓴 책을 발견하여 사서 읽고 한가닥 희망을 갖고 나를 찾아 왔다는 이야기였다.

나는 그를 본 순간, 알 수가 있었다.

이 완고한 신경통은 결코 이 세상에 원인이 있는 것이 아니고, 1000여 년 전 먼 옛날에 그 원인이 비롯되었음을 안 것이었다.

TV의 화면(畵面)을 보듯이 전후 사정 이야기를 순간적으로 알아냈기 때문이었다.

그 이야기를 지금부터 해보고져 한다.

1000여년 전 아득한 옛날, 때는 통일신라(統一新羅)를 이룩하기 직전, 신라의 대군(大軍)과 백제의 계백장군(階伯將軍)이 이끄는 5000의 결사대(決死隊)가 황산(黃山) 벌판에서 대결전이 있은 직후의 일이었다.

황산 벌판에는 수많은 전사자(戰死者)들의 시체가 늘비하게 널려 있었다.

대격전(大激戰)이 있은 뒤, 조용해진 싸움터를 한 스님이 걸어오고 있었다.

당(唐)나라에 가서 13년 동안 공부를 마치고 돌아오는 성가람 스님이었다.

들판에는 시체가 늘비했다.

새소리 하나 들리지 않는 황산 벌판에는 오직 고요만이 감돌고 있을 뿐이었다.

〈아무리 나라를 위해서라고는 하지만 처참하구먼. 나무 관세음보살〉

가람스님은 마음 속으로 염불을 외우며 벌판을 가로질러 가고 있었다.

문득 신음소리가 들리기에 스님은 발걸음을 멈추었다.

백제의 싸울아비 한 사람이 중상(重傷)을 입고 쓰러져 있었다.

피 바다 속에 쓰러진 젊은 싸울아비에게서 나오는 신음소리에 가람스님은  걸음을 멈추고 바라다 보았다.

스님은 사방을 둘러 보았다.

멀리 민가(民家)가 하나 눈에 띄었다.

그 민가까지만 부상자를 데리고 간다면 살릴 수 있을 것 같다는 생각이 들었다. 스님은 아직 목숨이 붙어 있는 젊은 이를 이대로 버려두어서 죽게 할 수는 없다고 생각하였다.

아무리 적군에 속하는 백제의 싸울아비이지만 가람스님의 눈에는 도움이 필요한 하나의 죽어가는 불쌍한 중생(衆生)의 한 사람에 지나지 않았다.

누가 알랴? 이 백제의 싸울아비가 전생에는 신라의 백성 가운데 한 사람이 아니었다고 장담할 사람이 그 누구이겠는가 하고 가람스님은 생각했다.

그는 부상자를 등에 업었다.

절에서 고생(苦生)을 하노라고 힘든 일을 많이 하여서 단련이 된 몸이라 스님은 힘이 장사였다.

가람스님은 부상자를 등에 업고 한걸음 한걸음 민가를 향해 걸어갔다.

일곱 발자국을 옮긴 순간이었다.

등에 업은 젊은이가 갑자기 무겁게 느껴졌다. 스님은 이상하다고 생각해서 걸음을 멈추고 부상자를 땅 위에 내려 놓았다. 부상자는 죽어 있었다.

〈아뿔사, 세상을 떠났구나!〉

하는 다음 순간, 가람스님의 마음에는 번개같이 떠오른 생각
이 있었다.

〈나는 당(唐)나라에 가서 13년 동안이나 갖은 고행(苦行)
을 다하면서 수도(修道)를 했다. 내 딴에는 제법 도(道)를
통하고, 이만하면 능히 한 명 구실을 할 수 있는 학승(學
僧)이 되었다고 자부했다. 그러나 지금 이 꼴은 무엇인가?
일곱 발자국 옮긴 뒤에 일어날 일도 전혀 짐작을 하지 못
하고 이 젊은이를 구하려고 했다. 그래서야 한치 앞도 내
다보지 못하는 범부중생(凡夫衆生)과 무엇이 다르단 말인
가? 이런 실력을 가지고 중생을 구하겠다는 것은 한낱 아
만(我慢)에 지나지 않는다. 차라리 그럴 바에야 환속(還俗)
을 하여 시정(市井)에 묻혀 사는게 덜 죄를 짓는게 되리라!〉

스님은 하늘을 보고 크게 탄식을 했다.

죽은 백제의 싸울아비를 내려다보고 가람스님은 가만히 중
얼거렸다.

「그대가 누구인지는 모르나, 이 몸의 부족함을 깨닫게 하
여 주었으니 참으로 고마우이. 원효스님이라도 이 자리에
계셨더라면 자네의 영혼이나마 극락세계에 보내 주었을 것
을, 정말 미안하이. 까마귀나 들개의 밥이나 되지 않도록
땅에 깊이 묻어 주는게 내가 자네에게 해줄 수 있는 마지
막 공덕 같으이.」

스님은 하루종일 걸려서 땅을 팠다.

늘 몸에 지니고 다니는 표주박을 갖고 모래땅을 사람의 몸
이 묻히도록 깊이 판다는 것은 여간 힘든 일이 아니었지만,
가람스님은 그 일을 끝내 해낸 것이었다.

시체를 그 자리에 묻고 가람스님은 서라벌을 향해 떠났다.

자기가 속해 있던 절의 주지스님을 만나서 전후 사정을 이

야기하고 그는 환속을 했다.

인연이 있어서 한 젊은 여인을 만나 가정을 이루고 살았다.

그는 행복했다. 사는 재미가 무엇인지 알 것 같았다. 슬하에 다섯남매를 두었다. 환속(還俗)을 하기를 잘 했다고 생각을 했다.

그런데 나이 쉰 살이 넘자, 갑자기 두 어깨가 아프기 시작했다.

한방치료, 민간치료로 좋다는 방법은 다 써보았으나 아무런 효험이 없었다.

항상 두 어깨가 무겁고 아프고 보니 산다는 것이 고역(苦役)이었다.

나머지 여생(餘生)을 심한 견비통에 시달리면서 살아야 했다.

때가 와서 운명을 했다.

정신을 차려보니 저승이었다.

두 어깨가 무거워 정신을 가다듬고 보니, 언젠가 스님이었을 때, 황산 벌판에서 어깨에 들처멘 젊은 병사가 엎혀 있었다.

「아니 자네가 웬일인가?」

하고 놀라 물으니 병사는 태연히 대답했다.

「스님이 그러시지 않았어요. 원효대사님을 뵈오면 극락세계 갈 수 있다고요. 그래서 이렇게 엎혀 있는 것이지요.」

「그럼, 내 두 어깨가 그토록 아팠던 것은 자네 탓이었구먼.」

「그렇습니다. 이제야 아셨읍니까?」

「어서 내리게. 이제야 나도 죽어서 다 같은 영혼이 되었는데 언제까지 나에게 엎혀 있을 생각인가?」

그러나 죽은 병사는 고개를 저을 뿐이었다.

「아니에요. 그럴 수는 없어요. 스님에게 의지하고 있으면 언젠가는 원효스님을 만날게 아닙니까? 그때까지는 스님의 곁을 떠날 수 없어요.」

하고 막무가내였다.

　무심히 던진 한마디가 이토록 무서운 결과를 가져올 줄은 정말 몰랐던 일이었다.

　그뒤, 가람스님은 일곱번 재생(再生)을 했고, 백제의 싸울아비의 영혼은 악착같이 떨어질 줄을 몰랐다.

　50대가 넘으면 어김없이 심한 견비통에 시달려야만 했다.

　「이조말엽(李朝末葉)에 성씨 집안에 유명한 도승이 태어난 일이 있을 텐데요?」

하고 나는 물었다.

　「그렇다고 들었읍니다.」

　「그 분의 후신(后身)이 바로 지금의 당신입니다.」

　「믿기 어려운 일이군요.」

　「그리고 성씨(成氏)는 전국 합해서 20여만밖에 되지 않을 겁니다.」

　「그걸 어떻게 아십니까?」

　「그 중 14만 3000여명이 성가람 스님의 후손인 것 같습니다.」

　「정말 놀라운 일이군요.」

　「사실은 제 마음 속에는 원효대사의 영혼도 분령체(分靈體)로 들어 있읍니다. 1000여년 만의 만남이군요.」

하고 내가 말한 순간, 손님의 등에 엎혀서 졸고 있던 빙의령이 번쩍 두 눈을 떴다.

　「아이고, 원효스님 고맙습니다. 1000여년 동안 찾아 헤매었는데 잘 만났읍니다. 이 몸을 극락세계로 보내 주시어요.」

하고 그는 손님의 등에서 기어내려 내 앞에 부복을 했다.

　나는 서슴치 않고 저승사자들과 신장(神將)들을 불렀다.

　북두칠성(北斗七星) 네번째 별로 향하는 무지개 다리를 놓고 그를 그곳으로 보냈다.

　다음 순간, 손님은 갑자기 일어서더니 부처님 앞에서 하듯이 나에게 오체투지(五體投地)로서 경배를 했다.

두 어깨가 갑자기 가벼워졌노라고 했다. 이 손님은 그 자리에서 우리 체질개선 연구원의 회원이 되고 기쁜 마음으로 돌아갔다.

그 뒤, 여러 달이 지났지만 그는 다시 내 앞에 나타나지 않았다.

이때의 제령(除靈)으로 그 완고하던 견비통이 완전히 고쳐졌는지 여부는 확인하지 못한게 사실이기는 하지만, 우리 나라 속담에 무소식이 희소식이라는 말이 있듯이 좋아진 것만은 사실이 아닌가 생각이 된다.

## 3. 원효대사와 요석공주 이야기

춘원선생(春園先生)이 쓰신 작품 가운데 "원효대사"라는 역사소설이 있다.

나는 국민학교 어린 시절(그때는 8.15 전이었다)에 신문에 연재되는 원효대사를 읽은 기억이 있다. 열살 전후의 어린 나였지만 나름대로 큰 감명을 받았던 것으로 기억한다.

그 뒤, 대학을 졸업할 무렵, 나는 졸업논문(卒業論文)으로 춘원연구(春園研究)를 택하였기에 다시 "원효대사"를 읽을 기회가 있었다.

역시 큰 감명을 받았지만, 어렸을 때 읽고 얻은 감명이 더 컸던 것으로 기억된다. 요석궁으로 끌려가는 장면은 특히 어린 나에게 큰 충격을 주었고, 대안대사와 너구리새끼의 시체를 앞에 놓고 주고 받은 원효대사하고의 대화도 마찬가지 깊은 감동을 주었다.

그때, 나는 왜 그런지 "원효대사"가 남 같지가 않았다.

아득히 먼 옛날에 직접 내자신이 체험한 것과 같은 생생한 느낌이 있었던 것은 정말 이상한 일이 아닐 수 없었다.

지금부터 약 10년 전 일이었다고 기억된다. 내가 사람들에게는 전생(前生)이 있다는 것을 믿게 되고, 전생을 조사할 수 있는 영사능력이 생긴지 5년째 되던 어느 날 일이었다.

한 중년부인이 문제가 있는 어린 딸을 데리고, 나를 찾아온 일이 있었다.

그녀를 본 순간, 나는 요석공주가 재생(再生)했다는 느낌이 들었다.

이 부인은 꽤 오랫동안 나를 찾아 왔고 그녀가 갖고 있던 복잡한 문제가 해결되었던 것으로 기억한다.

이때만 해도 나는 인간의 영혼이 분열증식(分裂增植)을 하고 분령체(分靈體)가 되어서 같은 영혼이 여러 사람으로 변하여 태어날 수도 있다는 사실을 모르던 때였다. 그러나 실제에 있어서 재생(再生)하는 과정에서 영혼은 여러 사람이 되어서 태어나 많은 경험을 쌓게 되고, 죽고 난 뒤 하나로 합친다는 것을 안 뒤로는 하필 요석공주가 하나만일 수는 없다는 것을 알게 되었다.

아니나 다를까 그 뒤 ˙5년이 지난 뒤에 두번째 요석공주가 나타났고, 이어 얼마 있다가 세번째 요석공주가 나타났다. 이들의 공통점은 얼굴 모습이 거의 같다는 것이었다. 처지도 비슷했다.

그리고 두번째 요석공주가 나타났을 때, 요석공주의 전생(前生)이 누구였다는 것을 알았고, 아울러 원효대사의 전생이 누구였나도 알게 되었다.

정말 놀라운 일이 아닐 수 없었다.

요석공주의 전생(前生)은 놀랍게도 부처였다. 성인(聖人)인 부처님은 이미 오래 전에 열반의 경지에 들어가서 육신을 지닌 인간으로 다시 태어날 까닭이 없다고 생각했기에 나는 나의 영사결과가 얼른 믿어지지 않았던게 사실이었다.

나의 영사(靈査)가 잘못된 것이려니 생각했다. 다시 한번 공심(空心) 상태로 돌아갔다. 그래서 알게 된 것은 다음과 같은 놀라운 사실이었다.

부처는 여성(女性)을 마성(魔性)을 지닌 존재라고 했다. 사문(沙門)이 범해서는 안될 죄의 하나로서 여성과 성관계를 갖는 것을 들었다. 그러나 이것은 당신을 낳아준 어머니를 욕되게 함이고 아들을 낳아준 아내를 욕되게 하는 말이 아닐 수 없었다. 자연(自然)은 그대로가 하늘이 정해준 법도(法度)이며 인간이 자연을 죄스러운 존재라고 할 수는 없는 일이었다.

이 때문에 우주(宇宙)를 지배하는 인과법(因果法)에 의하여 부처는 오랜 세월이 흐른 뒤, 동방의 해돋는 나라, 신라의 서라벌에서 석가가 왕(王)의 아들로 태어났던 것과 같이 이번에는 공주(公主)의 몸으로 태어난 것이라고 했다.

석가의 어머니와 아내는 복합령이 되어서 원효대사가 되었고, 석가는 전생에서 당신을 낳아준 어머니를 욕되게 했고, 아내를 저버린 몸이었기에 이들의 화신(化身)인 원효대사를 안타깝게 사모해야만 했던 것으로 생각이 된다.

인과법(因果法)이 얼마나 무섭다는 것을 나는 몸서리치게 깨닫지 않을 수 없었다. 부처는 성인(聖人)으로 믿어 의심치 않고 조석(朝夕)으로 경배(敬拜)를 드리는 불교도들이 들으면 펄쩍 뛸 이야기가 아닐 수 없다.

내 앞에 두번째 나타난 요석공주는 특이체질(特異體質)을 가진 여인이었다. 음식을 들지 못하고 물만 마시고 산다고 했다. 얼른 믿을 수 없는 이야기였지만, 사실이라고 하니 받아들이는 수밖에 없었다.

그런데 그녀가 결혼을 했고 남과 같이 아이를 가졌는데 과연 무사히 아기를 낳을 수 있을까 걱정이 되어서 나를 찾아왔다는 이야기였다.

「열달만에 아기를 낳기는 어려울 겁니다. 억지로 낳는다면 미숙아가 되겠지요. 열두달만에야 제대로 자란 아기를 낳을 것 같군요.」

나는 상식에 없는 이런 이야기를 하는 내자신이 어처구니가 없기만 했다.

그녀는 알았다고 이야기하고 돌아갔다.

그 뒤, 1년쯤 지난 뒤였다.

그녀가 다시 나를 찾아왔다.

「열두달에서 일주일 모자라는 날에 딸을 낳았어요.」
하고 그녀는 보고를 했다.

그래서 나는 나의 판단이 비슷하게 들어 맞았음을 알 수가
있었다.

이로부터 몇달이 지난 뒤에 세번째의 요석공주가 내 앞에
나타났다.

젊어서는 미스·전남(全南)으로 뽑혀서 미스·코리어 경연
대회에도 나간 일이 있다는 미인이었다. 지금은 중년(中年)
이 넘어서 살이 찐 탓으로 별로였지만 젊어서 몸이 날씬할
때는 미인으로 능히 뽑혔을 것 같은 인상을 주는 여인이었다.

그녀는 일찍 남편을 여의었고 슬하에는 두 아들이 있다고
했다.

「아직 직접 만나보지 않아서 장담은 할 수 없지만 그대의
　아들은 설총이 재생(再生)한 것 같군요.」
하고 나는 이야기를 했다.

여러 달이 지난 뒤, 그녀는 막내 아들을 데리고 왔다.

나는 놀라지 않을 수 없었다.

KBS에서 방영(放映)된 〈원효대사〉에 등장하는 설총과 너
무나도 닮은 모습이었기 때문이었다.

「전생(前生)에서 원효대사는 설총에게 아무 것도 해준 것이
없다.마찬가지로 나도 그대에게 해줄 것은 아무 것도 없다.
다만 설총의 재생인 것만은 틀림이 없는 것 같으니 열심히
노력을 해서 설총과 같은 훌륭한 인물이 되기를 바랄 따름
이다.」
하고 나는 요석공주의 아들을 앞에 놓고 이야기했다.

지나간 1000여년의 긴 세월이 순간에 지나지 않는 것 같은

느낌이었다.

내 앞에 앉아 있는 소년의 어머니가 진정 요석공주같이 느껴졌고 원효대사가 요석궁에서 보낸 사흘 동안에 일어났던 일들이 어제 일같이 생생하게 눈 앞에 떠오르는 듯했다.

참으로 묘한 체험이었다.

요석공주의 아들은 신묘하게 내 이야기에 귀를 기울이었다.

이들이 내 앞을 떠난지 여러 달이 지났지만 아직 아무런 소식이 없다.

원효대사의 영혼이 분령(分靈)의 형태로 내 마음 속에 분명히 자리잡고 있음을 확신한 순간이기도 했다.

# 4。 나의 전생(前生) 이야기

나는 40대 전까지는 거의 완전한 무신론자(無神論者)였던 게 사실이었다.

인간의 영혼의 존재조차 믿지 않았으니까 영혼의 재생(再生) 따위는 그때의 나에게는 한낱 잠꼬대 같은 이야기에 지나지 않았던게 사실이었다.

그러던 내가 마흔살이 되던 해 1월 2일 밤에 일종의 가사상태(假死狀態)를 경험했고, 이때 나는 꿈 속에서 만난 위대한 요기인 〈파파지〉로부터 내 전생이 그의 제자였던〈라히리·마하사야〉라는 이야기를 들어야만 했었다.

나는 이렇다 할 스승도 없이 스스로 아사나 요가를 체득(體得)을 했었다.

그때, 우리 나라에는 〈요가〉는 전혀 소개되어 있지 않았던 때였었다.

나는 그 뒤, 여러 해 동안 〈요가〉의 수련에 열중했고, 나름대로 어떤 경지(境地)까지 도달했던 터였었다.

그러던 어느 날, 증산진법회(甑山眞法會)의 배용덕 회장이

나를 찾아온 일이 있었다. 그는 나에게 안경을 벗어달라고
했다. 한참동안 물끄러미 바라다보더니 아무 말 없이 돌아갔
다.

그 뒤, 얼마 뒤에 TV탈렌트인 이낙훈씨의 누님이 나를 찾
아왔다.

그녀는 열렬한 증산교의 신자(信者)였고, 그 무렵 "奇蹟과
豫言"이라는 책을 집필하고 있던 나에게 강증산 이야기를 실
려달라고 부탁을 했고 두툼한 참고자료까지 갖다 주었다.

그러나 강증산에 대하여 아무것도 몰랐고 관심도 없었기에,
매우 미안한 이야기지만 그녀가 갖다준 자료(資料)를 전혀
읽어보려고도 하지 않았던게 사실이었다.

그런데 하루는 강화에서 한 젊은이가 나를 찾아 왔다.

그를 영사(靈査)해 보니 증산교의 신자인게 분명했다.

「혹시 젊은이의 아버지도 할아버지도 증산교 신자였던게
　아닙니까?」

하는 나의 질문에 그는 그렇다고 대답을 했다. 그 순간이었
다.

내 눈 앞에 살아 계셨을 때의 증산선생의 얼굴이 선명하게
떠올랐다.

내자신의 모습이었다.

나는 놀라지 않을 수 없었다.

「증산은 나의 전생(前生)의 모습인데그려.」

하면서 나는 이낙훈씨의 누님이 맡겨둔 자료책을 무심히 펼
쳤다. 증산선생의 생신일이 辛未年 9月 19日(음력)이라는 대
목이 눈에 뛰어 들어왔다. 나는 생일이 양력으로 辛未年 9月
19日인 터였다.

증산의 생존시에는 음력을 쓰던 때이지만 지금은 양력을
쓰는 터인데, 두 사람의 생일이 음양(陰陽)으로 맞아 떨어진
다는 것은 아무래도 우연의 일치라고만은 할 수 없는 일인
것 같았다.

이때부터 나의 증산연구는 시작되었고, 그 분과는 열 다섯이나 공통점(共通點)이 있다는 것이 발견이 되었다.

그러나 나는 여기서 중대한 모순점에 부딪히지 않을 수 없었다.

그것은 라히리·마하사야와 강증산이 거의 같은 시대에 생존(生存)했던 인물이라는 점이었다.

이래서 나의 복합령(複合靈)의 이론(理論)은 탄생을 했고, 많은 손님들을 영사(靈查)해 보는 가운데 그들과 반드시 내가 큰 관련을 가졌음을 알게 되었다.

이래서 나는 그때까지 까맣게 모르고 있었던 나의 수 많은 전생(前生)에서 하나의 기억(記憶)을 되찾게 되었다.

그 이야기를 차례로 소개해 보고져 한다.

## A. 강증산(姜甑山) 이야기

바로 한 달 전에 일어난 일들도 정확하게 기억하기가 어려운데 전생에 있었던 일을 기억해 낸다고 한다면 아마 사람들은 웃기가 쉬울게다.

그런데 정말 우연이라고 하기에는 너무나 이상한 인연으로 해서 나는 여러 해 전에 나 자신의 또 하나의 전생을 확인한 일이 있다.

그 사연인즉 다음과 같다.

제천에서 한의를 하고 계신 박윤성 씨라는 분과 어떻게 인연이 있어서 여러 해 전에 나를 찾아온 일이 있었다.

이 분은 〈옴 진동수〉를 복용해서 술 담배도 끊게 되었을 뿐더러 간경화 증세가 있었던 것도 말끔히 가셔져서 고맙다는 인사를 하러 찾아온 일이 있었다. 또 나에게서 받아간 〈옴 진동〉 녹음 테이프로 많은 환자들을 직접 시술해서 여러 번에 걸쳐 기적과 같은 일을 경험하셨다고 했다.

그런데 이 분이 나를 찾아와서 이런 이야기를 들려준 일이 있었다.

「안 원장께선 전생에 강증산 선생인 것 같다는 이야기를 쓰셨는데 그 판단이 사실인지 아닌지 한 번 확인해 보지 않겠읍니까?」

「무슨 말씀이시죠?」

「사실은 제가 살고 있는 곳에 96세 된 노인 한 분이 계신데 이 분이 젊었을 때 강증산 선생을 직접 뵈었다고 합니다. 그리고 아주 열렬한 증산교 신자이기도 하구요. 언젠가 안 원장님 이야기를 하였더니 꼭 한 번 뵈었으면 하더군요」

나로서도 미상불 가슴 설레는 이야기가 아닐 수 없었다.

나는 박윤성 씨와 시간 약속을 하고 다음 주 일요일 제천에 노인을 만나러 가기로 했다.

후일의 증인으로서 김동신 씨와 서예가로 저명한 손경식씨도 함께 가기로 했다.

제천까지 가는 도중, 우리는 고속 버스 안에서 도담(道談)의 꽃을 피웠다. 그래서 그곳까지 가는 몇 시간의 여정이 하나도 지루하지 않아서 좋았다.

제천에 도착한 순간이었다.

나는 번개같이 떠오른 생각이 있었다.

「박 선생께서 그 노인을 만나시거든 간밤에 이상한 꿈을 꾸지 않았나 물어 보십시오. 제가 증산선생의 재생이거나 그와 깊은 관련이 있으면 반드시 우리가 오는 게 그 노인에게는 꿈으로 예고가 되었을 테니까요?」

하고 나는 박윤성 씨에게 당부하는 것을 잊지 않았다.

박윤성 씨의 한의원 대합실에서 얼마를 기다리고 있노라니까 한참만에 노인이 나타났다.

사방을 살펴보더니 똑바로 내 앞으로 걸어와서 덥석 손을 잡았다.

「증산 선생님께서 드디어 와 주셨군요.」

하고 노인은 사뭇 울먹이는 목소리었다.

「박 선생께서도 조금 전에 물으셨지만 간밤에는 참 이상한 꿈을 꾸었읍니다. 수십 년 전에 돌아가신 저희 선친이 꿈에 나타나셔서 서울에서 반가운 손님 세 분이 찾아 오셨으니 무엇이고 대접을 하라고 성화를 하시는 것이었어요. 그러나 꿈 속에서 생각하기를 서울에 아는 이는 아무도 없는데 누가 찾아온 것일까 하고 이리저리 당황하다가 깨고 보니 꿈이었어요!」

하고 노인은 내가 조금 전에 짐작한 그대로의 사실을 이야기하는 것이었다.

「노인께선 증산선생을 만나신 것이 60년도 더 옛날 이야기이실 텐데 그 분을 아직도 기억하고 계신가요?」

하고 김동신 씨가 질문을 했다.

「네, 기억합니다. 하도 오래 전 일이기는 하지만 머리 속에 그 분의 모습이 분명히 새겨져 있읍니다. 그런데 지금 안원장을 뵈오니 안경만 벗고 상투만 트신다면 틀림없는 증산선생님 그대로의 모습이십니다.」

「그럼, 제가 노인에게 질문 한 가지를 여쭙겠읍니다. 제가 묻는 말이 사실이면 사실이라고 하시고 아니면 아니라고 하십시오.」

「그러죠.」

하고 노인은 고개를 끄덕였다.

강증산이 신인(神人)이라는 소문을 듣고, 그를 찾아온 사람들은 여럿이었다.

좁은 안마당에 깔아 놓은 돗자리에 앉아서 기다리면서 원정(元禎)은 생각했다.

얼마전부터 머리 속에서 떠나지 않는 의문, 사람이 죽은 뒤에 정말 다시 태어나는가 하는 의문을 풀어줄 수 있는 분은 증산선생님 밖에 없다고 원정은 생각했다.

대부분의 사람들이 사람은 거듭 태어난다는 사실을 하나도 의심하지 않고 그대로 받아들이고 있는 게 원정은 아무래도 납득이 되지 않았다.

따뜻한 햇살을 등에 받으며 무릎을 안고 앉아 있던 원정은 어느덧 잠이 들었던 모양이었다.

누군가가 곁에 서 있는 것 같은 기척에 원정은 번쩍 정신이 들었다. 놀라 눈을 떠 보니 증산선생이 곁에 선 채 인자한 표정으로 자기를 내려다보고 계신 게 아닌가!

「모두 돌아간 줄 알고 나와 보니 젊은이가 혼자서 졸고 있구먼 그래. 나한테 무슨 긴한 볼 일이 있어서 왔는가?」

「네, 선생님께서 들으시면 어리석은 질문이라고 하실지 모르겠읍니다만, 저는 이 의문을 풀지 않고는 살 수가 없을 것 같아서 멀리 남원에서 여기까지 찾아 왔읍니다.」

하고 원정은 넓죽이 엎드려서 큰 절을 올렸다.

「그래서 알고 싶은 것은……」

「사람이 죽으면 누구나 명부(冥府)를 거쳐서 다시 인도 환생한다고 하는데 그게 사실입니까?」

「허…… 이상한 젊은이로군. 남들이 믿어 의심하지 않는 우주의 진리를 자네는 어째서 의심하는가?」

「하지만 확실한 증거를 보기 전에는 아무래도 믿을 수가 없읍니다. 이 의문을 풀지 못하면 저는 실성해서 죽을 것만 같습니다.」

증산선생은 턱에다 왼손을 괴고 먼 하늘을 쳐다보았다.

멀리 바라다보이는 산등성이 위에는 흰 구름이 뭉게뭉게 피어 오르고 있었다.

원정을 돌아다본 증산선생의 눈에는 마치 어린이와 같은 장난기가 서려 있었다.

「자네, 내가 저승으로 갔다가 다시 돌아와서 자네를 만난다면 인간이 환생한다는 사실을 믿을 수 있겠나?」

「그야 그렇게만 해 주신다면 믿고 할 여부가 있겠읍니까? 하지만 구천상제(九天上帝)께서 현신하신 증산선생님께서는 이승에서 영생을 누리실 텐데!」

「그건 자네가 몰라서 하는 소리야! 사람이 죽고 사는 것은 아직까지는 하늘이 정해 놓은 법일세. 나야말로 그 법을 어겨서는 안 되는 것이야. 나도 인간이 아니겠나?」

「그야 그렇습지요.」

「나는 지금 선후천(先後天) 도수를 바꾸어 놓는 천지공사(天地公事)가 끝나면 잠시 이 세상에서 자취를 감추게 되어 있다네. 다음에 내가 다시 이 세상에 모습을 드러낼 때는 지금과는 다른 몸을 갖고 올 것일세. 얼굴 모습이야 같겠지만 그때는 성씨도 강씨가 아니지. 선천(先天)과 후천(後天)이 정말로 바뀔 때, 나는 일을 마무리짓기 위해 다시 와야 하는데, 그때 자네를 찾아와서 분명히 나라는 것을 확인시킨다면 믿을 수가 있겠지.」

「하지만 그때까지 제가 살 수 있을까요?」

「암 살 수가 있지. 만일 자네의 수명이 그때까지 살 수가 없다면 명부의 장부를 고쳐 놓으면 될 테니까 걱정할 것 없네. 하여튼 그때 만나세. 오늘은 자네를 믿게 할 수가 없는 게 안타깝네그려.」

「하지만 그걸 어떻게……」

「걱정할 것 없네. 세상의 많은 사람들은 거의 전부가 자기의 천명을 다하지 못하고 죽으니까 그 중에서 조금 빌어오면 될 테니까 어쨌든 그때 가서 다시 만나세그려.」

하고 증산선생은 어서 가라고 손짓을 해 보이는 것이었다.

원정은 아쉬운 마음을 안은 채 되돌아서는 수밖에 없었다. 〈증산 선생이 화천(化天:죽는다는 뜻)하셨다가 다시 오셔서 만나 주신다고 했으니 나는 몇 살까지 살아야 하는 것일까?〉

그는 앞으로 남은 세월이 그저 아득하게만 느껴지는 것이었다.

「그때 두 분만이 주고 받은 이야기를 제가 알고 있으니 저는 누구죠?」

「그야 증산 선생님이 분명하시죠. 이름없는 한 젊은이와
주고 받은 약속을 잊지 않으시고 이렇게 먼 시골까지 찾아
와 주셔서 정말 고맙습니다. 이제 저는 수십 년 묵은 의문
이 풀렸으니 마음놓고 눈을 감을 수가 있겠읍니다.」
하고 원정 노인은 깍듯이 존대말을 쓰면서 감격의 눈물을 흘
렸다.

나는 서울에서 갖고 온 녹음기 한 대와 〈옴 진동음〉이 들어
있는 카세트 테이프를 원정 노인에게 드렸다.

「진동수를 열심히 마시면 영감님은 다시 5년이고 10년이고
젊어지실 수가 있읍니다. 여지껏 사셨으니 후천세계의 문
이 열리는 것을 보시고 가셔야죠.」
하고 나는 이야기했다.

옆에서 지켜보는 손경식 씨와 김동신 씨도 감개무량한 표
정이었다.

이리하여 나는 자기 자신이 태어나기 이전의 또다른 생애
의 기억을 되찾았고 사람에게 전생이 있음을 재확인한 셈이
었다.


## B. 풍신수길(豊臣秀吉)이었던 과거를 기억한다

나는 순수한 한국인인데 이상스럽게 어느 나라 공항(空港)
에서건 나를 일본인으로 착각을 하는데는 질색이었다.

공항에서 근무하는 사람들은 매일과 같이 제나라 사람이
아닌 외국인들을 겪고 있기에 외국인을 가려내는데는 거의
사냥개와 같은 날카로운 감각을 지니고 있는 것으로 나는 생
각한다.

그런데 김포공항(金浦空港)에서도 늘 일본인으로 착각들을
해서 으레 공항 직원들은 일본말로 인사를 하곤 한다.

한번은 나리다공항(成田空港)에서 입국수속을 밟는데 외국
인들이 늘어선 곳에 서 있었더니, 친절하게도 일본 공항직원
이 가까이 다가오더니 당신은 일본인인데 왜 여기 서 있느냐

고 일본인들이 늘어선 곳으로 가라고 시골영감 취급을 하는 데는 기가 막힐 수밖에 없었다.

나는 지금까지 저술가(著述家)로서 거의 150권이 가까운 많은 책을 썼지만, 이상하게도 한국 문단에서는 고아나 다름이 없는 신세이고, 한국에서는 전혀 출세(出世)를 하지 못한 것도 또한 사실이라고 생각한다.

과거 15년 동안, 특수심령능력자로서, 연인원(延人員) 20만 명이 넘는 많은 난치병 환자들을 그들의 체질(體質)을 개선(改善)시켜줌으로써 건강을 되찾게 하여 주었건만 나는 하나도 유명해지지는 않았고, 오히려 세월이 갈수록 손님은 줄어드는 형편에 있는게 사실이다.

상식으로서는 잘 납득이 가지 않는 일이었다. 나에게는 큰 수수께끼가 아닐 수 없었다.

그래서 나는 지금으로부터 8년 전 일본에 상륙할 것을 결심했다.

일본은 100여년 전부터 심령과학을 연구해 온 나라이기에 혹시 일본에 가면, 내가 갖고 있는 여러가지 의문이 풀릴지도 모른다는 생각에서였다.

그러나 그때까지 나는 일본에 아는 이라고는 하나도 없었던게 사실이었다.

4차원 관계 서적의 전문출판사인 대륙서방(大陸書房)을 선정해서 편지를 보냈다.

〈심령치료〉책을 일본어로 번역한 것을 일부분 보낸 것이 인연이 되어서 나는 대륙서방에서 7권의 심령서적을 일어판으로 출간할 수가 있었다.

그 인연으로 5000명이 넘는 일본회원들도 생겼다. 그 뒤 8년 동안, 나는 일본을 내 집같이 드나들었던 것이었다. 나는 일본에서 나의 잊었던 과거를 많이 되찾았고 그 이야기들을 이제부터 적어보려고 한다.

그런데 일본에서의 일을 시작한지 8년만에 또다시 일본을 떠나게 될 것 같은 증후가 나타나기 시작했다.

차차 회원이 줄기 시작했고 현재는 거의 전멸상태에 이른 것이었다.

중국(中國)의 제왕(帝王)이었던 과거가 드러나면서 일어난 현상이었다.

내 운명이 어떻게 바뀌게 될지 그것은 하나님만이 아시는 사실이 아닌가 생각된다.

## C. 풍신수길과 요도기미 이야기

### 1

솔직하게 말해서 나는 40대 초반까지는 철저한 무신론자였던 게 사실이었다.

그러던 내가 40대에 들어서 아버지를 여의고 오랜 소망이었던 출판사 일을 시작한 지 2년, 한국아동문학선집을 낸 것이 큰 원인이 되어서 졸지에 파산을 하고 말았다.

사람의 일이란, 열심히 노력만 하고 지혜롭게 처세하기만 하면 우선은 성공할 수 있는 게 아닌가 생각했던 그때까지의 내 신념은 산산조각이 났고 나는 뜻하지 않게 심령능력자로서 많은 난치병 환자들을 조석으로 대하여 그들의 아픔을 내 아픔으로 삼는 생활을 하게 되었다.

의과대학의 문 앞에도 가보지 않은 내가, 현대의학에서 버림받은 수많은 난치병 환자들에게 건강을 되찾아 주는 구실을 하게 되리라고는 정말 꿈에도 생각지 않았던 일이었다.

그로부터 10년, 나는 이 길이 하늘이 나에게 주신 천명인 줄 믿고 열심히 일해 왔다. 무신론자에서 유신론자로 바뀌면서 그때까지의 다른 모든 인생관이 근본적으로 바뀐 것은 물론이었다.

그러다 심령능력자로서 일해온 지 만 10년째 되던 해, 나는 뜻하지 않은 사건에 두 번이나 말려들었고 하루 아침에 내 신념은 흔들리고 말았다.

우주의 법칙 첫째 항목이 인과응보라면, 10년 동안 완전히 사리사욕을 버리고 봉사해 온 결과가 너무도 비참한 데 대해 나는 다시 한 번 모든 것을 의심하게 된 것이었다. 생각해 보면 나에게는 납득이 가지 않는 여러가지 의문점이 있었다.

나는 분명히 경기중학(6년제)을 졸업했건만 졸업사진이 없었고 대학도 분명히 서울대학을 졸업했건만 이 역시 졸업사진에는 끼지를 못했다.

분명히 1951년도에 경향신문을 통해 문단에 등장했건만, 언젠가 신문에 난 기사를 보니까 나는 경향신문을 통해 당선하지 않은 것으로 되어 있었다.

오늘에 이르기까지 한 번도 직장 생활을 해보지 못한 것도 이상하다면 이상한 일이 아닐 수 없었다. 이 사회에 분명히 존재하면서도 마치 그림자와 같이 눈에 띄지 않은 채 일생을 보내온 나 자신은 도대체 어떤 전생을 지니고 있었는가, 나는 언제나 이것이 궁금했다. 또한 어디서나 일본 사람으로 오인되는 것도 이상하다면 이상한 일인 터였다.

그래서 나는 심령과학이 널리 보급되어 있는 일본에 가기를 희망했던 것이다.

대륙서방과 인연을 맺은 덕분에 나는 많은 일본사람들 사이에서 널리 알려지게 되었고 또한 여러 차례에 걸쳐 일본을 방문할 기회가 있었다.

일본을 찾고 많은 일본인들의 영사를 하는 과정에서 나는 과거에 나 자신이 일본사람이었던 적이 있었음을 알게 되었고 어째서 한국에서는 노력에 비해 성공을 거두지 못했는가에 대한 까닭도 알게 되었다.

이제, 그 이야기를 적어볼까 한다.

2

1981년 11월 초순에 후꾸오까(福岡)시를 방문했을 때의 일이다. 후꾸오까시에는 그 무렵, 나까노 찌까구니(中野史邦)라

는 열성적인 회원이 있어서 이분을 중심으로 20여 명이 모인
다는 일종의 간담회를 겸한 방문이었다.

　이때, 나까노씨의 친구들 가운데 한 사람인, 도꾸나가(德永)
씨를 소개받았는데 이분의 제자인 23세가 되는 처녀가 피부
암으로 죽어가고 있는데 어떻게 살려줄 수 없겠느냐는 부탁
을 받았던 것이었다.

　그때, 나는 곧 도꾜에 되돌아가서 도꾜대회를 치루어야 할
입장이기도 했고, 왜 그런지 두려운 생각이 들기도 해서 마
음이 내키지 않았으므로,

「혹시 어쩌면 다음 달에 또다시 오게 될지도 모르니까 그
　때 만나도록 애써 보십시다.」

하고 우선은 거절을 했던 것이었다.

　이 자리에서 전생 이야기가 나와서 화제가 되었고 도꾸나
가씨가 자기의 전생이 누구였는지 가르쳐 달라고 해서 나는
거의 무심하게,

「선생도 역시 복합령인 것 같군요. 그 중심 인물은 아무래
　도 도꾸가와 이에야스 같은 느낌이 드는군요.」

했던 바,

「네, 저의 영혼의 일부에 도꾸가와 이에야스가 들어 있다
　니 좀 믿기 어려운 이야기인데요.」

하고 본인은 크게 웃었지만 기분은 매우 좋은 듯한 표정이었
다.

「꾀꼬리여, 울지 않는다면 울 때까지 기다리겠다! 한 격언
　은 도꾸나가씨의 성격과 꼭 맞습니다!」

하고 친구분이 이야기하자,

「틀림없는 이야기예요. 사실은 벌써 교장선생님이 되었어
　도 될 때가 지났지만, 도꾸나가 선생은 전혀 초조하지 않
　으시니까요!」

「그러고 보니 현대에 재생한 도꾸가와 이에야스는 격이 한
　참 떨어진 셈이군요. 천하를 얻은 대신에 교장이 되는 것

이 목적이라면 아주 좁쌀 영감이 된 셈이죠!」
하여 모두들 크게 웃었던 것이었다.

그런데 이로부터 미처 한 달도 지나기 전에 필리핀의 마닐라에서 아시아 펜대회가 있었고 나는 거의 출발 격전에 이르러서 한국 펜클럽 회원들의 일행 속에 끼게 되었다.

자주 해외여행을 해 온 터이기는 하지만, 필리핀과 대만, 홍콩은 나로서는 처음 찾는 곳이라 다소 마음이 흥분되었던 것은 사실이었다.

필리핀에서의 펜대회에서 나는 처음으로 원고없이 즉석 영어연설도 했고 또한 바기오에 살고 있는 필리핀의 유명한 심령능력자인 토니와도 만났다. 타이페이에서는 나의 심령관계 서적의 중국어판 출판에 대한 이야기도 오고가서 느닷없이 떠난 여행 쳐놓고는 상당한 성과를 올린 셈이었다.

3

고국으로 돌아오는 길에 기착한 일본에서는 언제나 그러하듯 도꾜 신주꾸의 선 루트 호텔에 여장을 풀었는데, 방 안에 들어서기가 무섭게 나는 후꾸오까의 나까노씨에게 전화를 걸었다.

전에 이야기했던 처녀의 용태에 대해서 묻고, 본인이 우리들의 체질개선연구원의 회원에 가입을 하든가, 아니면 도꾜까지의 왕복 비행기표를 사주든가 한다면 한 번 후꾸오까를 방문해도 좋다고 이야기를 했다. 그런데 나까노씨의 이야기에 의하면 이미 회원 수속을 끝냈다는 이야기였다. 그래서 후꾸오까에 가는 것은 그 자리에서 정해진 셈인데, 전화가 끝난 뒤에 나는 아주 이상한 느낌이 들었다. 전번에 후꾸오까에 갔을 때는, 왜 그런지 그 처녀와 만나는 것이 두려운 느낌이 들었던 게 사실이었는데 이번에는 긴 여행으로 몸도 마음도 지쳐 있는데다가 여비도 달랑달랑하는 상태인데 단 한 사람의 환자인 처녀를 만나기 위하여 후꾸오까까지 갈 결심을 하게 된 것이 나 자신이 생각해도 이상했던 것이었다. 지금까지의 경험으로 미루어보아 여기에는 무엇인가 숨겨진 깊은 사연이 있구나 하는 느낌이 들었다.

나는 시미즈(淸水)에 살고 계신 나까노 유우도씨와도 함께 갈 생각이었다. 그것은 앞서 북해도여행에서의 귀중한 체험이 있었기 때문이었다. 나로서는 나까노씨와 함께 가는 것은 귀중한 증인이 되어 준다는 뜻보다도 무엇인가 나까노씨도 이번 여행에 하나의 역할을 갖고 계시다는 직감을 아무래도 떨어버릴 수가 없었기 때문이었다. 다행히 나까노씨도 쾌히 승낙을 해 주어서 두 사람은 기쁘게 하네다 공항을 출발했던 것이었다.

4

후꾸오까 비행장에는 나까노 찌까구니씨가 마중을 나와 주었고, 우리들 두 사람은 곧 하까다 파즈 호텔에 여장을 풀고 잠시 쉰 뒤에 곧 병원에 입원하고 있는 환자를 찾았다.

만나보고 깜짝 놀란 것은 내가 짐작했던 것보다 환자의 용태가 중태라는 사실이었다. 얼굴의 반이 굉장히 부어서 눈의 위치도 바뀌고 입도 제자리에 있지 않았다. 처녀의 얼굴이라기보다는 흡사 악몽 속에 나오는 괴물을 보는 느낌이었다. 안소니 퀸이 분장한 '노틀담의 곱추'의 콰지모도 따위는 저리 가라고 할만큼 끔직스러운 얼굴이었다. 그런데 이상하게도 나에게는 그 끔직스러운 환자의 얼굴이 조금도 무섭게 느껴지지 않았을 뿐더러 애정까지도 느낄 수 있는 귀여운 얼굴로 느껴졌다.

호텔에 돌아온 뒤였다. 후꾸오까시에 살고 계신 또 하나의 회원인 오오바씨가 와서 우리들 네 사람들은 호텔에 있는 사우나에 〈옴〉진동수를 만들어서 몸을 깨끗이 했다.

방으로 돌아온 직후였다고 생각된다.

나는 갑자기 몸이 오슬오슬 춥기 시작했다. 이것은 자동서

기가 시작될 전조라는 것을 오랜 경험으로 잘 알고 있으므로 곧 만년필을 꺼냈던 것이었다. 갑자기 눈앞에 환상이 나타났다. 무서운 불길 속에서 완전히 타버리기 직전의 오오사까성의 모습이 보임과 동시에 요도기미(淀君)의 주위를 지키고 있는 시녀들의 모습이 보임과 동시에 어디선지 음산한 중년 여인의 목소리가 들려오기 시작한 것이었다.

〈우리들이 어떤 괴로움을 당했는지는 아무도 모른다오. 이 계집애는 그 옛날에 우리들이 상전으로 모셨던 요도기미님이시라오. 우리들의 진언을 받아들이지 않고 지옥의 고통을 스스로 불러들여서 우리들을 모두 하나도 빠짐없이 불길의 바다 속에 끌어들인 것이라오. 당신은 바다 건너 나라의 위대한 스님이라고 들었기 때문에 사실 우리들은 마음을 합해서 하나님께 기도를 드린 것이라오. 제발 우리들을 구해 주시오. 오오사까의 여름 전쟁이 우리들에게는 바로 어제 일어난 일인 것처럼 느껴진다오. 이 괴로운 기억을 지워주시오. 부탁이오.〉

많은 시녀들이 무서운 불길 속에 휩싸여서 얼굴이 무섭게 부어오른 모습으로 죽었다는 것을 분명히 느낄 수가 있었다. 젊은 처녀가 몇십만 명 가운데 하나밖에 없다는 무서운 피부암에 걸린 까닭을 잘 알 수가 있었다.

〈안심하시오. 내가 온 이상은 그대들은 모두 구제되도록 되어 있소. 유계(幽界)로 가서 재생된다면 그대들은 지금까지 겪었던 괴로운 기억에서 해방되게 될 것이오.〉

나는 마음 속으로 이렇게 말했던 것이거니와, 이와 동시에 시녀들의 주위를 둘러싸고 활활 타오르던 무서운 불길이 꺼지기 시작한 것은 참으로 이상한 일이 아닐 수 없었다.

〈정말 고맙습니다!〉

하는 목소리와 함께 시녀들은 요도기미(주.히데요시의 부인)를 중심으로 우아한 춤을 추기 시작하는 게 아닌가!

다음 순간, 그녀들의 모습들은 씻은 듯이 사라지고 또다른 목소리가, 이것은 목이 쉰 노인의 목소리라 들리는 것이었다.
〈나의 그릇된 행동 때문에 요도기미는 굉장히 괴로움을 당해야 했고, 말년에는 불바다 속에서 처참하게 불타 죽었던 것이오. 그때, 나는 이미 이승 사람이 아닌 저승 사람이었기에 오직 안타까워했을 뿐, 그대를 구할 길은 없었다오. 이번에 다시 태어난 그대의 고통을 어떻게든 덜어주려고 이렇게 달려온 것이라오.〉
내가 히데요시의 목소리를 들은 것은 처음이었지만, 아무래도 히데요시는 남이 아니고 나 자신의 인격을 구성하는 중요한 부분과 같이 느껴졌으며, 등골이 오싹오싹 해지면서 비통하기 그지없는 기분이 되었다.
내가, 상식으로 생각해서는 회복시킬 가능성이 전혀 없는 한 여자아이를 구하기 위해 여러가지 어려운 조건을 무릅쓰고 달려온 것은 지극히 당연했다는 생각이 들었다.
〈나까노님과 안 선생님의 얼굴에서 무엇인가 흰 안개와 같은 것이 나오고 있습니다. 특히 안 선생님의 얼굴에서는 무서운 힘 같은 것을 뿜어내고 있군요!〉
하는 오오바씨의 목소리에 나는 퍼뜩 제정신이 들었는데, 다음 순간, 이번에는 또다른 환영이 눈앞에 펼쳐졌다.
후꾸오까의 동쪽 하늘이 갑자기 밝아짐과 동시에 유계의 문이 활짝 열렸고, 다음 순간, 환자인 처녀의 병실을 향하여 무지개로 된 다리가 놓여졌다. 그와 동시에 천지에 울리는 큰 고함소리가 울려 퍼졌다.
〈신대(神代)에서부터 오늘날에 이르기까지 해탈하지 못하고 지박령(地縛靈)으로서 괴로워하고 있는 영혼들이여! 잘 들으라, 내일 새벽까지 이 저승으로 향한 문은 열려 있으니 빨리 저승으로 가서 전생에서의 괴로운 기억에서 벗어나 거듭 태어나고 싶은 영혼들은 속히 올라오도록 하라, 알겠느냐!〉
정말 큰 일이었다.

일본 전국의 여러 싸움터에서 죽은 뒤, 오늘 날까지 해탈하지 못했던 망자의 영혼들이 그야말로 메뚜기 떼처럼 환자의 방에 달려와서 일단 처녀 환자의 머리 속을 통과하여 무지개 다리를 건너 저승으로 가기 시작한 것이었다.

〈모두들 나를 따르라!〉

말을 탄 무사들이 그야말로 대군을 이루어 저승으로 가는 장면은 전대미문의 일이 아닐 수 없었다.

오오사까의 겨울 싸움, 여름 싸움에서 죽은 사람들은 물론이요, 임진왜란 때 조선에서 죽은 망령들은 하나같이 아무 쓸데없는 전쟁을 일으킨 히데요시를 원망하고 있었고 또한 히데요시를 말려서 전쟁을 중지시키지 않은 요도기미를 원망하고 있었던 것이었다.

다음날, 나는 두 명의 나까노씨와 함께 병원에 가서 정식으로 제령을 했는데, 대부분의 망령들은 이미 지난 밤에 그녀의 몸에서 떠난 뒤였다.

이것으로서 요도기미는 전생에서 범한 온갖 죄에 대해서 속죄를 한 셈이었고 그녀와 관계 있는 모든 지박령들은 하나도 빠짐없이 구제가 된 것이 아닌가 생각된다.

나도 제령을 해본 경험은 수없이 많지만 이번 경우와 같이 규모가 큰 것은 처음 겪는 일이어서 역시 후꾸오까에 오기를 잘 했다고 생각하지 않을 수 없었다.

환자인 처녀는 그녀 나름대로 자기의 해야 할 일을 끝냈으니까 어느 날 갑자기 편안하게 숨을 거두거나 아니면 기적적으로 회복하여 두번째 인생을 맞이하게 되리라고 생각하거니와, 어느 쪽 운명을 택하느냐는 본인과 가족들의 마음씨에 달려 있다고 나는 생각했다.

결국 이 처녀는 어느 날 갑자기 조용히 세상을 떠났다고 한다. 그리고 나까노 유우도씨가 알려온 바에 의하면 누군가에 의해 쓰여진 요도기미의 전기 속에 나온 요도기미의 얼굴이 후꾸오까의 환자와 똑같았노라고 했다.

## D.  여태후 이야기
### 1

나는 40대에 들어선 뒤 이상한 체험을 통하여 하루 아침에 철저한 무신론자에서 유신론자로 탈바꿈을 했다.

너무나도 급격한 변동에 나 자신도 놀랐을 정도였다.

인간의 영혼이란, 영원불멸한 존재이며, 몇 번이고 거듭 태어남으로써 신이 되는 길을 걷게 된다는 것을 깨닫게 된 것은 나에게 있어서는 일생을 통하여 결코 잊을 수 없는 커다란 충격이었다.

아무래도 인간은 누구나 할 것 없이 전두엽(前頭葉), 시상하부(視床下部)에 있는 송과체(松果體) 안에 전생의 기록이 적혀져 있는 것으로 생각된다. 좀더 과학적으로 이야기한다면, 잠재의식과 무의식의 세계 속에 전생의 기록이 있다는 이야기이다.

원인이 있으면 반드시 그에 합당한 결과가 있게 마련이며, 이 인과의 법칙은 대우주에 편재하는 법칙이다. 또한 사람은 누구나 싫든 좋든 스스로 뿌린 씨를 거두게 마련이다.

스스로가 전생에서 저지른 일 때문에 그것이 원인이 되어서 사람은 누구나 거듭 태어나게 마련임을 알아야 한다. 따라서 금생(今生)에서 어떤 것도 재생할 원인만 만들지 않는다면 사람의 영혼은 거듭 태어나지 않게 되고 따라서 고해인 이 세상에 다시 태어나는 일도 없다는 것이 부처님의 생각이다.

인생은 고해이니까 될 수 있으면 거듭 태어나는 원인을 만들지 말라고 부처님은 설법하고 계시지만, 나는 이와는 전혀 반대되는 생각을 갖고 있는 터이다.

될 수 있는 한, 자기가 원하는 대로 살아서 많이 전생(轉生)을 하게 되면 그만큼 빨리 신이 되는 길이 가까워지는 것이라고 생각되기 때문이다.

참다운 해탈은 신이 주신 욕망으로부터 도망치는 것만으로는 절대로 얻어지는 것이 아니라는 것이 내 생각이다. 오히려 사람으로 태어난 이상은 인간육체가 경험할 수 있는 것은 무엇이고 경험을 해서 많은 전생의 원인을 만드는 것이 종국적으로는 신이 되는 지름길이라는 것이 나의 기본적인 생각이다.

다만 이 세상을 고해라고 보고 태어나지 않는 노력만 해서는 본질적으로 아무런 깨달음도 얻을 수 없고, 따라서 그 영혼의 진화를 위하여 아무런 도움도 되지 않는다는 생각인 것이다.

나는 영사(靈査)할 수 있는 초능력을 얻음으로써, 우선 나 자신은 전생에서 저지른 일들에 대한 기억이 소상하게 되살아 났고 그 결과 참 죄도 많이 지었구나 하는 탄식을 금할 수 없었던 게 사실이었다.

전세계를 구하는 노력에 신명을 다하지 않으면 안될 정도로, 나는 수많은 전생에서 스스로의 야망을 이루기 위하여 헤아리기 어려울 만큼 많은 사람들의 목숨을 앗았던 것이다. 그러기 때문에 지난 58년의 생애에 걸쳐서 수많은 사람들을 내딴에는 꽤 돕느라고 무진 애를 썼지만, 현실적으로는 전혀 성공하지 못한 사람과 흡사한 환경에 놓여 있는 게 아닌가 생각된다.

처음에는 낯선 사람들과 만나서 그들을 영사하는 것이 큰 기쁨이었던 것이지만 시간이 지남에 따라서 점점 두려워지게 된 게 사실이다.

나 자신은 까맣게 잊고 있던 과거세에서의 죄가 탄로가 나는 게 아닌가, 그렇게 되면 나는 또다시 새로운 책임이 지워지는 게 아닌가 생각됐기 때문이다.

2

내가 전생에서 여태후(呂太后)이기도 했고 또한 측천무후

(則天武后), 서태후(西太后)이기도 했던 요시이 가나메라는 여인과 만나게 된 것은 오오사까에서의 일이었다고 생각된다.

처음에는 그녀의 친구가 사진만 갖고 찾아왔다.

몇년이나 죽고 살지 못할 정도로 사랑하는 애인이 있건만, 7년 이상 사귀어 오면서도 주위의 가족들이 너무나도 맹렬하게 반대를 해서 여지껏 결혼할 엄두를 내지 못하고 있다는 이야기였다. 특히 그녀의 어머니는 임종하는 자리에서 까지 이 젊은이와 결혼하면 안된다는 유언까지 남겼다고 했다.

그래서 아무래도 이렇게 반대를 하는 데는 자기네들도 모르는 전생으로부터의 깊은 사연이 있으리라는 느낌이 들었고, 그러면서도 아무래도 단념할 수 없는 점도 이상하다고 했다.

반대를 무릅쓰고 결혼을 해야겠다고 결심을 하면 마치 동기간이나 육친과 결혼하려는 것과 같은 근친상간의 강한 죄악감까지 느낀다고 했다. 그래서 그녀는 평생 그 누구와도 결혼하지 않고 오직 애인만을 사랑하며 슬픈 일생을 보내기로 결심을 했었다는 이야기였다.

그런 그녀가 어느 날, 내가 쓴 책을 우연히 책방에서 발견했고, 전생을 투시한 내 이야기들을 읽고 그야말로 지옥에서 부처님이라도 만난 것 같은 기쁨을 느꼈었다는 것이었다.

자기네가 왜 이토록 슬픈 사랑을 해야만 하는가, 또 주위에서 맹렬하게 반대하는 이유는 무엇인가 하는 것을 알게 될 것 같은 느낌이 들어서 무척 나를 만나고 싶었지만 한편으로는 두려운 생각도 들어서 본인이 직접 나타날 용기가 나지 않았었노라고 했다.

그래서 친구를 통하여 사진을 보냈던 바 내가 첫눈에 보자마자,

「전생에 모자 사이로군! 아들을 죽였어. 다시 태어난 거야. 굉장히 나쁜 인연이야. 결혼 안하는 게 좋을 거요!」

했기 때문에 이 말을 전해 들은 요시이 양은 그야말로 벼락이라도 맞은 것 같은 충격을 받지 않을 수 없었다는 이야기

였다.

허나 동시에 왜 그런지 허전하면서도 마음이 편안해지기도 했다고 한다.

자연스럽게 결혼할 것을 단념할 생각이 들더라는 이야기였다.

그래서 이들은 헤어지기로 결심을 했고 두 사람은 다시는 만나지 않게 되었으나 내가 오오사까에 왔다는 이야기를 전해 들은 순간, 꼭 한 번 만나서 자세한 이야기를 듣고 싶어졌다는 사연이었다.

「저 자신도 안선생님이 말씀하신 것이 사실이라고 생각한다. 애인과 결혼해야겠다고 생각하면 늘 이상한 죄의식을 느끼곤 한 까닭이 비로소 납득이 되었다.」

는 전갈과 함께 그녀는 나를 꼭 만났으면 하는 이야기를 전해 왔다.

그렇지 않아도 나는 그녀에 대해서 늘 개운치 못한 마음을 갖고 있었던 게 사실이었다.

사진만 보고 그토록 단정적인 이야기를 한 것이 후회스러웠기 때문이었다. 내가 아는 한 이 우주에는 분명히 타인에 대하여 필요 이상의 간섭을 해서는 안 된다는 불간섭의 우주 법칙이 있는데 나는 아무래도 이 법칙을 어긴 것 같은 생각이 들었던 탓이었다.

말 한마디로 남의 일생의 운명을 좌우한다는 것은 어떻게 생각하면 엄청난 잘못인 것 같은 생각을 아무래도 떨어버릴 수가 없었다.

따지고 보면 영사란 특수능력자만이 할 수 있는 일이고, 그것이 꼭 옳다는 것을 증명할 방도가 없는 것도 또한 사실인 터이다. 이런 것을 여러 가지 각도에서 생각할 때, 요즘의 나는 되도록 전생의 이야기는 안하는 방침을 세웠다. 되도록 3차원적인 면에서 상담을 해주고 지도를 해주는 게 보다 안전한 방법이라고 스스로 믿게 되었기 때문이다.

　　하여튼 이런 심경이기에 나는 겉으로 나타내서 표현은 안
했지만, 요시이 양에게 대해서 큰 죄를 지은 것 같은 느낌을
갖고 있었다. 그러던 찰나에 그녀가 꼭 만나고 싶다고 전해
왔기에 나는 즉석에서 좋다고 할 수밖에 없었다. 이것이 오
오사까의 책임자인 다쓰미(辰巳)군을 매우 불쾌하게 만들었
던 모양이었다.

　「요시이라는 여자는 아주 무례한 사람입니다. 준회원도 아
　닌데 마치 당연히 안선생은 자기와 만나줄 의무가 있다는
　그런 거만한 태도란 말씀이에요.」
하고 그는 매우 못마땅해 했다.

　　나는 마음 속으로 이렇게 생각을 했다. 만일 내가 영사한
것이 사실이어서 내 마음 속에 전생에는 유방이었던 영혼이
존재한다면, 요시이 양은 전생이 여태후(유방의 전실 부인)
로서 당연한 권리를 주장한 데 지나지 않은가고. 하여튼 지
난 날의 여태후가 그러했던 것처럼 무섭게 성질이 사나운 여
성인 것만은 분명하다고 나는 생각했다.

　　듣자 하니 요시이 양은 북한계통의 재일교포라고 했다. 나
의 어머니도 그렇지만, 대체로 북한 출신의 여성들은 성질이
거세고 사나운 게 사실이 아닌가 생각된다.

　　이러한 자세한 사정을 모르는 다쓰미군이 준회원도 아니면
서 지극히 당연한 권리라도 있는 것처럼 행동한 요시이가 매
우 못마땅했고 아주 교만 방자한 여성이라고 생각하게 된 것
도 어느 면에선 당연한 일인지도 몰랐다.

　　나는 요시이 양과 만난 자리에서 두 사람의 과거세에서 있
었던 일들을 간단하게 이야기해 주고,

　「우선 내가 해야 할 일은 아가씨에게 사과하는 일이라고
　생각합니다. 유방은 제왕이었었기에 여태후를 왕비로서 사
　랑은 했었지만 다른 후궁들도 사랑해주지 않으면 안되었던
　것입니다. 또한 아가씨가 유방의 아들을 죽인 것에 대해서
　도 용서해 주겠읍니다. 아가씨의 지금의 애인은 전생에서

의 인연으로 보면 내 아들이었던 사람입니다. 하지만 지금은 다시 태어나서 전혀 다른 사람이 되어 있고, 또한 복합령으로서 다른 영혼도 들어 있으니까 과거에 당신이 죽인 아들이었다는 생각은 마땅히 버려야 될 줄로 생각합니다. 사람이란 누구나 할 것 없이 육체만을 생각한다면 과거세에서 살인을 하지 않은 사람은 아마도 한 사람도 없으리라고 생각합니다. 하지만 영혼을 없앨 수 있는 사람이란 아무도 없는 터이니까 인간은 본래 죄인이 없다고 생각해도 좋을 줄 압니다. 과거세에서 살인을 했다면 모름지기 금생에서는 지극히 사랑해 줌으로써 업장은 소멸이 되는 것입니다. 거듭 두 사람을 축복합니다.」

하고 나는 선언을 했다.

요시이 양은 그 자리에서 흐느껴 울었는데, 그날 집에 돌아간 뒤에도 두 눈이 퉁퉁 붓도록 울었다는 이야기였다.

이날을 기해서 요시이 양은 갑자기 성격이 바뀌어 여자 가운데 여자라고 해도 좋을 만큼 다정한 여성으로 변신하여서 나도 놀라지 않을 수가 없었다.

내가 이야기한 내용이 요시이 양의 가족들에게도 모두 전해진 것은 물론이거니와 이와 동시에 그처럼 완고하게 반대했던 소리가 없어져서 이들 두 사람은 모두의 축복 가운데 결혼을 할 수가 있었다. 그리고 정작 결혼식을 올리기 전, 작년 10월에 우리들 세 사람은 교오또(京都)의 게이한(京阪) 호텔에서 서로 만났고 내가 주례를 맡아서 심령적인 결혼식을 먼저 올렸다. 이렇게 함으로써 반대하던 가족들도 자연스럽게 단념을 하게 된 것이 아닌가 생각된다.

이때, 나는 장래의 신랑 신부가 행복하게 살기를 바라는 뜻에서 그때까지 내가 끼고 있던 반지를 두개 뽑아 하나씩 그들에게 주었다.

금년 3월 초에 올린 정식 결혼식에는 비록 내가 참석할 수는 없었지만 그 뒤 소문을 들은 바에 의하면 요시이 양은 아주 다정한 새색시가 되었고 결혼 전에는 어딘지 나약하게만 보였던 남편도 아주 늠름한 사나이로 변신을 했다는 이야기였다.

이것으로써 나의 영혼을 구성하는 복합령들 가운데 유방(劉邦)의 가장 무거웠던 업장(業障)은 소멸된 셈인데 요시이 양과 만난 순간, 몇천 년 전에 겪은 두 사람 사이의 애정생활의 여러 장면들이 생생하게 떠올라 나는 머리를 저을 수밖에 없었다.

그것은 요시이 양도 똑같은 느낌이었던 모양이었다. 사실상, 두 사람은 몇 번 악수를 했을 정도이고 육체적으로는 아무런 관계도 없었지만 오랫동안 부부생활을 함께 해온 노년에 이른 부부와 같이 따뜻하고 포근한 애정을 서로 느끼었다.

그야말로 섹스와는 전혀 무관한, 참다운 애정을 서로에게 느끼었고, 서로가 행복해지기를 마음으로부터 빌었던 것이었다.

참고로 유방의 말년에 대하여 여러분에게 간단하게 소개하여 볼까 한다.

유방은 기원전 195년 4월 초여름 서울인 장안(長安)의 장락궁(長樂宮)에서 세상을 떠났다. 영포(英布)를 토벌했을 때 맞은 화살의 상처가 곪아서 그것이 원인이 되어 목숨을 잃었다고 한다. 후반생의 거의 전부를 싸움터에서 보낸 인물답게 그에 어울리는 최후가 아니었던가 생각된다.

그는 죽음 앞에서 당대의 영웅답게 다음과 같은 두 개의 에피소드를 남기고 있다.

병이 악화되었을 때 왕비는 명성이 높은 의원을 불렀다. 의사가,

「병환은 반드시 완쾌될 수 있읍니다.」

하고 위로하였던바, 유방은,

「나는 일개 시정인(市井人)에서부터 몸을 일으켜 3척의 검(劍)을 들어 천하를 얻었다. 이것이야말로 천명이 아니겠

느냐? 인간의 운명은 하늘이 정하는 거다. 비록 편작(扁鵲
：전설상의 명의)이라고 해도 어쩔 수 없을 게다.」
하고 말하여, 마침내 치료하는 것을 용서하지 않았고, 황금
50근을 주어서 의사를 물리쳤다고 한다.
또 하나는 사후의 인사에 대하여 여후(呂后)가 상담했을
때, 주고 받은 이야기가 유명하다.
사기(史記)에 의하면 이런 식이었다고 한다.
여후가 물었다.
「폐하에게 만일의 경우가 일어나고 상국(相國)인 소하(蕭
何)가 죽으면 그 뒤는 누구를 시켰으면 좋겠읍니까?」
「조참(曹參)이 좋을 게다.」
다음의 순위를 물으니까,
「왕능(王陵)이 좋을 게다. 허나 그 녀석은 머리가 그다지
좋지 않다. 진평(陳平)으로 하여금 보좌를 시키면 좋을 게
다. 진평은 재기(才氣)는 넘쳐 있지만 모든 것을 맡기기에
는 위험하다. 주발(周勃)은 중후한 인품을 지녔지만 재미
가 없다. 허나 나의 유가(劉家)를 영속시키는 이는 결국
주발일 게다. 그를 태위(太尉：군사장관)의 자리에 앉혀다
오.」
여후는 또다시 그 뒤 일을 물었다.
「그 뒤의 일은 그대와 관계가 없는 일이다.」
유방은 이렇게 대답했다고 한다.
그 뒤에 사태는 유방이 말한 그대로 진행되어서 그의 판단
력이 정확했음을 증명하게 되었다.
나는 생각한다.
유방과 여태후의 카르마(業)는 정말로 굉장했다고 본다.
임종하는 자리에서 유방의 가슴 속에는 아마도 커다란 불
안감이 있었으리라고 생각한다. 그것은 총애한 후궁인 척부인
(戚夫人)과 그녀의 아들인 여의(如意)의 장래였을 것이다.
유방에게는 여덟 명의 아들이 있었는데 태자는 일찍부터

여후의 사이에서 태어난 패(盈)가 세워져 있었다. 그러나 패는 성격이 유약해서 유방의 마음에 들지 않았다고 한다. 유방으로서는 패를 폐하고 여의를 태자로 책봉하려고 했던 것이었다. 여의는 용모, 성격이 다같이 유방을 많이 닮았었다.

척부인도 자기가 낳은 아들을 태자로 세우려고 울며 유방에게 호소를 했었다는 이야기이다. 허나 군신이 다같이 반대를 했기에 고집센 유방으로서도 단념할 수밖에 없었다.

임종을 맞은 유방이 척부인과 여의의 장래에 대하여 걱정을 한 것은 지극히 당연한 일이었다고 할 수 있다.

왜냐하면, 유방은 여후의 성격을 너무나도 잘 알고 있었기 때문이었다. 결국 임종하는 자리에서 유방이 걱정했던 것은 현실이 되어 척부인과 그 아들인 여의는 여후에 의하여 비참한 최후를 맞고야 말았다.

이때의 업장을, 나는 요시이 양 부부를 축복해 줌으로써 푼 셈이었다.

이것으로써, 나는 장차 어느 날엔가 아세아 연방을 성립시키는 일로 중국에 갈 길이 열려질지도 모른다고 생각한다.

지금의 중국의 지배자인 등소평은 소하의 재생이라고 보기 때문에 나와는 연분이 깊은 것으로 생각된다.

어쩌면 나의 노력에 의하여 아세아 연방은 뜻밖에도 아주 간단하게 성립될 가능성도 있다고 한다면, 모두들 망상의 극치라고 비웃으리라고 생각한다. 허나 앞으로 일어날 일들을 정확하게 알고 있는 사람은 아무도 없는 게 사실이다.

누구나 미래는 알 수가 없는 것이기 때문이다.

자아, 앞으로 어떤 일이 전개될지, 나로서는 커다란 즐거움이 하나 더 는 셈이라고 하겠다.

## E. 순(舜)이었던 기억

### 1

흔히 요순(堯舜)의 시대라고 하면 천하태평, 성군(聖君)이

통치하는 시대라는 뜻의 말이다.

요도, 순도 중국의 고대의 제왕으로서 일종의 전설적인 인물이 아닌가 한다.

요와 순은 다같이 실존했던 상고시대의 중국의 성군이었다는 설도 있지만, 그보다는 중국 사람들의 지혜가 만들어낸 환상 속의 제왕에 지나지 않는다는 학설도 상당히 유력한 게 사실이다.

요도 순도 공통점은 굉장히 총명한, 이른바 성군이었다는 것이며, 두 사람이 다같이 자기 아들에게는 제왕의 자리를 물려주지 않았다는 것이다.

요에게는 단주(丹朱)라는 아들이 있었는데, 그를 후계자로 지명하지 않았던 것이었다.

요가 후계자 문제에 대해서 중신인 방제(放齊)에게 물었던 바,

「아드님이신 단주님은 개명(開明)합니다.」

라는 대답을 했다고 한다.

그러나 요는,

「안된다. 그는 고집이 세고 사납기 때문에 그런 인물이 되지 못한다.」

고 거절했다고 한다.

또 한 명의 중신이었던 권두(驩兜)는 공공(共工)을 추천했다고 한다. 공공은 전설 속에 자주 등장하는 이른바 길을 헤매고 있는 신이라고 말해진 인물이다.

요는 공공의 인격에 문제가 있다고 하여 이를 물리쳤다. 다음에 중신인 사악(四嶽)이 곤(鯀)을 추천했다고 한다.

곤은 한 번 요의 명령을 어긴 일이 있어서 요도 그다지 마음 내키지 않았지만 시험해 보아서 불합격이면 그만두게 해도 좋다고 사악이 말하므로 시험 채용을 했던 바 9년이 지나도록 치수의 실적을 올리지 못했다고 한다.

요는 이미 재위 70년이었으므로 조급히 후계자를 정하지

않으면 안될 입장이었다.

　「귀척(貴戚)이든 소원한 사람이든 가리지 않는다. 온갖 계
　층에서 추천해 주기 바란다.」
하고 요가 말했으므로, 그러한 조건이라면 해서 모두가 순
(舜)을 추천했다고 한 다. 순은 중국의 역사책에 보면 동이
(東夷)에 속하는 사람으로서, 이른바 만주족이나 아니면 조
선인의 계통에 속하는 인물로서 순수한 중국인은 아니었다.
그럼 요에 의하여 후계자로 뽑힌 순이란 어떤 인물이었던 것
일까?

　아버지는 장님이고 고집이 센 사람이었고, 어머니는 계모
로서 성의가 없고 까다로운 성품이었으며, 동생은 거만했으나
순은 효심이 두텁고 집안을 잘 다스렸다고 한다.

　요는 시험 삼아서 자기의 두 딸을 주어서 사위로 삼았던
바, 그녀들이 부도(婦道)를 다하였으므로 이것은 보통내기가
아님을 알았다고 한다.

　3년에 걸친 시험에 합격을 했으므로 요는 순에게 정치를
맡기려고 했으나, 순은 처음에는 사양을 했다고 한다. 그러나
마지막에는 이를 받아들였다.

　여기서 일본의 작가인 진순신(陣舜臣)이 쓴 〈중국의 역사〉
제1권에서 잠시 인용해 볼까 한다.

　순(舜)에 대한 이야기는 민화적입니다. 아버지는 장님이었
고, 친어머니가 일찍 죽었으므로 계모가 들어와서 이복형제들
이 순을 심하게 다루었다고 합니다.. 그래도 순은 그들에게
잘 순종했고, 그 때문에 유덕하다는 평판이 널리 퍼져서 제
왕의 두 딸을 아내로 맞게 되었던 것입니다.

　남성판 신데렐라 이야기라고 해도 좋으리라고 생각합니다.

　의붓 자식을 괴롭히는 일은 고대로부터 있었던 일이고, 물
론 괴롭힘을 당한 의붓 자식을 모두 동정하게 마련입니다.
그래서 심한 고통을 받은 대신에 행복해진다는 이야기가 만
들어진 것이 아닌가 생각이 됩니다.

그와 같은 민족설화가 성왕인 순 이야기에서 비롯된 것인 지도 모르겠읍니다. 순이 지붕 위에서 일을 하고 있을 때, 아 버지가 아래에서 불을 질렀지만, 순은 두 손에 하나씩 방갓 을 갖고 새의 날개처럼 퍼덕여서 무사히 뛰어내렸다는 이야 기가 있읍니다.

아버지로부터 우물을 파라는 명령을 받은 순은, 위험이 닥 칠 것을 예감하며 벽에다가 빠져나갈 구멍부터 팠던 바, 과 연 아버지는 흙을 쏟아 넣어서 아들을 죽이려고 했읍니다만, 순은 옆구멍으로 무사히 빠져나가서 목숨을 건졌다는 이야기 가 있읍니다.

순은 스무 살에 효행으로 유명해졌고, 서른 살에 요에게 등용되어 쉰 살에 섭정이 되었읍니다. 쉰 여덟 살 때 요가 죽자 예순 한 살 때, 요를 대신하여 제위에 올랐다고 합니다. 제위에 있기를 삼십구년. 순은 남방순찰 도중에 창오(倉梧) 의 들에서 죽었고, 강남(江南)의 구의(九疑)에 매장이 되었 던 것입니다.

순이 창오의 들에서 죽었다는 소식이 전해지자, 그 두 명 의 아내는 서둘러 남쪽으로 향했읍니다. 마음은 슬픔에 가득 차고 무엇을 보아도 눈물이 흐를 따름입니다.

호남(湖南)에는 죽림(竹林)이 많고, 죽세공이 그 고장의 명산(名産)이 되어 있읍니다. 그 가운데 얼룩무늬진 대나무 가 있어서 반죽(班竹)이라고 불리고 있읍니다만, 그것은 그 녀들의 눈물 자국이라는 전설이 있읍니다.

그녀들은 호수까지 이르러 투신 자살을 했다고 합니다.

너무나 슬픈 나머지 투신을 했다는 말도 있고, 배가 뒤집 혀서 죽게 되었다는 이야기도 있읍니다. 언니인 아황(娥皇) 은 상군(湘君), 여동생인 여영(女英)은 상부인(湘夫人)이라 고 부르며, 굴원(屈原)의 구가(九歌) 속에 무녀가 그녀들의 영혼을 불러내어 주고 받는 장면을 노래하고 있읍니다.

동정(洞庭), 서쪽을 보면 초강(楚江)을 알 수 있다.

물은 다하여, 남천(南天) 구름을 볼 수 없고,
해는 떨어져, 장사(長沙), 가을빛은 멀도다.
그대는 아는가, 어느 곳에 호군(湖君)을 장사지냈는가를.

이것은 당의 이백(李白)이 동정호(洞庭湖)에서 놀았을 때 지은 칠언절구로서, 당시선(唐詩選)에도 들어 있는 유명한 시입니다. 예부터 문인묵객들은 호남에 가게 되면 순의 두 부인에 대한 노래를 짓곤했던 것입니다. 이들 두 여성은 수신(水神)으로서 이 지방에서 추앙을 받고 있읍니다.

2

중국의 역사에 대하여 조예가 깊은 진순신이 쓴 책에서 순 임금에 대한 이야기를 인용한 것은 나 나름대로 깊은 뜻이 있어서이다.

사실은 나에게는 순이었던 기억이 있는 것이다. 순 임금이 살았던 시대는 적어도 지금부터 5천 년에서 6천 년, 또는 그보다도 훨씬 앞선 시대의 일이 아닌가 한다. 하지만, 인간의 영혼은 영생불멸의 존재이며, 그러한 영혼에게 있어서 고작 5,6천 년 정도 예전 일은 불과 어제와 다름 없다는 것이 나의 생각이다.

보통 사람들이 자기의 지나간 생애에 대해서 전부 기억해 낼 수 없는 것과 마찬가지로, 나 역시 수많은 전생에 대하여 단편적으로 기억하고 있을 따름이지만, 이상하게도 순 임금에게 일어났던 여러 가지 일들에 대해서는 바로 어제 있었던 일처럼 아주 투명한 기억을 갖고 있는 터이다.

그 이야기를 이제부터 말해보고져 한다.

우선 진순신이 기록한 이야기 가운데서 얼른 납득이 되지 않는 것이 있다.어째서 순의 아버지는 두 번씩이나 아들을 죽이려고 했는가 하는 원인에 대해서는 조금도 설명이 되어 있지 않다는 점이다.

친아버지가 자기의 피를 나눈 아들을 두 번씩이나 죽이려고 했다면 거기에는 그럴만한 커다란 원한이 있었을 것으로 생각이 된다. 하지만, 순은 어디까지나 전설에 나타난 성군이기에 여기에 대해서는 뚜렷한 설명이 없고 덕분에 순이 성군이었다면 그의 아버지는 역사에 나타난 가장 악독한 인간이 된 셈이다.

세상에 극악한 아버지의 표본을 꼽으라고 하면, 조금이라도 교양이 있는 사람일수록 누구나 곧 순의 아버지를 인용할 정도니까, 아버지의 입장에서 본다면 이렇게 난처하고 고약한 일은 다시 없는 셈이다.

수치를 만대에 남긴다 함은 바로 이런 경우가 아닌가 생각한다. 아버지가 두 번에 걸쳐서 아들인 순을 죽이려고 한 것은 나름대로 뚜렷한 원인과 이유가 있었던 것이었다.

이 사실을 알고 있는 사람은, 순으로서의 뚜렷한 기억을 가진 나 이외에는 달리 없지 않나 생각이 된다.

내가 이 사실을 밝히려 하는 것은, 아득한 옛날 나의 아버지였던 순의 아버지의 수치를 씻어서 그 명예를 회복시키기 위함이다. 그렇게 함으로써 순의 아버지의 영혼이 지니고 있는 근원적인 원한도 사라져갈 것으로 생각이 된다.

순은 위대한 성군이었을는지 모르지만, 그가 그런 높은 자리에 오를 수가 있었던 것은 우선 아버지가 그를 낳아 주었기 때문이고 세상에 보기 드문 나쁜 아버지가 된 때문이다. 반대로 그는 불세출의 효자로서 요 임금의 주목을 끌었기 때문이었다.

순의 영혼을 갖고 태어난 내가 이 일을 하고자 함은 하나의 신성한 의무라고 생각한다. 그러면 역사에 나타나지 않은 진짜 순에 대한 이야기를 이제부터 소개해 볼까 한다.

3

순의 가족은 중국의 변경의 백성이었던 동이족에 속하는, 이른바 빈민계급에 속하는 사람들이었던 것은 사실이었다.

앞서도 잠시 말한 바와 같이, 순의 일족은 지금의 만주족 아니면 북선계(北鮮系)의 사람들이었다는 이야기이다. 순이 태어나기 전, 어머니는 집 근처에 있는 시냇물에 자주 빨래를 하러간 일이 있었고, 그때 비행접시를 타고 온 우주인에 의하여 강간을 당했던 것이었다.

이른바, 우주인과 지구인인 여성과의 사이에 과연 아이를 가질 수 있는지, 불가능한 것인지를 시험당한 셈이었다.

그때, 순의 어머니를 기절시켜 비행접시 안으로 데리고 들어간 것은 스파르 별에서 온 우주인이었을 것이다.

그 무렵, 스파르 별에서는 아주 오랜 옛날에 지구에 식민을 했다는 설이 있었다. 그 사실을 확인하는 하나의 실험으로서 그들은 지구인 여성과의 사이에 아이를 가질 수 있는가 하는 실험이 필요했던 것이었다.

만일, 스파르 별로부터의 이민설이 사실이라면, 당연히 아이가 태어날 것이지만 거짓이라면 이종족(異種族) 사이니까 아이가 태어날 가능성은 없는 셈이었다. 그때 어쩌다가 실험의 당사자로서 선택된 것이 순의 어머니였던 것이다.

이 실험이 사람들 눈에 띄게 되는 것을 두려워한 스파르 별 사람들은 한적한 시골을 선택했고 자주 산 속 시냇물에 빨래를 하러오는 순의 어머니에 대해서 철저하게 조사를 하여 가장 이상적인 지구인 여성으로서 실험대상으로 선택했던 것이었다.

그녀의 뇌파에 대한 조사가 있었음은 말할 것도 없고 배란일 같은 것도 정확하게 조사되어서 스파르 별에서 선택된 남성 사이에 몇 번에 걸친 성교가 이루어졌던 것이다.

빈틈이 없는 스파르 별 사람들은 기억을 지워서 순의 어머니가 아무것도 기억할 수 없게 했던 것은 물론이었다.

이성인(異星人)과의 육체관계를 갖는 것은 우주연합의 법에서는 굳게 금지되어 있는 일이었기 때문이다. 모친은 점점 배가 불러 왔고 누가 보아도 임신한 것이 분명했건만 이상하게도 열 달이 지나도 날로 배가 커질 뿐, 영 아이를 낳을 기색은 보이지 않았다.

임신을 해서 13개월이 되던 날, 모친은 순을 낳았고 낳기가 무섭게 본인은 숨을 거두었다. 남편에게 있어서는 자기가 사랑하던 귀여운 아내를 죽게 한 아들이 마음에 들 까닭이 없었다.

순은 처음부터 아버지로부터 미움을 받는 존재로서 이 세상에 태어난 인간이었던 셈이었다. 여기서부터 순은 아주 색다른 인생을 시작하게 되었던 것이다.

4

사랑하는 아내의 목숨과 바꾸어 얻은 아들이었다. 순이 아버지에게 있어서는 사랑스러울 까닭이 없었다. 아버지가 몸집이 아주 작았던 것에 비해 순의 체격은 성장함에 따라 부모 어느 쪽도 닮지 않아 거대했다. 아버지에게는 어쩐지 순이 자기의 친아들이 아닌 것 같은 느낌을 갖게 했던 것도 사실이었다.

남자의 손으로 어린 순을 키울 수는 없는 일이어서 아버지는 곧 후처를 맞이했는데, 그 아내와의 사이에 몇 명의 자식들이 태어났고 어머니는 자기가 낳은 자식이 귀여운 만큼 의붓 아들인 순은 눈의 가시처럼 미울 수밖에 없었다.

대체로 의붓 어머니와 의붓 아들 사이가 나쁜 것은 동서고금을 통하여 변함없는 상식으로서, 순과 그 의붓 어머니 사이도 예외는 아니었던 셈이다. 다만 틀리는 점이 있다면 순은 의붓 어머니가 아무리 심하게 굴어도 조금도 거역하는 일이 없이 매사에 잘 순종했다는 점이었다. 아무리 괴롭혀도 전혀 반응이 없었다는 이야기이다. 그 때문에 의붓 어머니는 더욱 순을 미워하게 되었던 것도 사실이었다.

그런데 순이 자라서 열 일곱, 여덟 살이 되자 이번에는 전혀 다른 차원에서 문제가 생겼다. 나이 열일곱에 순은 이미

6척을 넘는 당당한 대장부였다. 누가 보아도 홀딱 반할 만한 미남자였던 것이었다. 매일 들판에서 심한 노동을 해온 덕분에 체격도 굉장히 건장했다.

지금까지 미워하기만 했던 의붓 어머니가 이와같이 늠름한 순에 대하여 남성으로서의 성적인 매력을 느끼게 되었으며 그녀가 사악한 성욕을 느끼게 된 것은 어쩌면 당연한 일이었는지도 모를 일이었다.

순이 열 일곱 살이 되던 어느 여름 날 일이었다.

아침 일찍부터 밭에 나가 일을 하던 순은 한낮이 지나서 집에 돌아왔는데 이날 따라 몹시 졸려서 그대로 광 속에서 낮잠을 잤다.

잠들어 있는 순의 하반신의 하초가 벌떡 서 있는 것을 때마침 볼일이 있어서 광 안에 들어왔던 의붓 어머니가 보았던 것이다. 이미 노쇠한 아버지와는 달리 순의 하초는 거대했다. 의붓 어머니는 자기도 모르게 그것을 와락 움켜 쥐었다.

그 순간, 두 눈을 번쩍 뜬 순은 소스라치게 놀라 벌떡 일어나 놀란 토끼처럼 잽싸게 바깥으로 달아나 버렸다. 실로 눈 깜짝할 사이에 일어난 일이었다. 부끄럽기도 하고, 밉기도 하고, 의붓 어머니는 그야말로 순을 찢어 죽이고 싶은 심정이었다.

그날 밤, 의붓 어머니는 남편에게 순이 자기를 광 속에서 겁탈하려고 했다고 고자질을 했다. 그렇지 않아도 어렸을 때부터 눈 위의 가시같이 밉기만 했던 아들이었다.

「어렸을 때부터 자기를 길러 주고 친자식같이 키워준 은공도 모르고 어머니를 겁탈하려고 했다니, 개, 돼지만도 못한 녀석이구나! 죽여 버리고 말 테다!」

하고 순의 아버지가 아내의 말을 그대로 믿고 머리 끝까지 분통이 치솟은 것은 어쩌면 당연한 일인지도 몰랐다.

아버지의 입장으로서는 아무래도 순이 자기의 친아들이 아닌 것 같은 느낌이 처음부터 들었던 것이 사실이었다.

5

체격도 그렇고 얼굴도 그렇고 너무나도 자기를 닮지 않았을 뿐만 아니라, 성격도 매사에 잘고 잔 걱정이 많아서 지극히 소심했던 아버지와는 달리 평소의 순은 도대체 무슨 생각을 하고 있는지 전혀 갈피를 잡을 수 없는 인간이었다.

부모로부터 아무리 경우에 어긋나는 말을 들어도 한 번도 반항하거나 화를 내는 일이 없이 언제나 순종을 했으며 아주 어려운 일도 쉽사리 해내는 아들이 아버지에게 있어서는 이해할 수 없는 존재였던 것이었다.

그런 아들이 자기의 아내를 겁탈하려고 했다는 것은 보통 상식으로서는 생각하기 어려운 일이었으나 순의 아버지에게만은 능히 있을 수 있는 일로 여겨졌다.

아들에 대하여 라이벌 의식을 갖고 있었고 또한 일종의 강한 열등감을 느끼고 있었기 때문인지는 모르나 어쨌든 아버지의 순에 대한 미움이 극도에 달한 것만은 사실이었다.

아버지는 진심으로 아들을 죽이기로 작심을 했다. 그리고 그 기회는 마침내 오고 말았다.

가을이 되어서 광과 안채의 초가지붕을 갈게 되었다. 광지붕 위에 올라가서 일을 하고 있는 순을 보자 아버지는 광에 불을 질렀던 것이었다.

순이 정신을 차렸을 때는 이미 광 전체가 무서운 불길에 싸여 있었다. 순은 요즘 말로 일종의 초능력자로서 테레파시 능력의 소유자였으므로 자기도 모르게 아버지의 미움이 극도에 달해서 기회만 있으면 자기를 죽이려고 하고 있음을 알고 있었기에, 이때도 커다란 삿갓을 두 개 갖고 올라가 지붕에서 일을 하고 있었던 터였었다.

순은 두 개의 삿갓을 두 손에 들고 새가 날개짓하듯이 하면서 땅위에 뛰어내렸다. 조금 화상만 입었을 정도로 그치고 목숨을 건진 것은 물론이었다. 아들이 분명히 타 죽는 것을

확인하려고 너무 불길에 가까이 갔던 아버지는 불똥이 두 눈
에 뛰어들어 그대로 장님이 되고 말았는데 아들을 죽이려고
했다가 반대로 자기가 장님이 되고 말았던 것이었다.

전설에 의하면, 순의 아버지는 장님이었던 것으로 되어 있
는데 언제부터 장님이 되었는지 타고난 장님이었는지에 대해
서는 밝혀지지 않고 있는데 사실은 이때 장님이 되었던 것이
다.

이렇게 해서 아버지가 순을 죽이려고 한 첫번째 사건은 무
사하게 끝난 셈인데, 세상에는 비밀이 없는 법이어서 어느덧
이 사건은 많은 사람들의 입에 오르내리게 되었다.

아버지가 지붕 위에서 일하고 있는 순을 죽이려고 불을 질
렀지만, 현명한 아들은 커다란 삿갓을 날개처럼 써서 무사히
목숨을 건졌을 뿐만 아니라 전이나 다름없이 부모를 잘 공경
하고 효도를 다하고 있다. 진실로 요즘 보기 드문 효자라는
소문이 파다하게 퍼지게 되었던 것이었다.

세상은 요 임금이 다스리는 천하태평 시대였다. 사건이 없
는만큼 순의 이야기는 널리 사람들의 평판의 대상이 되었다.

6

순이 세상에 보기 드문 효자라는 평판이 돌게 됨과 동시에,
자기의 친아들을 죽이려고 한 아버지는 극악무도한 인간으로
서 누구나 제대로 상대도 하지 않게 된 것은 지극히 당연한
일이 아닐 수 없었다.

갑자기 주위의 사람들이 자기를 차갑게 대하게 된 것은,
아버지의 순에 대한 증오의 감정을 더욱 강하게 해주는 결과
가 되었다.

죽은 아내가 다른 사내와 통정을 해서 얻어진 아들, 그것
이 순이라는 사실을 아버지는 믿었고, 그런 믿음을 가짐으로
써 아들을 죽여도 좋다는 감정이 생겨난 것인지도 몰랐다.

순을 낳는 바람에 최초의 아내는 죽었다. 이번에는 두번째

로 맞은 아내를 순은 겁탈하려고 했다. 도저히 용서할 수 없다는 감정이 아버지에게는 있었던 것이다. 아들의 평소의 성격에 대하여 조금만 냉정하게 관찰을 했더라면, 이러한 오해가 생겼을 까닭이 없었을 것이나, 그것을 할 수 없었던 데 순의 아버지의 비극은 있었던 것이었다.

다음해 여름, 비가 내리지 않는 날이 몇 달이고 계속되었다. 햇빛은 따갑고 시냇물은 모두 말라버려서 농작물들은 모두 타 죽기 직전에 놓이게 되었다.

이때, 순의 아버지는 아들에게 우물을 파게 하리라는 생각을 하게 되었다. 아버지로부터 우물을 파라는 명령이 내려진 순간, 순은 가슴이 철렁했다. 우물을 파게 해서 자기를 사고인 것처럼 꾸며서 파묻어버릴 생각이구나 하는 것을 깨달았기 때문이었다.

순은 벼랑에 가까운 곳에 우물을 파기로 했다. 우선 벼랑으로 통하는 구멍부터 뚫었다. 그리고 난 뒤에 우물을 팠다. 옆의 터널은 아버지에게 눈치채지 않도록 밤중에 몰래 작업을 했음은 물론이었다.

우물이 거의 완성되었을 때, 옆으로 빠지는 구멍은 이미 완성이 되어 있었고,

「이제 다 되었어요!」

하고 말한 순간, 아버지는 마치 미친 사람처럼 우물 속에 흙을 퍼 넣었다. 우물 속에서는 아무런 소리도 들리지 않았으므로, 아버지는 틀림없이 아들은 죽은 것으로 생각을 했다.

그런데 다음날 아침에 일어나 보니까, 순은 아침 일찍부터 들판에서 일을 하고 있지 않은가! 깜짝 놀라서 우물로 달려가 보니까 분명히 어제 흙으로 메웠던 우물이 말짱하게 복구되어서 바닥에는 푸른 우물물이 가득 차 있는 것이 분명했다. 돌을 던졌더니 물소리가 크게 들렸기 때문이다.

「놈은 사람이 아니다! 귀신이 분명하다!」

하고 순의 아버지는 힘없이 우물가에 주저앉고 말았다.

아버지가 순을 우물 속에 파묻으려고 했던 것이 마을 사람들 모두가 알게 된 뒤로는 그 누구도 순의 아버지와 이야기를 나누려고 하지 않게 되었다.

그 대신 순이 효자라는 소문은 사람들의 입에서 입으로 전해져서 마침내 요 임금님 귀에까지 들어가게 되었다.

7

요 임금님은 자기의 뒤를 이을 세자를 정하지 못하고 있던 판에 어느 날, 신하의 한 사람으로부터 순에 대한 이야기를 듣게 되었다.

「그 소문이 사실이라면, 순은 대단한 인물인 게 분명하도다! 자기를 두 번씩이나 죽이려고 한 아버지를 전혀 미워하지 않고 도망쳐 나갈 생각도 않고 효행을 다 한다는 것은 정말 훌륭한 일이로다. 자기를 미워하는 사람을 사랑할 수 있음은 오로지 성인군자만이 할 수 있는 일이로다!」

요는 순이 어떤 인물인지 꼭 알고 싶은 생각이 들어서 어느 날, 평민의 옷을 입고 대궐을 빠져나와 들판에서 일하는 순의 모습을 자세히 관찰했다.

순은 7척에 가까운 거인이었고 땀투성이가 된 얼굴에는 늠름한 왕자의 기품이 드러나 있었으므로 요는 공주인 아황(娥皇)과 그 여동생 여영(女英)의 남편으로 삼았던 것이었다.

「본시 계집이란 질투심이 강한 게야. 특히 아황과 여영은 평소부터 그다지 사이가 좋은 편도 아니고 성격이 강한 애들이야. 두 자매를 어떻게 다루어서 의좋게 만드는가, 복종하게 만드는가, 그것을 확인한다면 순의 사람됨을 알 수 있을 게다!」

하고 요는 마음이 내켜하지 않는 두 공주를 순에게 시집 보냈던 것이었다. 그런데 시집 보낸 두 공주로부터 그 뒤 아무런 소식이 없자, 이상하게 생각한 요 임금은 언제나 그러하듯 평민 차림을 하고 몰래 순을 찾아갔다.

도대체 어떻게 된 것일까?

두 공주는 들판에서 순과 함께 열심히 밭일을 하고 있지 아니한가!

보통 평민과 하나도 다름이 없었다.

아무래도 이상하다고 생각한 요는 밤에 이번에는 순의 방을 엿보았던바 처음으로 수수께끼가 풀렸던 것이었다.

하루종일 밭일을 해서 피곤할 텐데 순은 두 아내를 차례로 사랑하는 것이 아닌가? 정말 세상에 보기 드문 정력이 절륜한 사나이가 아닐 수 없었다.

8

여러분들은 아마 믿기가 어려우리라고 생각한다. 하지만 지금의 나에게는 순 임금이었던 시절의 기억이 분명히 있다.

5천 년인지, 6천 년인지 알 수 없는 까마득한 옛일이건만, 바로 어제 있었던 일인 양 기억이 생생한 터이다. 그리고 지금의 아내는 아황이 거듭 태어난 모습이며, 내 밑에서 10년 가까이 일하고 있는 처남이 여영의 화신임이 분명하다고 생각한다.

지금 세상은 일부일처제인만큼 자매를 함께 데리고 살 수 없음은 누구나  다 알고 있는 사실이다.

처남은 여러 방면으로 유능한 인물이건만 이상스럽게도 직장운이 없어서 40대 초에 나에게 의탁을 해온 지 10년이 가까와 온다. 아침 저녁으로 얼굴을 대하고 있는 셈인데, 그도 50대에 접어들어 이제는 다른 직장을 찾는다는 것은 거의 불가능한 상태이다.

나는 현실적으로는 아직 예순 살도 되지 않았는데 몇천 년 전에 겪었던 일들을 생생하게 기억하고 있는 것이다. 그 때문인지 70대의 노인을 만나도 어린애들처럼 느껴지곤 한다.

요의 아들이었던 단주(丹朱)는 그 뒤 재생하여 항우(項羽)가 되었고, 순은 유방(劉邦)으로서 재생이 되었던 것이었다.

# 5. 아내의 전생(前生)

아내와 나는 거의 30년 가까운 긴 세월을 생사고락(生死苦樂)을 함께한 사이다. 더욱이 30대에서 40대에 이르는 10년 동안에 걸친 늪지대를 헤매는 것 같던 괴로운 시절, 아내는 한번도 푸념도 하지 않고 나에게 잘 내조(內助)를 해준게 사실이다.

200자 원고지 한장에 15원을 받는 싸구려 번역도 아내는 나와 함께 밤을 새워서 글을 써주곤 했었다.

한달을 피 땀 나는 노력을 해봐야 겨우 만여원의 고료가 나오는 허무한 일이었지만, 그 당시 우리는 생활을 꾸려나가기 위해서는 이런 일도 해야만 했었다.

너무나도 가까운 사이이기에 나는 아내의 전생(前生)이 어떠한 것인지 알아보려고 하지도 않았던 것도 또한 사실이었다.

다만 나하고는 어지간히 깊은 인연이거니 했을 따름이었다.

한편으로는 아내의 전생을 밝히는 게 두려웠던 것도 또한 사실이었다.

다른 사람들의 전생은 본인의 요구가 있으면 보아 주면서도 아내에 대해서는 그저 모르는게 약이거니 했다.

자기 자식이나 아내 자랑을 하는 이는 삼불출(三不出)이라고 한다.

허나 여기서 기어이 하고 싶은 것은 아내에 대한 칭찬을 함으로써 나의 평소의 그녀에 대하여 감사하고 있는 마음을 표현해 보고져 한다.

우선 아내는 끝없이 선량(善良)하면서도 매우 침착하고 현명한 여인이다.

30년을 함께 살아오면서 시어머니로부터 여러번에 걸쳐 말 못할 고역(苦役)을 당했지만 한번도 목소리를 높여 말대답을 한 적이 없다.

아들인 나도 참기 어려운 경우에도 그녀는 언제나 침착하고 조용했다.

내가 그녀 앞에서 부끄러움을 느낀게 여러번이었다.

생활하는데 있어서 내가 곤궁에 빠졌을 때, 언제나 묘수(妙手)를 생각해낸 것은 이 역시 아내였다.

그래서 늘 나는 생각했다.

4차원에 속하는 일이라면 몰라도 현실문제에 있어서는 어려운 일에 닥뜨리면 아내에게 물어보는게 가장 현명하다고, 그러기에 그녀는 어느 면에서는 나보다 머리가 좋은 여인이라고 생각한다.

이런 아내가 나하고는 5000여년 전부터 깊은 인연이 있음을 알게 된 것은 너무나도 놀라운 일이 아닐 수 없었다.

내가 순(舜)이었을 때, 그녀는 왕비였던 아황(娥皇)이었고, 그 뒤 수많은 과정에서 그녀는 항상 내 곁에 있었던 것으로 생각이 된다.

내가 지난 날, 여러나라의 제왕(帝王)이었을 때, 그녀는 항상 왕비였었기에 내가 수많은 후궁을 거느림으로써 말못할 마음의 고통을 받았던 것으로 생각이 된다.

그러기에 이번 생(生)에서는 어떻게 해서든 내 청혼을 받지 않으려고 애썼던게 아닌가 생각이 된다.

나는 아내와 결혼하는데 3년이나 걸려야만 했었고, 두번이나 헤어졌었고 심지어는 완전히 단념을 하고 다른 여인과 약혼까지 했던 터였다.

지금 나는 굳이 지금 아내의 전생을 밝혀보고 싶은 생각이 없다.

모르는대로 덮어 두는게 좋다고 생각되기 때문이다.

다만 여기서 얼마 전에 발간(發刊)한 바 있는 심령시집(心靈詩集)인 〈사랑과 슬픔의 강물을 넘어서〉속에 실린 그녀에 대한 시(詩) 한 수를 소개하여 보고져 한다.

## 아내에게 바치는 노래

어느 날, 나는 이상한 꿈을 꾸었네.
화려한 궁전의 연회에서
한 아름다운 여인이 추파를 던지기에
가슴 두근거리며 가까이 갔네.
다음 순간, 그 여인의 얼굴은
아내의 얼굴로 변하였네.
다음 순간, 이번에는 또 다른 어여쁜
여인이 나를 향해 웃으며 다가왔네.
나는 역시 가슴 두근거리며 가까이
간 순간,
또다시 그녀의 얼굴은 아내로 변하였네.
그 순간 나는 깨달았네.
수많은 전생(前生)에서 아내는
수없이 많은 여인이 되어
나를 사랑하여 주었음을.
나는 그 순간, 아내에게 감사하며
두 손 모아 합장을 했네.
〈安東民氏 心靈詩集(사랑과 슬픔의 강물을 넘어서) 중에서〉

## 6. 다시 태어난 아버지

나의 선친(先親)은 나이 70에 간암(肝癌)으로 돌아가셨다.
돌아가시기 전 수십년 동안 워낙 술을 많이 드셨고 또한 속을 끓이시는 일이 많았었다. 어느 점에서 생각하면 70을 사신 것도 장수한 것이라는 느낌이 드나 본인의 마음은 그렇지가 않았다.
몹시 살고 싶어하셨다.

그러나 그때는 지금과 달라, 나는 초능력(超能力)을 지닌 심령능력자(心靈能力者)는 아니었었다.

생각다 못하여 단식요법(斷食療法)을 권해 보았다. 내가 단식요법을 권하는 자리에는 한 분밖에 안계신 외숙(外叔)도 함께 참석을 해주셔서 찬성을 해주셨다. 그러나 어머니는 이 자리에 계시지 않았다. 이것이 화근이 되었다.

어머니는 당신을 무시했다고 노발대발하셨을 뿐 아니라, 미국에 사는 아들들에게 국제전화를 걸어서 너의 형이 아버지의 재산을 독차지하기 위하여 아버지를 굶겨 죽이려고 하고 있으니 곧 귀국하도록 하라는 이야기를 하셨다.

평생을 아버지와 어머니는 사이가 나쁘셨다. 당신을 압제한다고 항상 아버지를 원망해오신 어머니는 아버지가 돌아가시면 해방이 된다고 여기신 모양이었다.

아버지가 돌아가시기를 원한 것은 어머니였으면 어머니지, 결코 나는 아니었던게 사실이었다.

서울대학 병원에서 간암이라는 판단이 내려졌을 때 "병원에서 퇴원시켜라!"라고 냉정하게 말씀하신 것은 어머니였기 때문이었다.

그러나 내 입장은 달랐다.

나 역시 평생을 아버지에게 대해서 큰 갈등을 느끼면서 살아온 처지였다.

그러기에 나는 이 마지막 순간에 효도(孝道)를 다하고 싶었다. 나중에라도 양심의 가책을 받고 싶지가 않았다. 그러기에 최선을 다해서 아버지를 살리려는 노력을 아끼지 않았던 것이었다.

어머니의 전화를 받고, 미국에서 동생들이 달려왔다.

그들은 현대의학(現代醫學)만을 믿는 처지였기에 나의 단식요법의 이론(理論)에 대해서는 귀를 기울이려고도 하지 않았다.

한편 아버지는 열심히 단식요법을 실천한 결과 놀랍도록

용태는 좋아져 있었다.

동생들이 우겨서 다시 서울대학 병원에 가서 방사능을 이용한 간암 여부 조사를 받았다. 이것이 치명적인 결과를 가져왔다. 단식요법요양원의 한의사들은 모처럼 좋아진 병세(病勢)가 반드시 다시 악화(惡化)되리라고 말렸지만 아버지와 동생들은 그 충고를 무시하고 검사를 받았던 것이었다.

검사결과는 어이가 없었다.

첫판단을 내린 뒤, 여러달이 지났는데도 암의 진행이 없으니, 어쩌면 자기네들이 오진(誤診)한 것인지도 모른다는 이야기를 했다. 10만명에 하나 있을까 말까 한 드문 예라고 했다.

난리가 났다. 나는 꼼짝없이 살부자(殺父者)의 누명을 뒤집어 써야만 했다.

내가 아무리 만류해도 아버지는 들으려고도 하시지 않고 단식요원에서 퇴원을 했다. 퇴원한지 3일 뒤에 병세는 다시 악화되었다. 역시 간암이었던게 분명했다.

다시 서둘러 단식요원에 재입원(再入院)을 했으나 이번에는 가망이 없었다.

오랫동안 단식을 한 뒤에 방사능 검사를 받은게 치명적이라고 했다.

후회해 보았자 아무런 소용이 없는 일이었다.

의식(意識)을 잃기 전에 아버지는 나를 원망하고 저주했다.

끝까지 살부자의 누명을 쓰더라도 동생들의 무모한 행동을 막았어야 했다는 것이었다. 나는 하늘을 향하여 내 목숨을 단축시켜서라도 아버지의 수명을 연장해 줄 것을 간곡히 기도했으나 아무런 소용이 없이 끝내 아버지는 돌아가시고 말았다.

그런데 문제는 그때부터 생겼다.

밤마다 꿈마다, 아버지가 내 머리맡에 나타나 살려내라고 야단이셨다.

나는 거의 노이로제에 걸릴 지경이 되었다. 그때까지 우리
네 부부는 10년에 걸쳐서 산아제한(産兒制限)을 해온 터였다.
우리에게는 두 남매가 있을 뿐이었다. 더 낳고 싶어도 경제
사정이 이를 용서치 않았다.

아버지는 이미 돌아가시어 무덤에 묻힌 터였다. 천하(天下)
에 없는 명의(名醫)인 편작(註. 중국의 명의)이라고 해도 도
리가 없는 일이었다. 방도가 있다면 아버지의 영혼을 재생
(再生)시키는 일 뿐이었다.

나는 하는 수 없이 아내와 의논을 했다.

「만일 우리의 뜻대로 아버지의 영혼이 재생(再生)한다면
아버지의 첫번째 제사날 태어날 것이오. 제사 음식을 차리
다가 태기(胎氣)가 동하여 아기를 낳게 될 것이고 또한 아
버지는 평생을 어머니를 학대하셨기에 이번에는 여자가 되
기 쉬울 거요.」

하고 나는 예언을 했고, 우리는 산아조절하는 것을 그만 두
어 버렸다.

머지않아 아내가 태몽(胎夢)을 꾸었다.

시아버지와 남편과 함께, 시아버지의 무덤을 찾은 꿈이었
다.

아내가 보니 무덤이 투시되었고 그 안의 관(棺)은 텅 비어
있었다고 했다.

시아버지를 모시고 하산(下山)을 하는 데서 아내는 꿈에서
깨어났다.

그리고 곧 태기(胎氣)가 있었다.

이때 아내의 나이 마흔살이었다.

어디로 보나 노산(老産)이었다.

내가 예언한대로 시아버지의 첫제사 음식을 마련하다가 갑
자기 태기가 동하여 병원에 입원을 했고, 제사날 아침 새벽
에 딸을 순산(順産)을 했다.

아기를 낳았다는 소식을 듣고 나는 곧 병원으로 달려갔다.

아내가 입원한 병원은 개인병원이었기에 아기는 아내 옆에 엎드려 놓여져 있었다.

「아기를 낳느라고 정말 수고가 많았오.」

말한 순간이었다. 이제 태어난지 네시간 밖에 안된 갓난 아기가 번쩍 고개를 들면서 울음을 터뜨렸다.

「이놈 고이한 놈! 네가 나를 살려준다는게 겨우 네 딸로 태어나게 했단 말이냐?」

하는 분노에 떠는 아버지의 목소리가 귓청을 때리는 듯했다.

내 머리 속에서 들린 소리였다.

막내딸은 돌아가신 아버지의 얼굴을 그대로 축소시킨 모습이었다.

퇴원을 한 뒤, 집에 돌아와서는 아기를 아내와 나 사이에서 잠자게 했다.

한밤중 꿈을 꾸면, 돌아가신 아버지가 아내와 나 사이에 누워 계셨다.

놀라서 실눈을 뜨고 보면 그곳에는 아버지를 축소시킨 아기의 얼굴이 보였다.

이뒤, 가끔가다 아버지는 테레파시로 나에게 이야기를 걸어오시곤 했다.

나는 아버지가 막내딸로 재생(再生)한 사실을 믿는 수밖에 없었다.

그러다 생후 6개월이 지나서 어머니 젖을 떼면서부터 막내딸의 얼굴에서는 차차 아버지의 모습이 사라져갔다.

그와 동시에 아버지가 테레파시로 나에게 말을 걸어오는 현상도 없어졌다.

생후 6개월 동안은 전생을 기억한다는 옛이야기가 틀리지 않는다는 것을 나는 체험한 셈이었다.

이렇게 해서 태어난 막내딸이 지금은 고등학교 2학년생이 되었다.

사람의 영혼이 인연을 따라서 분명 재생(再生)한다는 아주 귀중한 체험을 한 셈이었다.

이 경우, 아버지는 살고 싶어하셨고 또한 아버지의 영혼을 내 자식으로 태어나게 하기를 원했던 탓이라고 생각한다.

# 7. 어머니와의 인연

근초고왕(近肖古王)이 백제를 다스리던 때에 있었던 일이 아닌가 생각이 된다.

이 무렵, 신라 서울인 서라벌 가까운 곳에 사람 잡는 곰이 나타나서 많은 사람들에게 피해를 입힌 일이 있었다.

이 곰은 일종의 신통력(神通力)을 갖고 있어서 곰과 싸우려는 병사들의 마음에서 싸울 뜻을 없애게 하곤 했다고 한다.

어찌할 수 없게 된 이곳 고을의 원은 덕이 많은 스님으로 이름이 높았던 일여(一如) 스님에게 곰을 퇴치해 달라고 부탁을 했던 것이었다.

「나는 부처님의 길을 닦고 있는 하나의 수도승(修道僧)일
세. 곰을 잡아 달라니 당치도 않은 일이네. 다른 사람에게
부탁해 보게나.」

하고 일여스님은 처음에는 거절을 했지만 고을 원님의 너무나도 간곡한 청이 있었기에 나중에는 더 이상 사양할 수가 없게 되어 곰이 살고 있다는 동굴을 찾아갔던 것이었다.

일여스님이 동굴의 입구에 도착했을 때였다. 산더미같이 몸집이 큰 곰이 어슬렁 어슬렁 그 모습을 나타내었다.

곰은 일여스님을 보자, 천지(天地)가 떠나갈 듯한 큰 소리로 울부짖었다.

그 곰의 울부짖는 소리는 골짜기에 메아리쳐 천지가 떠나갈 듯 요란스러웠다.

보통 사람 같으면 그 울부짖는 소리만 듣고 혼비백산해서 도망쳤을 것이었다.

그러나 일여스님은 조금도 놀라지 않고 곰을 향하여 커다란 목소리로 이렇게 말했던 것이었다.

「곰이여, 그대에게 마음이 있다면 내 이야기를 잘 들어다오. 그대는 어인 연고로 그토록 많은 마을 사람들을 잡아 죽였단 말인가? 곰이란 본시 육식을 하지는 않는 동물이 아닌가. 들판에는 그대가 즐길 수 있는 음식이 얼마든지 널려 있는 터인즉, 어째 사람의 목숨을 앗아간단 말인가? 인제부터 마음을 고쳐 먹고 살생(殺生)을 하지 않는다면, 내 그대를 용서해 줄 것이다.」

바로 그때였다.

사람의 말을 할 수 있을 까닭이 없는 곰이 말문을 연 것이었다.

직접 이야기를 했다기 보다, 일종의 테레파시로 일여스님의 머리 속에 곰이 이야기하는 소리가 분명히 들렸던 것이었다.

「잘 왔다. 중이야, 너는 수도승이지. 필경 많은 학문을 익혔으리라. 그렇다면 어째서 내가 사람들을 죽이게 된 것인지 까닭을 알 수 있으리라. 나를 잘 보도록 하라. 그대의 눈에는 내가 곰으로밖에 보이지 않는가?」

그 순간이었다.

산더미 같은 곰의 모습은 안개와 같이 사라지고 흉악한 얼굴을 한 노파가 일여스님을 노려보고 서 있지를 아니한가.

「이게 웬일이지?」

하고 일여스님이 놀란 순간이었다.

노파의 모습은 또다시 자취도 없이 사라지고 전과 같이 산더미같이 커다란 곰이 딱 앞을 가로막고 서 있는 것이었다.

「스님이여 잘 듣거라. 내가 죄도 없는 사람들을 박살을 내어 죽인 것은 오로지 그대를 유인하여 내 손으로 그대를 때려 죽이기 위함이었느니라. 나는 전생(前生)에서 그대의 계모였느니라. 그대는 순(舜) 임금이었고 내가 그대를 몇

번이나 죽이고져 하였으나 그대는 나에게 효도를 다함으로
서 그것이 원인이 되어 제왕(帝王)이 되었고 덕분에 우리
들의 이름을 악인의 대표로서 세상에 남겼느니라. 이 원한
을 풀기 위하여 나는 곰으로 태어난 것이니라. 이곳 원인
박선도를 누구라고 생각하는가.  전생에서 그대의 아버지
였던 장님인 게야. 자아 죽을 각오를 하거라.」
하고 곰은 무서운 각오로 덤벼들었던 것이었다.

한순간, 일여스님은 그대로 곰에게 맞아 죽는 게 옳은가
망설이지 않을 수 없었다.

일여스님에게는 아직 자기의 전생이 누구였었는지 알아볼
수 있는 신통력이 없었던 것이었다. 일여스님은 아무래도 곰
이 하는 이야기를 믿을 수 없었다.

자기로 하여금 대항을 하지 못하게 하기 위하여 곰이 꾸며
낸 이야기로만 생각이 들었던 게 사실이었다.

물론 한편으로는 자기가 전생에서 저 유명한 중국고대(中
國古代)의 성왕(聖王)이었던 순(舜)이었다는 사실도 믿어지
지가 않았던 게 사실이었다.

곰이 달려드는 위험한 순간, 일여스님은 재빨리 한쪽으로
몸을 날려 피하면서 손에 들고 있던 철장(鐵杖)으로 곰의 머
리통을 힘껏 내려쳤던 것이었다.

어려서부터 힘센 장사(壯士)로서 이름을 떨쳐온 일여스님
이 혼신의 힘을 기울여 머리를 쳤기에 곰은 견디지 못하고
그 자리에서 피를 토하고 죽어버렸던 것이었다.

그 누구도 손을 댈 수 없었던 흉악한 곰을 죽였다고 해서
상감님으로부터  후한 상이 내려졌지만, 어쩐지 일여스님은
하나도 기쁘지가 않았다.

곰이 숨을 거두기 전에 테레파시로 전한 이야기가 아무래
도 잊을 수가 없었기 때문이었다.

일여스님은 맞아 죽은 곰의 악령이 재앙을 가져오지 않도
록 정중하게 묻어주고, 무덤을 만들어 주었던 것이라고 한다.

그 뒤, 일여스님이 어떤 일생을 보냈는지는 아무도 아는 이가 없다고 한다.

들리는 설(說)에 의하면 심산유곡(深山幽谷)에 몸을 감추고 죽은 곰의 영혼과 살해(殺害)당한 사람들의 영혼을 달래고 위로하노라고 일생을 바쳤던게 아닌가 생각이 된다.

이 뒤, 일여스님의 영혼은 다시 윤회를 하여 이조중엽(李朝中葉)의 어느 양반의 큰 아들로 태어났다.

어렸을 때, 생모(生母)가 죽고 계모가 들어와 다섯 남매를 낳았다.

이 계모는 큰 아들을 몹시 미워했고 당신이 환갑을 맞이하던 해, 남편이 죽자, 재산을 탐낸 나머지 큰 아들을 쫓아내고 말았다.

큰 아들은 집안의 불화(不和)를 막기 위하여 스스로 식솔들을 거느리고 멀리 낙향(落鄕)을 했다.

계모가 죽을 무렵, 지난 날을 뉘우치고 큰 아들을 불렀으나, 큰 아들은 대신 자기 아들을 보냈을 뿐 장례에도 참석치를 않았다.

계모는 자기가 전실 아들에게 한 짓은 까맣게 잊고 큰 아들을 저주하면서 세상을 떠났다.

생각해 보면 이런 나쁜 인연이 얼마나 계속되었는지 모른다.

계모도 엄연히 어머니이기에 다음 세상에는 친어머니와 큰 아들로 태어난 일도 있으나, 어머니는 항상 계모와 같이 큰 아들을 괴롭히곤 했던 것이었다.

금생(今生)만 해도 그렇다.

아버지가 돌아가실 무렵, 나의 생모(生母)는 당신의 남편을 살리려고 눈물겨운 노력을 하고 있는 큰 아들인 나를 살부자(殺父者)로 몰아 붙였고 내가 출판(出版)에 실패하여 파산을 한 덕분에 동생들에게 돌려줄 미수금(未收金) 약간을 돌려썼다고 하여 재차(再次) 아들들을 불러서, 내 재산을 모조리 가등기(假登記)하게끔 부추긴 것이었다.

현재 나는 여러해째(벌써 20년이 가깝다) 매달 30만원의 생활비를 대어드리고 있고, 바보인 막내동생을 위시하여 그 가족들도 돌보고 있건만 여전히 나를 괴롭히고 있는 것이다.

심지어는 아버지의 무덤을 파헤치고 다른 사람의 시체를 묻었다고 하여서 아버지의 무덤까지, 그 증거를 잡기 위하여 파헤치려고 한 어머니였다.

세상의 어머니로서 도저히 있을 수 없는 행동이 아닐 수 없었다.

분명 노망이 나신 것도 아닌데 이럴 수가 없었다.

전생으로부터의 아주 나쁜 인연이 있지 않고서야 도저히 있을 수 없는 일이라고 생각이 된다.

나에게 무슨 좋은 일이 있으려면 반드시 그날 아침 어머니가 무엇인가 악담을 하시고 나를 괴롭히게 마련인 것도 생각하면 신기할 정도이다.

아들에게 좋은 일이 있음을 어찌 아시는지 나로서는 도저히 알 수 없는 일이기 때문이다.

요즘에 와서는 새벽에 어머니로부터 전화가 걸려와서 무엇인가 곡해(曲解)를 해서 차마 입에 담지 못할 악담을 하실 때면, 그날 좋은 일이 생길 징조거니 생각하게끔 된 게 사실이다.

그러다가 어느 날 나는 문득 깨닫게 된 것이었다.

어머니가 이토록 이상한 분이 아니었다면, 젊은 시절 그토록 가난했던 아버지와 결혼하셨을 까닭도 없고, 따라서 내 자신도 이 세상에 태어나지 않았을 것이라는 사실을 깨닫게 된 것이었다.

그렇게 되면 나의 아들 딸들도 태어나지는 아니하였을 게다.

이렇게 생각하니 어쨌든 오늘날 내가 존재함도 따지고 보면 어머니의 그 긴 고난(苦難)의 생애가 있기 때문이라는 생각을 받아들이지 않을 수가 없었고 어머니의 마음의 고통을 딛고 나는 태어난 게 분명한 터였다.

이 사실을 깨닫는 순간, 내 마음 속에서는 어머니에 대한 모든 원한이 봄눈이 따뜻한 햇빛에 녹 듯 사라짐을 느끼지 않을 수 없었다.

다행한 일이 아닐 수 없다고 생각한다.


## 8. 전생(前生)에서 정사(情死)한 사람들

어떤 괴로운 사연이 있든 인간은 이 세상에 태어난 이상, 최선을 다하여 살아야 할 의무가 있다고 생각한다.

목숨을 줌도 하늘이요, 목숨을 거두어감도 하늘의 소관이지, 인간이 나설 일이 아니기 때문이다.

인간이 육신(肉身)을 갖고 이 세상에 태어나는 까닭은 이 물질계(物質界)에서 많은 체험을 쌓아서 종말에는 하나의 별을 다스리기 위함 신(神)이 되기 위함이라고 나는 말한 바가 있거니와 자살(自殺)하는 것만큼 큰 죄가 없는 것도 바로 이 때문이라고 생각한다.

그러나 많은 사람들은 스스로의 목숨은 본인이 임의대로 처리할 수 있는 것으로 착각을 하고 있는 것도 또한 사실이라고 생각한다.

그러기에 과거 많은 사람들이 여러가지 이유로 해서 스스로 목숨을 끊곤 했었다.

아마 유사(有史)이래, 자살한 사람들의 수효를 헤아린다면 몇천만명이 넘고도 남으리라고 생각한다.

그런 수많은 종류의 자살자(自殺者)들 가운데 한쌍의 남녀가 그들의 사랑을 이루지 못하는 것을 비관하여 동반 자살을 한 경우도 엄청나게 많으리라고 생각한다.

오늘은 그런, 남녀의 동반 자살이 다음 생애에 어떤 결과를 가져오나를 실례(實例)를 들어서 살펴보고져 한다.

## A의 경우

나까무라 · 야스오는 40대 초반에 접어든 중년 신사이다.

비록 크지는 않지만 착실한 실적이 있는 자그마한 회사의 사장이고 인물도 결코 추남은 아니었다. 추남은커녕 어떻게 보면 어여쁜 여인과 같은 인상을 주는 남자였다.

그런데 그는 독신이었다.

본인의 말에 의하면 왜 그런지 여성과 인연이 멀다는 이야기였다. 여성과 서로 사랑해 본 경험이 단 한번도 없노라고 했다. 얼른 믿어지지 않는 이야기였다.

그런데 그를 만나보니 인상이 여느 사람과 달랐다. 남장(男裝)한 여자가 아닌가 싶게 너무나도 곱살했다.

영사를 해보니 놀라운 사실이 드러났다. 전생에서 이루지 못할 사랑을 했고 그 결과 두 사람은 스미다강에 투신자살(投身自殺)을 했음이 밝혀졌다.

이 세상에서 맺지 못한 사람, 저승에 가서 한 몸이 됩시다 하고 그들은 자살하기 전에 굳게 약속을 했던 것이었다.

그 결과 그들은 죽어서 저승에 가서 영혼이 하나가 되었고, 그런 상태로 재생을 한 게 분명했다.

「당신은 몸은 남자지만 마음은 여성입니다. 그러기 때문에 여성을 볼 때, 남성의 눈으로 상대방을 보는 게 아니라 같은 여성과 같은 눈으로 보기 때문에 반할 수가 없는 것입니다. 또 그러기에 여성들은 당신에게서 이성(異性)으로서의 매력을 느끼지 못하는 것도 사실입니다. 한편으로는 당신의 마음 속에는 전생에서의 애인이 들어 있기 때문에 다른 여성과 결혼하는 것을 반대하고 있기도 하고요, 이러니 어떻게 정상적인 결혼을 하겠읍니까? 당신은 입으로만 결혼하고 싶다고 하는 것이지, 사실은 어느 누구하고도 결혼하고 싶지 않은 것입니다.」

그는 한참 동안 생각에 잠기더니 내 말이 전부 수긍이 간다고 했다.

나는 그에게 우선 〈옴 진동수〉가족이 되라고 권유했다.

지금은 두 사람의 유체(幽體)가 혼합이 되어 있어서 분리하기가 어려우나, 적어도 100일 이상 〈옴 진동수〉를 마시면 분리 시키는 게 가능할 것이라고 했다. 그는 내 충고를 받아, 〈옴 진동수〉복용 가족이 된지 100일 뒤에 제령을 했다.

그 결과는 놀라웠다.

제령을 하자 그의 인상이 당장에 바뀌었다.

지금까지의 나약한 여성과 같은 곱살한 인상이 사라지고 사나이다운 얼굴이 되었다. 성격에도 변화가 일어났다.

여지껏 매력을 못 느끼던 여성다운 여성에게 매력을 느끼게 되었다.

다음 번에 내가 일본에 갔을 때는 그는 결혼한 몸이 되어 있었다.

그 뒤, 나는 이런 경우를 여러번 체험을 했다.

두 남녀가 정사(情死)를 한 결과 저승에서 유체(幽體)가 하나가 되어서 한 사람이 되어 재생된 경우에는 그 영혼의 분리가 가능하다는 것을 알았다.

그렇게 함으로써 여지껏 결혼하지 못하던 사람들을 결혼시킨 예는 많다.

물론 이 경우, 여성이 되는 경우는 거의 예외없이 사내 같은 인상을 주는 여성이 된다는 것도 알았다.

이런 경우에도 제령을 하면 곧 인상이 바뀌곤 했다.

여성다운 여성으로의 변신(變身)이 가능한 것이었다.

원인 불명으로 나이 들도록 결혼 못하고 있는 이들은 한번 가슴에 두 손을 얹고 반성해 볼 만한 일이 아닌가 한다.

## B의 경우

국가공무원으로 과장까지 승진한 중년신사가 얼마 전에 나를 찾은 일이 있었다. 그는 나이가 마흔이었다.

아직 총각이라고 했다.

스물여덟살에 한 여성을 만나서 서로 사랑하게 되어 결혼까지 하려고 했으나 부모들의 맹렬한 반대로 하는 수 없이 헤어졌다고 했다.

그 뒤, 그 여성은 결혼을 했으나 자기는 여지껏 독신이라고 했다.

그런데 얼마전에 그 여자의 동생이 특채로 자기과에 들어와 마주 앉아 일을 하게 되었는데 괴로워 견딜 수가 없다고 했다.

그는 다른 문제 때문에 나를 찾아온 것인데 의논 끝에 이런 이야기까지 했던 것이었다.

영사를 해보니 놀라운 결과가 나타났다.

그는 여지껏 이 여성과 세번에 걸친 인연이 얽혀 있었다.

첫번째 인생에서는 서로가 원수의 집안에 태어난 사이였다. 부모들의 맹렬한 반대로 뜻을 이루지 못하고 그들은 정사(情死)를 했다.

두번째 인생에서 그들은 이란성쌍생아(二卵性雙生兒)로 쌍둥이로 태어났다.

그의 집안에서는 이런 사실이 외부에 알려지면 집안 망신이 된다고 하여 아들만 거두어 기르고 딸은 소작인의 양녀로 주어버렸다.

아들은 자라서 어른이 되었다.

그는 무예(武藝)를 즐기는 성품이라 무과(武科)에 급제하기 위하여 검술과 마술과 궁술(弓術)을 익혀서 고수(高手)의 경지에 이르렀다.

여행을 하다가 산적에 붙잡혀가는 한 젊은 여인을 구해준 일이 있었다.

어여쁜 여인이었다.

한쪽 뺨에 별 모양의 커다란 점이 있는 것이 유난히 눈에 띄는 여인이었다.

젊은이는 여인을 구하여 길을 가다가 소나기를 만났다. 급한 김에 근처에 있는 물레방아간에 뛰어 들어서 비를 피했다. 여인은 함뿍 비를 맞아서 옷이 몸에 찰싹 들러붙어 유난히 요염했다. 여인은 남자에게 감사하고 있었다.

바깥에 빗소리는 요란하고 주위에는 인기척도 없었다.

소나기인줄 알았는데 비는 좀처럼 멎으려고 하지 않았다.

가까운 인가(人家)까지 가려면 십리는 걸어야 했다. 비 속을 갈 수가 없는 처지였다. 그럭저럭하는 동안에 날은 어두워갔다. 결국 이들은 이 물레방아간에서 정(情)을 통하고 말았다.

그리고 운수 사납게도 이 단 한번의 통정(通情)으로 여인은 아기를 갖게 되었다. 하는 수 없이 젊은이는 부모님에게 이 사정 이야기를 하고 그녀와 결혼하도록 허락해 주기를 간청했다.

부모님은 전후 사정을 듣더니 남의 집 처자를 임신까지 시켰다니 하는 수 없다며 데려오라고 했다.

반승낙을 얻은 셈이었다.

젊은이는 처자를 데려다가 부모와 대면을 시켰다.

처자를 본 순간 젊은이의 부모님은 크게 놀라는 기색이었다. 갑자기 태도를 바꾸어서 무슨 일이 있어도 이 처자하고만은 결혼을 승낙할 수 없노라고 했다.

그리고 반대하는 이유도 설명하려고 하지 않았다. 그러나 아들의 줄기찬 추궁에 견디지 못하여 어머니가 마침내 실토(實吐)를 했다.

한쪽 뺨에 별점이 있는 것과 처자가 자라난 과정을 듣고 보니 어려서 강보에 싸서 내다버린 딸이 분명하다고 했다. 아무리 서로 사랑해도, 남매인 것이 밝혀진 지금, 결혼을 허락할 수는 없지 않느냐고 했다.

젊은이는 절망하고 부모를 원망했다. 그렇다면 처음부터

누이동생을 내다버리지 않고 남매로서 길렀다면 이런 비극은 일어나지 않았을 게 아니냐 했다. 젊은이의 부모가 반대하는 까닭을 처자는 따져 물었다.

뱃속의 아기는 자꾸 커가고 있으니 이대로 가다가는 아비 없는 자식을 낳을 판이었기에 처자는 필사적이 될 수밖에 없었다.

사랑하는 여인의 추궁에 견디다 못하여 젊은이는 전후 사정을 이야기 할 수밖에 없었다.

여인은 이야기를 듣고 그저 말없이 눈물을 흘릴 뿐이었다.

자기는 먼곳으로 떠나서 아기를 낳고 혼자 기르면서 인생을 보내겠노라고 했다.

마지막으로 그들은 통정(通情)을 했다. 그날 밤 여인은 성황당 나무에 목을 매어 자살을 했다.

젊은이는 땅을 치고 통곡을 했다.

그는 자기의 부모가 끝없이 원망스럽기만 했다. 그는 외아들이었다.

장가 가기를 부모님들은 원했지만 그는 일생을 독신으로 지냈다.

죽은 누이동생을 아무래도 잊을 수가 없었기 때문이었다.

그리고 이번에 세번째로 그 여인을 다시 만난 것이었다.

이번에도 부모의 반대로 결혼을 하지 못했다. 독신으로 일생을 보낼 결심이었다.

좋은 직장에 인물도 뛰어난 사람이었다. 혼처는 얼마든지 있었다.

그러나 그의 마음에 드는 여인은 하나도 나타나지를 않았다.

삼생에 걸쳐서 사랑했던 그 여인을 아무래도 잊을 수가 없었기 때문이다.

이런 경우, 나로서도 속수무책일 수밖에 없었다.

다음 번 세상에나 다시 만나서 이번에는 기어이 부부가 되도록 기도를 해주는 수밖에 다른 도리가 없었다.

## C. 패트리샤 로렌조 이야기

### 1

나의 가장 친한 벗 가운데 한 사람으로서 방곤(方坤)이라는 불문학자가 있다는 이야기는 언젠가 일어판인 〈방랑사차원(放浪四次元)〉속에서 이야기한 바 있다. 이번에는 방곤 씨 덕분에 지난 12월 중순, 필리핀의 마닐라 시에서 열린 아세아 펜대회에 참가하게 되었던 때의 경험담을 써 볼까 한다.

나는 중고생 때에 이미 소설을 쓰기 시작했고 미숙한 대로 교우회지에 단편 및 중편소설을 발표한 바도 있을 뿐더러, 20대 초 대학 재학중(입학하던 해가 아닌가 한다)에 (그 당시는 한국 동란중이었다) 〈성화〉라는 이름의 장편소설을 써서 경향신문사에서 모집한 현상에 입상하여 문단에 등장했다.

허나 그 당시 너무도 나이가 어려서 세상이 어떻다는 것을 몰랐었기에 이른바 문단 교제라는 것을 할 줄도 몰랐을 뿐더러, 당선만 하면 으레 여러 잡지에서 원고 청탁이 오려니 생각을 하고 가만히 있었던 덕분에 결국 햇빛을 보지 못했고 작가로서는 40대 초에 자영(自營)하던 출판사에서 개인전집까지 내기는 했으나, 부자집 아들 힘 안들이고 약국하는 식으로 취급되어 내 작품을 눈여겨 평(評)해 주는 이도 없었다. 내 자신의 판단으로는 작가로서는 성공하지 못하고 도중하차한 격이 되고 말았다 생각한다.

한국도 일본과 마찬가지로 문단에는 파벌이 많으며 지금은 그렇지도 않지만, 얼마 전까지만 해도 좋은 작품을 쓰는 것보다도 문단 교제를 어떻게 잘 하느냐에 따라서 출세할 수 있었던 것이었다.

내가 소설을 쓰기 시작했던 30년 전과 비교한다면 지금은 참으로 좋은 시대이다. 젊은 작가들에게는 얼마든지 발표 기관지가 있고 또 독자 인구도 많이 늘었으며 붓 한 자루로 성공을 해서 자가용차를 부리는 이들도 많다고 한다.

나는 본시 소설가 출신이며 많은 해외의 문학작품들을 우리나라에 번역 소개한 바도 있다. 또한 정신분석학에 대한 지식이 전혀 없었던 30년 전에 한국에 그 방면의 많은 책을 번역 소개한 바도 있는 터이다. 또한 40대 초에 해외의 심령과학에 대한 지식을 처음으로 우리나라에 도입한 것도 나 자신이며 그 덕분에 지금은 심령과학 연구가로서 이름이 알려지게 된 터이다.

어쨌든 요즘은 소설을 쓸 수 있는 기회가 거의 없다. 자의반 타의반의 상태에서 심령연구가로서 행세를 하고 있는 터이라 작가들이 참가하는 아세아 펜대회에 참석하게 되리라고는 꿈에도 생각지 않았던 것이 사실이었다.

그러나 잘 생각해 보면 지금 내 표면상의 전문직은 여전히 작가인 셈이고 또한 출판업자이기도 한 셈이어서 친구의 권유 덕분으로 이번 여행 막판에 뛰어든 것이었지만, 어쨌든 생각지도 않았던 부수입이 있었던 셈이다.

그것이 지금부터 이야기하려는 뉴질랜드의 여류시인 제인 캠프양에 관한 색다른 이야기이다.

2

우리들은 펜대회가 열리던 첫날에만 참석을 하고 다음 날에는 필리핀의 유명한 영능력자(靈能力者)인 토니가 살고 있는 바기오에 당일치기 여행을 했다.

오전 중에 필리핀의 국내항공 편을 이용하여 바기오까지 날아서 토니를 만났다. 돌아오는 길은 오후 1시 반에 바기오에서 출발하는 버스 편으로 여섯 시간 이상 시달리는 여행을 해야만 했다.

토니와 만나서 어떤 일이 있었는가에 대해서는 다음 기회에 쓰기로 하고 지금은 제인에 대한 이야기를 해 보려고 한다.

바기오에서 돌아온 다음 날, 우리들은 펜 대회에 다시금
참가했었는데 한국 대표로서는 18명의 작가들이 참가를 했었
다. 그 가운데에서 영어를 자유스럽게 구사할 수 있었던 사
람은 모대학의 영문학 교수 한 분뿐이어서 정말 창피스럽기
이를 데 없었다.

그래서 내가 불청객으로 뛰어들어서 영어로 원고 없이 즉
석 연설을 할 수밖에 없었는데 결과는 대회에 참석한 사람들
에게 찬물을 끼얹은 셈이 되고 말았다.

그것은 무슨 뜻인고 하니, 이번 대회의 주제는 사회적인
부정의와 문학(또는 작가의)의 책임이라는 제목이었는데 연
사는 하나같이 자기의 주위 환경에 대해 불만을 털어놓았고,
결국은 정치가들의 압제가 지독하다는 불만을 토론한 데 그
쳤다.

그래서 내가 한 마디 했던 것이다.

오늘날, 사회적인 부정의는 유행성 인플렌자의 바이러스와
같이 전세계를 덮고 있음은 틀림없는 현실이라고 생각된다.
그러나 사회적인 부정의가 행해지고 있지 않는 이상사회(理
想社會)가 이루어진다면 우리들 작가들은 도대체 무슨 일을
해야만 좋을지 생각해 주기 바란다.

압제가 존재하기에 우리들은 붓을 가다듬고 지혜를 기울여
서 좋은 작품을 쓰고 그로 말미암아 일반 민중들의 대변자가
될 수 있는 것이 아닐까? 그러니까 사회적인 부정의가 행해
지고 있는 사회야말로 작가들에게 있어서는 그의 능력을 완
전히 발휘할 수 있는 싸움터인 것이다.

필리핀의 경우에도 정치적인 압제가 행해지고 있다고는 하
지만, 지금 여러분들은 이같이 모여서 많은 이야기를 하고
있지 않은가?

물론 이것은 필리핀 정부로서는 하나의 정책이며 자국(自
國)에도 이와 같은 언론발표의 자유가 보장되고 있다는 것을
표시하기 위한 하나의 쇼에 지나지 않는다는 견해도 있을 것

으로 생각이 된다. 어쨌든 이런 모임을 전혀 가질 수 없는 것보다는 좋은 상태가 아니겠는가?

여러분, 이제 불만을 털어놓는 것은 이 정도로 하고 모두 집에 돌아가서 좋은 작품이나 쓰도록 애쓰는 것이 어떻겠는가? 왜냐하면 좋은 작품을 쓸 수 없는 작가는 작가로서 존재 가치가 없다고 생각되기 때문이다.

나의 이와 같은 즉석연설이 다른 작가들에게 어떻게 받아들여졌는지는 알 수 없는 일이지만, 어쨌든 대회에 참가했던 뉴질랜드의 여류시인인 제인에게는 무엇인가 깊은 감명을 주었던 모양이다.

왜냐하면 대회가 시작되기 전에, 나는 그녀에게 내가 쓴 〈심령문답〉의 프랑스어로 된 책을 주었던 것이었다.

3

펜대회가 끝나고 호텔로 돌아온 뒤였다. 1층 로비에서 제인과 불쑥 마주치게 되었다.

「아까 대회에서의 당신의 훌륭한 연설은 정말 인상적이었읍니다. 다른 사람들은 불쾌하게 느끼었을지 모르지만, 저는 당신과 동감이었읍니다.」

나로서는 세상에 나와서 처음 시도해 본, 원고 없이 행한 즉석 영어 연설에 대해서 이와 같은 칭찬을 받고 몹시 기뻤던 것은 물론이었다.

「그런데 듣자하니 당신은 한국에서는 유명한 심령능력자라고 하시니, 저의 개인적인 문제에 대해서 상담해 주실 수는 없는지요?」

하는 것이 아닌가?

이것은 처음부터 내가 은근히 바랐던 일이었기에 두말없이 승낙을 할 수밖에 없었다. 동양인이 아닌 서양인에 대해서도 영사(靈査)가 가능한지 나는 평소부터 이에 대해 많은 관심이 있었기 때문이었다.

　물론 지금까지 나는 한국과 일본에서는 상당히 많은 사람들에게 영사를 한 경험이 있는 셈이지만 백인에 대해서는, 그것도 어느 정도 이름이 알려진 여류시인에 대한 영사는 나로서는 처음 시도하는 일이기에 다소 가슴이 벅차왔다.
　둘이는 옥외 풀장 곁에 마련되어 있는 의자에 마주 앉았다.
「이 책을 읽어 보니까 당신께서는 당사자가 그곳에 있든 없든 관계없이 사진만 보고서도 전생에 대한 사실까지도 알아낼 수 있다고 하셨는데, 그게 사실인가요?」
「네, 그렇습니다. 헌데 무엇인가 알고 싶은 게 있으신가 보죠?」
「사실은 말씀이죠, 저에게는 이미 오래 전에 헤어진 연상의 애인이 있읍니다. 헤어진 이상은 그를 잊어야 하는게 당연한 일이건만 아무래도 잊을 수가 없어서 괴로와 하고 있는 겁니다. 그 원인이 무엇인지 분명히 알게 되면 제 고민이 해결이 될 것 같아서 안 선생께 부탁을 하려는 겁니다.」
「그 사람의 사진을 갖고 계신가요?」
「네, 갖고 있읍니다.」
「지금 갖고 계신가요?」
「아아뇨, 호텔의 제 방에 있는데 갖고 올까요?」
「그래 주었으면 좋겠군요.」
　제인이 헤어진 애인에 대한 이야기를 하면서 자꾸 눈물짓는 것을 보면 그에 대한 애정이 이만저만한 것이 아닌게 분명했다. 그러니까 어떤 말 못할 사정이 있어서 그녀는 남자를 사랑하고 있지만, 남자로부터 버림받은 게 아닌가 생각이 되었다.
　제인이 호텔의 자기 방에 사진을 가지러 가고 없는 동안, 나는 야자나무들이 늘어서 있는 풀장 바깥의 등의자에 앉아서 여러가지로 심정이 착잡했다.
　지금까지 상대해 온 사람들과는 전혀 문화가 다른, 백인사회에서 꽤 이름이 알려진 한 여류시인의 개인적인 생활에 대하여 과연 정확하게 영사를 할 수 있을까 약간 염려가 되었던 때문이다.

나는 본시, 미리 아무런 대책을 세우지 않는 성미여서 무엇이나 그자리에 닥쳐서 즉흥적으로 해결하는 습관을 갖고 있는 터였지만 어쨌든 약간 복잡한 심경이었던 것만은 사실이었다.

제인이 호텔 방에서 사진을 갖고 돌아왔을 때 주위는 이미 어두워지기 시작한 때였다.

「어디 봅시다.」

하고 사진을 본 순간, 나는 깜짝 놀라지 않을 수 없었다.

제인과 함께 찍혀 있는 것은 백인이 아닐 뿐더러, 그녀보다 훨씬 나이 많은 현치인의 얼굴이었기 때문이었다. 다음 순간이었다.

내 입에서는 스스로 놀랄 만큼 유창한 영어로 다음과 같은 이야기가 술술 나오기 시작했다.

4

분명히 17세기 초에 있었던 일이라고 생각됩니다. 스페인의 안다르샤아 지방에 로렌조라는 명가(名家)가 있었읍니다.

로렌조는 이 고장의 명문출신으로 귀족이기도 했지만 또한 많은 배를 거느린 선주(船主)로서 큰 부호이기도 했읍니다.

그는 여러 척의 동양행 무역선을 갖고 있었고 돈 때문에는 하나도 고생하지 않은 사람이었읍니다. 슬하에는 패트리샤라는 외동딸이 있을 뿐 아들은 없었읍니다.

패트리샤가 여섯 살 되던 해의 일이었읍니다. 로렌조는 스테판이라는 청년을(그 당시 그는 26세였읍니다) 새롭게 선장으로 임명한 일이 있었읍니다. 스테판 선장은 매우 유능한 젊은이여서 그 뒤 10년동안, 로렌조 선주(船主)의 충실한 부하로서 일을 했읍니다.

스테판은 선주의 외동딸인 패트리샤를 매우 귀여워했고, 긴 항해에서 돌아와 주인에게 사무보고를 끝낸 뒤에는 어린 소녀를 상대로 그 동안에 겪은 여행담을 아주 재미있게 들려 주곤 했읍니다.

1년에 두 번 가량, 고향에 돌아올 때마다 스테판은 패트리샤에게 재미있는 여행담을 들려주는 것이 어느덧 습관이 되었던 것입니다.

패트리샤도 스테판을 좋아하여 잘 따랐던 것은 물론입니다.

때로는 재미있는 이야기를 들려줄 것이 없을 때도 있었읍니다만, 그런 경우에 스테판은 다른 사람들이 써 놓은 여행담을 마치 자기 자신이 체험한 이야기처럼 들려주곤 했읍니다.

이와 같이 어느덧 10년의 세월이 지나자, 패트리샤는 아주 아름다운 처녀로 성장을 하게 되었던 것이랍니다. 패트리샤가 열 여섯이 되던 해의 일이었읍니다.

여기서 나는 잠시 이야기를 중단하고 제인을 바라다보았다. 그녀는 서른 살이 넘은 성숙한 여인이었으나 내 이야기에 귀를 기울이고 있는 모습이 흡사 10대의 소녀와 같은 인상이었다.

그 해 여름이 되자, 패트리샤는 갑자기 자라기 시작해서 지금까지의 어리던 소녀티가 없어지고 아름답기 이를 데 없는 처녀가 되었읍니다.

그때, 여느때나 다름없이 스테판은 긴 해외여행에서 돌아왔던 것입니다만, 이번에는 모친이 갑자기 중병을 앓게 되자 그 때문에 선주에게 꼭 전해야 할 돈의 일부를 양해 없이 써 버리고 말았읍니다. 그런데 선주인 로렌조씨는 성격이 매우 엄격한 분이어서 부당한 행동은 절대로 용서하지 않는 성격의 사람이었읍니다. 그래서 스테판이 미리 양해 없이 돈을 유용(流用)하게 된 경위를 보고하고 용서해 달라고 애원하면서 다음 번 급료에서 제해 달라고 말했지만 영 받아주지 않았읍니다.

「네가 내 의사를 존중하는 마음이 있었다면 편지로 알린다
든가 해서 양해를 구할 수도 있었던 것이야. 비록 얼마 안
되는 돈이라고 하더라도 주인의 양해를 얻지 않은 채 써
버린 것은 곧 도적행위인 게야. 너는 아주 오랫동안 나의
충실한 부하였었다. 그렇기 때문에 오히려 더 나는 너를
용서할 수가 없는 거다. 돈을 어떤 용도에 썼는가는 그렇
게 중요한 문제가 아니다. 주인인 나의 양해 없이 써 버린
것이 문제인 거다. 대단히 미안하지만 오늘로서 선장 자리
를 내어놓기를 바란다.」

하고 선주는 아주 단호한 태도로 말하는 것이었읍니다.

스테판이 받은 마음의 충격이 어떠한 것이었는가는 능히
상상할 수 있는 일이라고 생각됩니다.

그는 주인이 나가고 없는 응접실에 목을 떨구고 앉아 있었
읍니다.

한동안 지난 뒤에 얼굴을 들어 보니 로렌조씨의 모습은 보
이지 않았읍니다.

벽의 선반 위에 늘어놓여진 값비싼 양주병들이 몽롱해진
그의 눈에 띄었읍니다.

〈그렇다! 나는 어차피 도적이 된 거다! 주인의 것인 맛있
는 술이라도 실컷 마셔 보자꾸나!〉

될 대로 되라는 심정이 된 스테판은 평소 주인 어른이 즐
겨 마시곤 하던 양주병 뚜껑을 열고 마구 마시고 말았읍니다.

얼마큼 술을 마셨던 것일까요?

술에 취해서 몽롱해진 그의 눈 앞에, 비에 흠뻑 젖은 모습
으로 아름다운 처녀가 서 있었읍니다.

「스테판 웬일이지? 그렇게 술에 취하다니? 아버님한테 들
키면 어쩌려구 그래? 나, 패트리샤예요. 스테판의 이야기를
들으러 온 거야!」

「아, 그렇구나, 아가씨로군? 이거 몰라뵈어서 죄송하외다.

나는 이제 더 이상 이 댁의 선장은 아니라오. 10년 동안이
나 충실하게 근무한 내 목을 당신 아버지는 무정하게 잘라
버린 거라오!」
「그게 무슨 이야기지. 내가 아버지에게 가서 따져 볼 테야!」
하고 패트리샤는 아버지의 방으로 달려가려고 했읍니다.

그 순간이었읍니다.

스테판의 마음 속에는 주인에 대한 맹렬한 복수심이 불길
처럼 활활 타올랐읍니다. 스테판은 평소에 그토록 사랑했던
패트리샤를 무참하게 짓밟고 싶은 욕망에 한순간 제 정신을
잃고 말았읍니다.

지난 1년 동안, 만나보지 못한 동안에 갑자기 성장해서 훌
륭한 처녀가 된 패트리샤! 비에 흠뻑 젖어서 아름다운 육체
의 곡선이 전부 드러난 육감적인 그녀의 모습은 오랜 동안
여자의 육체에 굶주려 온 스테판의 마음에 욕정의 불길을 불
러일으켰던 때문인지도 몰랐읍니다.

갑자기 난폭해진 스테판은 놀라서 어쩔 줄 모르는 패트리
샤를 솔개가 참새를 사로잡듯 움켜잡고, 그 자리에서 그녀를
범하고 말았읍니다.

너무나 뜻하지 않았던 큰 충격에 정신을 잃은 패트리샤가
제 정신으로 돌아왔을 때는, 이미 스테판의 모습은 어디에도
보이지 않았읍니다.

밤 사이에 스테판은 자취를 감추고 말았던 것이었읍니다.
소문에 의하면 그는 어딘가 먼 나라로 떠났다는 이야기였읍
니다.

패트리샤는 이날 겪은 일을 아무에게도 이야기하지 않았읍
니다. 그러나, 그날 있었던 일을 그녀는 일생 동안 잊지 못했
읍니다. 그날부터 그녀의 마음 속에는 스테판에 대한 사랑이
눈뜨기 시작했던 것이었죠.

몇 년 뒤에 패트리샤는 어떤 명문귀족 집에 시집을 갔읍니
다만 그녀의 결혼 생활은 불행했읍니다.

남편하고의 성생활이 아무리 노력해도 완만하지 못했던 탓이었읍니다.

남편하고 성생활 중, 스테판을 눈앞에 그림으로써 그녀는 어느 때인가 자기도 모르게 스테판의 이름을 부르고 말았읍니다.

이 때문에 아내를 의심하게 된 남편으로부터 그녀는 이혼을 당하고 말았읍니다.

이 패트리샤가 전생에서의 당신이었던 것입니다. 당신은 전생에서 헤어진 애인과 다시 만난 순간에 그를 사랑하게 되었던 것입니다.

제인은 어느덧 소리없이 울고 있었다. 그녀는 내 이야기에 깊은 감명을 받은 듯 말없이 고개를 끄덕일 뿐이었다.

「아마도 그와 최초의 육체관계를 갖게 되었을 때 그는 술에 취해 있었을 것입니다.」

「바로 그렇습니다. 그것이 이상하죠. 그럴 생각은 조금도 없었는데 어느덧 정신을 차려 보니 그와 한 몸이 되어 있었던 것이죠. 뒤에 그가 처자식이 있는 몸이라는 게 밝혀졌고 또한 이혼도 불가능한 상태였기에 우리들은 서로 합의 끝에 헤어진 것이었어요. 나이의 차가 너무 있었을 뿐만 아니라 사회적인 신분도 너무나 어울리지 않는 사이였었죠. 그는 현지인인 폴리네시아 사람이었으니까요.
보통 경우 같으면 도저히 맺어질 까닭이 없었던 겁니다.
그렇건만 헤어진 뒤에도 나는 아무래도 그를 잊을 수가 없는 거였어요. 그 아닌 다른 남자하고는 아무리 애써도 성생활이 원만치를 못했읍니다. 그래서 그 뒤에 결혼한 남편하고도 결국 헤어질 수밖에 없었던 것이랍니다.」

제인은 눈물을 닦으면서 서글프게 웃는 것이었다. 벌써 사방은 어두워진 뒤였고 어둠 속에서 그녀의 얼굴은 나팔꽃처럼 아련하게 보일 따름이었다.

「전생에서의 스테판에 대해서 품었던 당신의 깊은 애정이 스테판의 재생인 그를 잊지 못하게 만든 원인이 되어 있었던 것입니다. 그러나 지금의 당신은 제인인 것이며 17세기에 스페인에 살았던 패트리샤는 결코 아닌 것입니다. 이제는 꿈에서 깨어날 때가 된 거예요. 전생에 대한 모든 기억은 지금의 당신에게는 하나의 지나가 버린 꿈에 불과합니다.」

하고 나는 그녀의 두 눈을 가볍게 누르고〈옴 진동〉을 일으켰다.

「자아 일어나서 걸어 보세요.」

제인은 등의자에서 일어나 걸어 보더니,

「정말 이상하군요. 몸이 굉장히 가벼워진 것 같아요. 그리고 헤어진 그에 대한 기억이 점점 흐려져 가는 것 같군요. 이제는 어떻게 생긴 얼굴이었는지 안개 속에서 본 것처럼 잘 생각이 나지 않는군요.」

하고 밝게 웃는 것이었다.

로비에서 헤어진 지 한 시간 가량 지난 뒤였다.

제인으로부터 전화가 걸려왔다. 꼭 만나게 하고 싶은 분이 있으니 별로 지장이 없으면 아래층 식당에서 만났으면 좋겠다는 이야기였다.

나는 쾌히 승낙을 했고, 식당에 내려가 보니 나이 지긋한 필리핀 사람을 소개해 주는 것이었다.

세 사람의 자리가 정해진 뒤였다.

「사실 저는 몇 년 전부터 자주 유령을 보게 되었읍니다. 노인 유령으로 무엇인가 저를 몹시 원망하고 있는 것 같았어요. 제인으로부터 선생에 대한 이야기를 듣고 그 원인을 알고 싶다고 생각한 겁니다.」

나는 말없이 그의 오른손을 잡았다. 그 다음 순간이었다.

〈나는 너를 저주하노라.

네가 벼랑에서 떨어진 나를 가족들에게 알리지 않았으므로 내 몸은 승냥이 무리들의 밥이 되어 갈기갈기 찢겨졌노라.

그 괴로움이 어떤 것이었는지 너는 짐작도 하지 못하리라. 제대로 무덤에 묻히어 영겁의 잠을 잘 수 있는 권리를 앗아간 너를 나는 원망하노라!〉

한동안 침묵의 시간이 지나간 뒤였다.

「너는 네 자신의 실수로 내가 벼랑 아래로 떨어진 줄 알고 괴로워한 나머지 가족들에게 알리지 못한 모양이다만, 사실은 그렇지 않노라.

어디까지나 잘못은 나에게 있었노라. 내 사랑하는 손자여, 너는 이제 더 이상 양심의 가책을 받지 않아도 좋게 되었느니라.

동방의 조용한 아침의 나라로부터 아주 훌륭하신 분이 찾아오셔서 나를 위하여 천국의 문을 열어 주시니 이보다 더 고마운 이가 어디 있을까 보냐!

이제는 더 이상 나는 너를 저주하지 않노라! 아니, 나는 너를 축복하노라!」

내 자신도 놀란 것은 이와 같은 내용의 이야기를 한 시간 가까이 훌륭한 음률을 밟은 영시(英詩)의 형태로 읊조린 사실이었다.

「안 선생님, 정말 놀랐읍니다. 영문학을 연구하셔서 평소에도 즐겨 영시를 지으셨던 것은 아니신가요?」

곁에서 내가 읊조리는 말을 처음부터 필기하고 있던 제인이 물었다.

「아니, 나는 평소에 즐겨 영시를 읽어본 일이라고는 한 번도 없읍니다. 구태여 설명을 한다면 당신이 시인이기 때문에 당신의 뇌파 파장에 나도 모르게 동조한 탓이 아닌가 합니다.」

「저는 고국에 돌아간 뒤에 이번에 제가 겪은 일들을 장편시로 엮어서 책을 낼까 하는데 괜찮겠읍니까?」

하고 제인은 내 승낙을 요구했던 것인데, 물론 내가 반대할 이유는 하나도 없었다.

지금 생각해 보아도, 어떻게 해서 내가 훌륭한 영시의 형태로 오랜 시간 이야기를 계속할 수 있었는지 이상하기만 하다.

나는 평소에 영어회화를 썩 잘하는 편은 아니건만, 주위에 영어로 말하는 외국인들이 있으면 갑자기 나도 놀랄 정도로 영어가 유창해지곤 하는 것이다.

자기 자신이 이야기를 하면서도 어째서 이처럼 유창하고 문학적인 표현을 할 수 있는 것인지 신기하게 느껴지곤 한다.

## ⑨. 공항(空港)에서 만난 부부

지금부터 6년전인 1982년도에 있었던 일이라고 기억이 된다.

그때 이른 봄이 아니었던가 생각이 된다. 그때 나는 일본 방문을 마치고 귀국하는 길이었다.

나리다공항(成田空港)에서 한쌍의 한국인 부부를 만났다.

주위의 눈치를 볼 것도 없이 한국말로 이야기를 주고 받는 그들의 모습이 무척 반가웠다. 나도 한국인이라고 하면서 말을 붙이고 인사를 했더니, 놀랍게도 남자는 내 이름을 알고 있었다.

고등학교 시절, 한때 내가 쓴 심령과학 관계 서적을 탐독한 일이 있노라고 했다.

미상불 나는 그가 더 반가울 수밖에 없었다.

알고 보니 이 젊은이는 미국 유학중에 만난 어여쁜 여인과 결혼을 했고 결혼한지 이제 한달밖에 되지 않는다고 곁에 서 있는 여인을 소개해 주었다.

고국으로 신행을 오는 길이라고 했다.

그런데 내가 젊은 부인을 보니 왜 그런지 불길(不吉)한 인상이 들었다.

이대로 두면 무슨 사고(事故)를 당하여 오래 살게 되지 못할 것 같다는 느낌이었다.

그렇다고 처음 만난 사람들에게 나의 이런 예감을 큰 소리로 알려줄 수는 없는 일이었기에 나는 신랑을 넌지시 불러서 작은 목소리로 귀띔을 해주었다.

당신의 부인에게 머지않아 불행한 일이 닥칠 것 같으니 서울에 오거든 한번 둘이서 내 사무실에 들르라고 했다.

그렇게 하면 능히 불행을 막도록 조치를 해주겠노라고 했다.

내 말을 잊으면 나중에 크게 후회할 일이 생길 것이라고 단단히 당부를 하고 헤어졌지만, 결국 이들 부부는 나를 찾지 않았다.

그 뒤 3년이라는 세월이 흘렀다.

나도 자연 그들을 잊고 있었는데 하루는 예고 없이 이 젊은이가 나를 찾아 왔다.  첫눈에 그가 누군지를 나는 알아볼 수가 있었다.

나는 나도 모르게 이렇게 물었다.

「부인은 아직 살아계십니까?」

물어놓고 나서 나는 당황했다.

오랜만에 만난 사람에게 이런 실례된 말을 묻다니 하고 나는 속으로 은근히 후회를 했다.

그러나 젊은이의 반응은 전혀 뜻밖의 것이었다. 그는 내 질문이 떨어지는 순간, 말없이 눈물을 흘렸다.

「 제 처는 죽었읍니다. 그때 선생님의 충고대로 선생님을 찾기만 했어도 제 처는 죽지 않을 수도 있었을 것입니다. 제 처는 선생님 댁을 방문하고 싶어했는데, 제가 친구들과 어울려 술을 마시느라고 그만 기회를 놓친 것이죠.」

하고 그는 계속 눈물을 흘렸다.

진심으로 뉘우치는 표정이었다.

「혹시 결혼한지 100일째 되던 날 교통사고를 당한 게 아닌가요?」
하고 나는 물었다.
　그는 두 눈을 크게 뜨면서 그렇다고 대답을 했다.
　이야기를 듣고 보니 더 후회가 된다고 하면서 흐느껴 울었다.
　나는 이 젊은이를 영사한 결과를 이야기해 주는 수밖에 없었다.
　그는 지금으로 부터 약150년전, 인디언 호오크족(族)의 추장이었다.
　사냥을 나갔다가, 실수를 해서 스스로 만든 덫에 걸려서 하반신이 마비되어 버리자, 아내는 딸 하나를 남겨둔 채 도망을 치고 말았다.
　추장은 오직 딸 하나만을 의지하고 살았다. 어렸을 때는 아버지의 동냥 젖으로 자란 딸이 커서는 지팡이 노릇을 하게 되었다.
　아버지를 봉양하느라고 딸은 혼기도 놓치고 말았다.
　그녀는 딸이면서도 아내가 남편을 사랑하듯이 아버지를 사랑했다.
　그러니 마음에 갈등이 클 수밖에 없었다.
　어느 달 밝은 날 밤, 딸은 보름달을 향해 기도를 했다.
　「이번 세상에는 딸과 아버지 이지만 다음 세상이 있다면 아버지의 지어미가 되어서 100일 동안만이라도 아버지를 행복하게 할 수 있게 하여 주소서.」
　이것이 원인이 되어서 그들은 다시 태어났고 부부가 되었다.
　그러나 이 젊은이의 부인 마음 속에는 커다란 갈등이 있었다.
　남편이 남편 같지 않고, 어려서 세상을 떠난 아버지같이만 느껴졌던 것이었다. 부부생활을 하는데 커다란 죄의식(罪意識)을 느끼곤 했다.

「혹시 돌아가신 부인이 부부생활을 하는데 죄의식 같은 것
을 느끼지는 아니했던가요?」
하고 나는 물었다.
「안 선생님이 그걸 어떻게 아십니까?」
하고 젊은이는 놀라워했다.

그리고는 결혼 일주일 전에 처음으로 성관계를 갖고 자기
는 까닭 모를 죄의식에 괴로워했다고 했다. 어차피 결혼하면
성관계를 갖게 마련인데 양심의 가책을 받을 까닭이 없다고
아무리 타일러도 마음이 편안치가 못했다는 이야기였다. 요즘
여자답지 않게 아내는 처녀였다고 했다.

한편 아내 역시,
「성생활을 안하고 정신적인 부부생활만으로 만족할 수 없
겠느냐」
고 몇번이고 호소를 했다고 한다.

착실한 교인이었던 그녀는 잠자리에 들기 전에 꼭 기도를
했다고 한다.

이런 아내의 태도에 그는 많은 저항을 느껴서 여러가지로
설득을 해 보았지만 아내의 성생활에 대한 죄의식은 끝내 사
라지지 않았다고 했다.

나는 그에게 또 이런 질문을 했다.
「당신이 근무하던 미국회사에 인디언 여성이 있었으며 그
녀에게 강한 성적인 매력을 느낀 일이 없느냐?」
하고 물었더니 그는 얼굴을 붉히면서 그런 일이 있었다고 시
인을 했다.

나는 그 여인이 바로 전생에서 도망친 아내의 재생(再生)
이며, 머지 않아서 그녀와 같은 영혼을 나누어 갖고 있는 한
국여성을 만날 인연이 있으니, 그런 일이 생기거든 이번에야
말로 함께 꼭 찾아오라고 일렀던 것이었다.

그 뒤 1년이 지났다.

이 젊은이는 30대의 한 여인을 데리고 나를 찾아왔다. 여

인은 기혼여성으로서 두 아이의 어머니였으나 현재 남편과는
별거(別居)중이라고 했다.

듣고 보니 꽤 이름이 알려진 여류화가(女流畵家)였다.

단발을 한 모습의 얼굴이 유난히 붉은 것이, 할 일 없는
인디언 여성이었다.

전생에서 이 젊은이를 버리고 떠난 부인이 미진한 인연이
있어서 다시 만나게 된 것이 분명했다.

부인은 현재 이혼 수속중이라고 했다.

남편과 이혼이 성립만 되면 이 젊은이와 결혼하여 미국으
로 이민(移民)갈 결심이라고 했다. 젊은이는 이미 미국시민
권을 갖고 있는 처지였다.

「두 분이 결혼하면 아마 귀여운 첫 딸을 낳기가 쉬울 겁니
다. 바깥 양반의 죽은 부인이 다시 태어날 가능성이 있다
는 이야기죠. 그렇게 되면 전생에서의 가족들이 다시 만나
게 되는 셈이죠. 따님을 사랑해 주세요, 두 분의 장래를 축
복합니다.」
하고 나는 이들을 보냈다.

이 이야기는 마침 취재 나온 한국일보사의 사회부 기자였
던 손태규(孫太圭) 씨에 의하여 기사로 쓰여져서 신문에 발
표가 되었다.

많은 사람들이 이 기사(記事)를 읽고 사람에게 전생(前生)
이 있음을 믿게 되었노라고 나에게 이야기해 주었다.

그중에는 자기의 전생을 알고 싶다고 나를 찾아온 사람들
도 많았다.

이들이 결혼을 했는지, 어떻게 살고 있는지, 아직 연락이
없어서 알 길이 없다.

### 한국일보기사
## (당신이 만난 女人은 前生서 도망쳤던 아내)

사람은 과연 다시 태어나는가.

유사 이래 인간은 이 한가지 의문에 집착해 왔으며, 그 때문에 종교가 생겨나 무수한 사람들이 再生과 永生을 기구해 왔다. 사람이 다시 태어난다는 것은 증명이 될 수 없는 것이어서 종교를 가진 사람들조차도 그것을 믿기 어려워한다.

그러나 심령과학자들은 사람은 다시 태어난다고 단정적으로 말한다. 모든 사람은 영혼을 가지고 있으며, 혼(魂)은 죽음으로써 유계(幽界)로 가고 일정기간이 지나면 거듭 태어난다는 것이다. 같은 모체를 빌어 재생하기도 하고 다른 어머니를 통해 재생할 수도 있으며, 남자가 여자로 여자가 남자로 거듭 태어날 수도 있다는 주장이다.

심령과학자 안동민 씨(54·소설가)가 들려주는 재생 사례는 믿을 수도 없었고  안 믿기도 어려운 기괴하기만 한 얘기였다. 지난 82년 어느 봄날 안씨는 일본의 나리다(成田) 공항에서 한국인 신혼부부 한쌍을 만났다. 신랑 A씨(35)는 미국유학중에 만난 규수와 1개월 전에 결혼, 고국으로 신행을 오는 길이었다.

안씨의 영능(靈能)은 신부의 얼굴에 드리워진 죽음의 그림자를 발견했다. 그는 A씨에게 귀엣말로「당신의 아내에게 불행한 일이 닥칠 것 같으니 서울에 가면 내 사무실에 한번 들러달라」고 권유했다.

부부는 찾아오지 않았다. 안씨도 그일을 까맣게 잊고 있었는데 만 3년만인 지난 3월 A씨가 안씨 사무실에 나타났다. 혼자였다.

「부인 아직 살아계시오?」단도직입적인 안씨의 물음에 A씨는 고개를 저었다. 결혼 1백일만에 교통사고로 죽지 않았느냐고 다그쳐 묻자 A씨는 고개를 끄덕였다. A씨는 고국신행을 마치고 미국에 되돌아간 뒤 변을 당했고, 이번 귀국 때 안씨의 충고가 생각나 찾아온 것이라고 털어놓았다. 그때 안씨는 A씨를 영사(靈査)해 보았다. 결과는 이렇다.

A씨의 전생은 1백 50년전 인디언 호크(族)의 추장이었다.

사냥을 나갔다가 자신이 만든 덫에 걸려 하반신이 마비되어
버리자 아내는 딸 하나를 남겨둔 채 도망치고 말았다. 혼기
를 놓친 딸은 달에게 기도했다.
「다음 세상이 있다면 단 1백일만이라도 아내로서 가련한
아버지를 섬기게 해달라」고.
결국 추장 부녀는 미국유학생 A씨 부부로 거듭 태어났다
는 것이다. 안씨는 이러한 영사의 결과를 입증키 위해 A씨에
게「부부 생활중 성에 대한 저항이 없었느냐」고 물었다.
A씨는 결혼 1주일전 아내와 성관계를 가진 죄책감에 시달
렸으며, 아내 또한「성생활을 안하고 정신적 부부로만 살 수
는 없느냐」고 호소했었다고 대답했다.
안씨는 또「당신이 근무하던 미국회사에 인디언 여성이 있
었으며 당신은 그녀에게 성적 충동을 느꼈을 것」이라고 말했
다. A씨의 대답은 역시 긍정적이었다. 안씨는「바로 그 여자가
도망간 인디언 아내의 현생이며, 그녀의 분령(分靈)이 재생
한 한국여자를 곧 만나 다시 나를 찾아오게 될 것」이라고 일
러주었다. 두 사람의 3년만의 해후는 거기서 끝이 났다. 지난
16일 하오 3시. 기자는 심령과학취재를 위해 7번의 전화끝에
(鍾路區) (三淸洞) 산등성이에 있는 안씨의 연구소를 방문했
다.
응접실에서 20여분을 기다렸을때 안씨의 서재 문이 열리고
30대 남자와 낯익은 얼굴의 여자가 나왔다. 남자는 A씨이고
여자는 이름을 대면 알만한 여류 예술가 B씨(34)였다. B씨
는 두 남매를 둔 유부녀로 사업가인 남편과 1년째 별거중이
다. 친구의 소개로 미국에서 일시 귀국중인 A씨와 만나 밀회
를 즐기고 있다는 것이다.
두 사람은 결혼여부에 대한 상담을 하기 위해 안씨를 찾아
왔던 것이다.
안씨에 의하면 B씨는 바로 도망친 추장아내의 현신으로
전생에서의 죄책감 때문에 남편을 두고도 A씨에게 마음을

뺏기게 됐으며 별거 남편은 전생에 4촌 오빠였다는 것이다.

「물론 전생, 현생이라는 심령학적 관계도 있지만 결국 현실의 내마음이 가장 중요하지요. 가장 마음이 편해지는 길을 가는 것이 최고입니다. 그들이 모르고 있던 전생의 인과(因果)를 알려주고 양심의 선택을 하도록 판단근거를 준 것입니다. 마음의 판단을 따르라고 충고했읍니다.」

남녀가 떠나간 뒤 안씨는 기자에게 그들의 케이스를 실례로 들면서 이른바 심령과학의 재생(Reincarnation)에 대해서 설명해 주었다. 말로만 전해 들었으면 터무니없는 엉터리라고 간단히 넘겨버렸을 사실을 기자가 목격케 된 것도 우연만은 아니라고 했다.

영국의 유명한 정신병 학자인 알렉산더·케넌박사는 그의 저서〈內力〉에서 다음과 같이 기술했다.

〈오랫동안 나는 재생설과 싸워왔다. 나는 그것을 부인하기 위해 온갖 노력을 다했다. 그러나 종교나 사상이 다른 많은 사람들이 최면을 당하면 모두 전세를 말한다. 지금까지 1천 건 이상의 사례를 조사한 결과 나는 재생이라는 현상이 사실이라고 단정할 수밖에 없어졌다〉

「1985년7월 26일 자 한국일보 사회면에 기재됨」

## 10. 왕자호동(王子好童) 이야기

왕자호동과 낙랑공주의 로맨스는 너무나도 유명한 이야기이다.

일찍이 월북작가(越北作家)인 이태준(李泰俊)에 의하여 왕자호동은 장편으로 발표가 된 일이 있다.

분명히 일제시대(日帝時代) 말기(末期)였다고 기억한다.

그 당시 국민학교 학생이었던 나는 매일신보(每日申報)에 연재되던 왕자호동의 열렬한 독자였었다.

그 뒤 남창서관(南昌書舘)에서 해방 후 단행본(單行本)이 발간되었고 나는 이 책을 지금도 간직하고 있다. 고구려의 3대 왕이었던 대무신왕(大武神王)의 후궁(后宮)에서 태어난 것이 호동왕자였다.

그는 장성한 젊은이가 되었을 때, 문무(文武)를 겸한 늠름한 왕자였고 몇명의 부하들을 거느리고 평양성에 갔을 때, 최리(崔理)의 딸인 낙랑공주와 알게 되어 두 사람은 열렬하게 사랑하게 되었다. 낙랑왕이었던 최리는 자기 나라를 보전(保全)하기 위하여 고구려 왕자인 호동을 사위로 삼을 것을 기꺼이 승낙을 했다. 그러나 호동왕자의 아버지인 대무신왕의 생각은 달랐다.

고구려의 장래를 위해서는 한나라의 식민지인 낙랑을 무력(武力)으로 합방해야겠다는 그의 결심을 흔들리게 할 수는 없는 일이었다.

그런데 낙랑에는 자명고(自鳴鼓)라는 신기한 북이 있어서 적군이 가까이 오면 스스로 북소리를 낸다는 전설이 있었다. 이 북을 미리 없애지 않고서는 효과적으로 낙랑을 쳐 없앨 수는 없다고 판단을 내린 대무신왕은 아들인 호동왕자에게 명령을 내려서 이 자명고를 파괴시키라고 했다.

마음은 내키지 않았지만 나라를 위해서는 어쩔 수 없는 일이었다.

호동왕자의 밀명(密命)을 받고 낙랑공주는 여러날 고민한 끝에 결국 자명고를 찢고 만다.

이 때문에 고구려군에게 기습을 당할 때까지 낙랑군은 전혀 방비를 할 수가 없었다.

성(城)이 함락하기 직전, 이 사실을 알게 된 최리는 낙랑공주의 목을 쳤다. 결국 싸움에는 이겼으나 왕자호동은 인간으로서는 패전을 한 셈이었다.

소설에 의하면 그는 결국, 공주의 무덤 앞에서 자진을 했다고 한다.

이 왕자호동이 재생(再生)을 해서 내 앞에 나타난 것이었다. 그것도 한명도 아니고, 두 사람으로 나뉘어져서 내 앞에 나타난 것이었다.

이번에는 그 이야기를 하여볼까 한다.

## A. 첫번째 이야기

H그룹이라면, 그 본명(本名)을 밝히면 대한민국의 삼척동자(三尺童子)도 모르는 이가 없는 유명한 재벌그룹이다.

지금은 대(代)가 바뀌어 창업주의 큰 아들이 회장이 되었지만 10년 전 창업주가 아직 살아 있었을 때의 일이다.

회장님의 부인께서 나를 찾은 일이 있었다. 누군가 친지의 권유가 있어서 내가 쓴 심령과학 관계 서적들을 몇권 탐독을 하신 뒤, 나의 신자가 되었노라고 하셨다.

미국 유학까지 갔다온 큰 아들이 설혼이 넘도록 결혼을 할 생각을 하지 않으니 그 이유가 무엇인지 알고 싶다는 이야기였다.

맨손으로 일어나서 당대에 우리나라에서 손꼽는 재벌이 되어서 십여개의 계열회사를 거느리게 된 것은 한이 없으나 큰 아들을 장가 보내지 못하고 있어서 회장의 고민이 이만 저만이 아니라는 이야기였다.

이 나라에는 적어도 4000만명이 사는데 당신의 아들의 눈에 차는 며느리감이 하나도 없다니 이게 말이 되느냐고 입버릇처럼 되뇌인다는 이야기였다.

아들은 효자여서 어머니의 말이라면 무엇이나 듣는다기에 넌지시 아들을 한번 데리고 오라고 일렀다.

알고 보니 아들은 나의 고등학교 후배이기도 했다.

며칠 뒤, 아들을 만났다.

만난 순간, 나는 놀라지 않을 수 없었다. 그가 바로 전설에 나오는 고구려 삼대 왕이었던 대무신왕(大武神王)의 아들이었던 호동왕자(好童王子)의 후신(後身)이었기 때문이다.

어머니를 영사해 보니 후궁의 아들인 왕자호동을 그다지도
미워했던 왕비의 후신이었다.

나는 이런 이야기를 그들에게 들려주었지만 그들은 믿으려
고 하지를 않았다.

「왕자호동은 아버지의 야망 때문에 사랑하던 낙랑공주를
죽게 만들었고 끝내는 자기자신도 공주의 무덤 앞에서 자
결을 했다고 합니다.  아버지에 대한 원한이 구천(九天)에
사무쳤는데 어찌 장가를 아버지 생전에 가서 기쁘게 해드
릴 수 있겠읍니까?  호동왕자가 재생(再生)한 것을 보니
이미 어디인가에 낙랑공주도 다시 태어났을 겁니다. 아버지
가 돌아가신 뒤에 그녀를 만나게 될 것이고 벼락결혼을
하게 될 가능성이 많습니다.」
하고 나는 이야기해 주었다.

머지 않아서 회장은 돌아가셨고 그 뒤 얼마 지나지 않아서
큰 아들은 결혼을 했다. 색시감 고르는데 그렇게도 까다롭던
사람이 뜻밖에도 간단히 결혼을 한 것이었다.

나중에 알고 보니 고등학교 졸업반 시절에 사랑하던 애인
이 있었으나 아직 결혼할 시기가 아니라고 하여 강제로 이들
은 헤어져야만 했고, 본인의 뜻과는 관계없이 미국유학을 떠
났던 것이라고 했다.

지난 날 있었던 일은 또다시 되풀이 될 수 있는 법이다.

나는 그가 아버지 생전에 결혼하지 않은 까닭을 충분히 이
해할 수 있다고 생각한다.

그는 이제 H그룹을 이끄는 당당한 회장이 되었고 H그룹은
창업주가 살아 계실 때보다도 더 발전하고 있다는 이야기를
들었다.

젊은 회장 내외는 부부 사이도 좋고 아기들도 있다는 이야
기를 들었다.

천여년전 비운(悲運)의 애인이었던 그들이 천여년만에 다
시 만나서 가정을 이루었으니 화목하게 사는 것은 너무나도

당연한 일이라고 생각한다.

그들의 앞날이 내내 평탄하기를 비는 마음 간절하다.

## B. 두번째 이야기

얼마전 일이었다.

시내(市內) 모(某) 종합병원에서 마취의로 일하고 있는 한 젊은 의사가 나를 찾은 일이 있었다.

그는 사랑하는 여인이 있는데 어찌된 영문인지 부모님과 자기 누이동생이 맹렬하게 반대해서 결혼을 하지 못하고 있노라고 했다.

부모님의 반대하는 이유가 자기도 납득할만한 뚜렷한 것이라면 이토록 고민은 하지 않을 것이라고 했다.

부모님도 누이동생도 그저 생리적으로 싫다고 했다는 이야기였다.

그러나 오랜 세월에 걸친 꾸준한 설득 끝에 부모님의 동의 (同意)를 간신히 얻어내자, 이번에는 애인 쪽에서 스스로 물러날 뜻을 밝혔다는 이야기였다.

나는 이 젊은이를 본 순간, 어디서 많이 본 것 같은 느낌이 들었었다.

처음에는 누구를 닮았는지 얼른 생각이 나지 않았는데 곰곰이 생각해보니 지금의 H그룹 회장과 쌍둥이같이 닮은 얼굴이었다.

애인과 부모의 사진, 그리고 누이동생의 사진을 본 순간 번개같이 떠오른 생각이 있었다.

「이렇게 혼인이 안되는 이유는 자네의 전생(前生)에 그 원인이 있는 것 같네.」

하고 나는 다음과 같이 설명해 주었다.

그는 왕자호동의 후신이었다.

애인은 낙랑공주요, 부모님은 낙랑공주의 부모였던 최리왕 내외였다.

누이동생은 왕자호동을 사모했던 낙랑공주의 이복 동생이
었다.

딸이 나라를 배반한 계집이라고 해서 목을 쳤던 최리왕이
었다.

아들의 애인이 마음에 들 까닭이 없었다. 왕자호동을 사모
한 여인이 누이동생으로 태어났고, 그녀는 오빠를 무척 사랑
하는 누이동생이었다.

전생의 라이벌이 나타났는데 그녀를 좋아할 수 있을 까닭
이 없었다.

내가 이 이야기를 들려주니 젊은 의사는 눈물 콧물을 흘리
면서 흐느껴 울었다.

천여년에 걸쳐서 맺히고 맺힌 마음이 풀림이었다.

이 뒤, 이 젊은 의사는 나를 찾지 않았다.

그가 행복한 결혼을 하게 되기를 바라는 마음 간절하다.


## 11. 서태후(西太后) 이야기

서태후하면 청(淸)나라의 마지막을 장식했던 여걸이다.

나는 이십 여년 전 조경희 여사(趙敬姬女史)를 만난 일이
있다.

그녀의 전생을 더듬어보니 서태후의 후신임이 밝혀졌다.

그때, 그녀는 한국일보사에 근무하고 있었다.

「조여사는 앞으로 크게 출세(出世)하시겠읍니다. 신문사를
정년 퇴직하신 뒤에 정작 일을 하시게 되겠어요.」

하고 나는 이야기한 기억이 있다.

직장을 정년 퇴직한 뒤에 본격적인 활동을 하게 된다는 것
은 상식으로서는 있을 수 없는 일이다.

나는 이때, 이런 이야기를 서슴없이 말하는 내자신이 스스
로 민망했던 기억이 있다.

그런데 조경희 여사는 그 뒤, 예총회장을 역임했고 지금은 행정부의 장관직을 맡아보고 계시지 않은가?

나의 예언이 적중한 셈이다.

그녀는 나만 보면 반색을 하면서 당신을 서태후의 후신이라고 말하였다고 선전을 하곤한다.

조여사의 건투를 빈다.

## 12。 서왕모(西王母) 이야기

서왕모(西王母)란, 중국(中國)의 전설 속에 등장하는 여자선인(女子仙人)의 시조(始祖)에 해당되는 여인이다.

유명한 서유기(西遊記)에서는 손오공(孫悟空)이 서왕모가 관리하고 있는 천도원(天桃園)을 쑥밭을 만들므로서 큰 소동이 일어나는 장면이 있다.

물론, 서유기란 한낱 소설에 지나지 않으며, 서왕모란 신화(神話) 속에 등장하는 여주인공(女主人公)에 지나지 않는 셈이지만, 그 서왕모가 실존(實存)하는 존재여서, 그 분령체(分靈體)로서 태어난 여인이 나를 찾아온 일이 있다면, 여러분들은 아마 깜짝 놀라리라고 생각한다. 거짓말도 좀 쉬엄쉬엄하라고 말할 분들도 많으리라고 생각한다.

그런데 그런 일이 실제로 일어난 것이었다.

내가 운영하고 있는 체질개선연구원(體質改善研究院)은 회원제(會員制)가 되어 있거니와, 그 회원 가운데 한 사람인 서울에 살고 있는 최정순 여사는 매우 특이(特異)한 체질의 부인이었다. 어느날, 꿈을 꾸었는데, 꿈 속에 거대(巨大)한 여인(女人)이 나타나고, 그 여인의 딱 벌린 입 속으로 수많은 궁녀(宮女)들이 줄지어 들어가더라는 것이었다. 꿈 속에서도 이것 큰일이 났구나 생각을 했었는데, 꿈에서 깨어나서 생각해보니, 아무래도 그 거대한 여인상(女人像)의 얼굴이 자기 자신의 얼굴 같은 느낌이 들었다는 이야기였다. 그러자 그 다음날부터 최여사의 몸은 전신(全身)이 심한 화상(火傷)을 입은 것 같은 모양의 끔찍스러운 피부병이 발생했다는 것이었다.

식중독(食中毒)에 걸린 일도 없고, 그밖에도 다른 원인도 짐작이 가는게 없는데 아무리 좋은 약을 써도 전혀 효과가 없었다는 이야기였다.

더구나 최여사는 전문적인 약제사고 손수 약국을 둘이나 경영하고 있는 처지였다. 평소에 악성피부병 때문에 고생하는 환자들을, 나름대로 처방한 약으로 많은 실적을 올린 일도 있는 처지였다. 그러나 어떤 좋은 약도 그녀의 피부병에는 효과가 없었다는 이야기이다.

최여사는 평소에 독실한 불교신자여서 영장(靈障)이라는 현상에 대해서도 거의 전문가에 가까운 지식을 갖고 있는 터였다. 그런 최여사가 생각할 때, 아무래도 얼마 전에 꾼 해괴한 꿈에 원인이 있는 것처럼 생각이 들었다고 한다.

집단령(集團靈)에 의한 빙의현상(憑依現象)이라는 확고한 생각이 들었기 때문에 나를 찾아 왔노라는 이야기였다.

영사(靈査)를 해보니 그녀의 짐작이 맞았음이 드러났다. 최여사는 전생(前生)에서 이씨 왕조시대(李氏王朝時代)에 궁녀(宮女)로서 일생을 보낸 일이 있으며, 그 무렵, 어떤 사건(事件)을 일으켜서 사형이 된 장희빈이라는 후궁(后宮)의 영혼이 빙의되었을 뿐만 아니라 이씨왕조 500년 동안에 남모르는 한을 품고 죽어간 수많은 궁녀들의 영혼들이 그녀를 의지해서 들어온 게 밝혀졌던 것이었다.

옛날, 한국의 궁정(宮廷)에서는 궁녀(宮女)들은 죽어도 무덤에 묻히는 일이 없었고, 그대로 거적에 둘둘 말아서 길거리에 내버렸었다고 한다. 어째서 그런 이상야릇한 풍속(風俗)이 있었는지, 나도 그 원인을 모르는 터이지만, 그 때문에 궁녀의 시체는 여우나 들개의 먹이가 되게 마련이었다는 이야기이다.

어느 의미에서 이씨왕조가 건국한 뒤, 500여년만에 멸망하게 된 것도, 어쩌면 이 수없이 많은 궁녀들의 원한이 눈덩이처럼 커져서 사람들의 마음을 부정적(否定的)인 방향으로 움직여 무서운 파괴력을 발휘한 탓인지도 모른다는 것이 나의 사견(私見)인 셈이다.

어쨌든, 나는 영사한 결과에 따라서, 평소에 늘 하는 식대로 제령(除靈)을 해주었던 것이었다.

그러자 이상스럽게도 바로 그날부터 마치 언제 그랬었느냐는 듯이 그 끔찍스러운 난치병(難治病)이었던 피부병이 깨끗이 나았다는 이야기였다.

그래서 나도 안심을 했던 것인데, 웬걸 그 뒤, 한달 쯤 지나서 최여사는 또다시 먼저보다도 더 심한 피부병환자가 되어서 나를 찾아온 것이었다.

「또 이상한 꿈을 꾸었어요. 거대한 용(龍)에게 겁탈을 당하는 꿈을 꾸었는데, 꿈 속에서 자세히 보니까 그 용은 진짜 용이 아니라, 구름 떼처럼 모여든 왕지네들이 용의 모습을 한 것이었어요.」

과연, 예부터 한국에서는 왕지네를 잡아서 한약제로서 써온 게 사실인데, 작은 벌레에도 나름대로 혼(魂)이 있어서, 지나간 3000년 동안 한국인들의 손에 의해서 살해 된 왕지네들의 넋이 대군을 이루어 구제받기 위하여 최여사의 몸을 덮쳤음이 분명했다.

「그대들은 사람의 손에 죽임을 당해서 우선 원통하겠지만, 그것은 이미 아득한 옛날 일이고, 또 설사 사람에 의하여 죽임을 당하지 않았더라도 지금까지 살아있을 까닭은 없는 일, 너그럽게 사람들의 잘못을 용서하고 유계(幽界)로 가준다면, 그것은 바로 부처님의 자비스러운 마음을 갖는 것이 아니겠는가, 그와 같은 심경(心境)에 이르기만 한다면 또다시 벌레의 탈을 쓰고 태어나는 일은 없으리라, 그대들

이 간절히 원한다면 다음 세상에서는 인간으로도 재생(再
生)이 가능하리라!」
라고 설득한 결과, 용의 모습으로 되어 있던 왕지네들의 대
군은 무사히 유계(幽界)로 가게 되었던 것이었다.

이와 동시에 최여사의 이상한 피부병도 또다시 흔적도 없
이 사라졌음은 물론이었다.

인제는 괜찮겠지 하고 안심을 하고 있었더니 또다시 이로
부터 한달 뒤에 최여사는 전과 똑같은 무서운 몰골이 되어서
나를 찾아 온 것이었다.

「웬일이죠! 또?」

나도 적이 짜증이 나서 약간 퉁명스럽게 물었더니,

「이번에는 또다시 꿈 속에서 수많은 어린 아이들에게 둘러
싸인 겁니다. 아무래도 인공유산(人工流産)시킨 태아(胎兒)
의 영혼들이 들어온 모양입니다.」
하고 한숨을 쉬는 게 아닌가!

「도대체 무슨 이유로 저는 몇번씩이나 똑같은 원인 때문에
혼이 나야만 하는 거죠?」
하고 최여사는 울음이 터질 것만 같은 표정이었다.

「그것은 부인의 유체(幽體)가 너무 발달이 되어 있기 때문
에, 갈 곳이 없는 망령들이 의지해 들어오기 때문이라고
생각이 됩니다.」

「저는 정말 미칠 것만 같습니다. 이번에야말로 좋아졌거니
하면, 한달이 지나기 무섭게 똑같은 일이 일어나니 이것
견딜 수가 없군요. 근본적인 원인을 없애주세요, 제발 부탁
입니다.」

정말 딱한 일이 아닐 수 없었다.

나도 여러가지로 곰곰이 생각한 끝에 청평(清平)에 있는
나의 별장(別莊)에 가서 제령을 해주기로 정했던 것이었다.

청평 발전소 못미쳐서 맞은 편 기슭에 나의 별장이 있는데,
일년에 한두번 가기도 어려운 곳이다.

평소에는 빈 집인데, 별장 바로 뒤에 있는 산이 피라밑 형이고, 별장의 이층은 호수(湖水)의 수면(水面)에서 삼분의 일, 산의 정상에서 삼분의 이에 해당되는 특수한 장소인 터였다.

이층 방 창문에서는 밤 하늘의 북극성(北極星)이 정면으로 보이고, 영계(靈界)로 향하는 문이 열리는 4차원적인 힘의 장(場)을 이루곤 하는 곳이다.

나는 지금까지, 서울의 시술실에서는 아무래도 좋는 결과를 얻지 못했던 사람들을 이곳에 데려와서 제령을 해서 좋은 결과를 얻은게 많은 터이지만, 서울에서 두시간 가까이 걸리는 교외(郊外)여서 특별한 경우 외에는 찾아오지 않는 터였다.

최여사의 경우가 바로 그 특별한 경우라고 생각이 되었기 때문에 이 별장에 데리고 갔던 것인데, 이때에는 한국동란(韓國動亂)때 서울에서 비명횡사를 해서 지박령(地縛靈)이 되어 있던 수많은 망령들을 전부 빠짐없이 유계로 보냈던 것이었다.

이때 계시(啓示)가 있어서, 최여사의 본체(本體)는 선계(仙界)에 계시는 서왕모(西王母)라는 사실이 밝혀졌던 것이었다.

나도 그때까지는, 서왕모란 단순한 전설(傳說) 속의 인물인줄만 알았었는데 그렇지 않다는 사실을 깨닫게 된 셈이었다.

결국 아득한 옛날에 지구(地球)를 찾아온 우주(宇宙)의 여신(女神)이라는 게 밝혀졌고, 이번에는 어떤 사명이 있어서 선계(仙界)에서 그 분령체(分靈體)를 인간 세상에 보내서 여러가지 수련을 쌓게 하였노라는 이야기였다.

그 뒤, 최여사는 아무 탈 없이 잘 지내고 있는 모양이다.

## 13. 화성인(火星人) 유리마와의 만남

아마 이 책을 읽는 여러분들 가운데에는 이미 유리마에 대한 이야기를 알고 계신 분들도 많으리라고 생각한다. 그것은 최근 화제(話題)를 불러 일으킨, 한국의 한 이름없는 젊은이가 70여통의 연애편지를 보낸 결과, 1980년도 미스·프랑스로 뽑힌 바 있는 브리짓드·쇼오케양과의 결혼을 성공시킨 이야기이다.

요즘 세상에, 70여통의 연애편지를 보내다니, 머리가 좀 돈게 아닌가 하고 비웃을 사람들도 있겠지만 여성의 마음이란 묘한 것이어서 낯선 이국(異國)의 젊은이가 자기를 여신(女神)과 같이 받들어서 수없이 보낸 연애편지에 마침내 그녀는 마음의 문을 연 것이었다.

요즘 젊은이들은 너무나 낭만이 없어서 알게 된지 며칠도 되지 않아서, 서로 아무렇지 않게 손을 마주잡고 호텔이나 여관 문을 들어서는 것을 심상하게 여기곤 하는 터이지만 나와 같은 50대의 인간의 입장에서 보면 세상은 정말 낭만과 꿈이 없어졌다는 느낌이 드는게 사실이다.

그런 뜻에서 유리마 청년의 세기(世紀)의 결혼은 아직 이 세상에 낭만적(浪漫的)인 꿈이 남아 있다는 하나의 좋은 증거가 아닌가 생각된다.

그런데 이 유리마(本名·柳在承)가 사실은 나의 제자(弟子)인 것이다.

지금으로 부터 4~5년 전 일이었다고 기억된다.

어느날 저녁, 몇사람의 젊은이들이 나의 연구원을 찾아온 일이 있었는데, 그때 별명(別名)이 〈유리마〉인 유재승(柳在承)군도 끼어 있었던 것이었다.

그 무렵, 나는 요즘과 달라서 만나는 사람마다 마구 영사(靈査)를 해서 그 누구에게나 전생(前生)이 있다는 사실을 밝히는데 열중해 있었던 때였으므로, 유군의 전생에 대해서도 이야기를 해 주었던 터였었다.

「자네는 아득한 그 옛날, 프레디아스 성단(星團)에서 날아 온 우주인(宇宙人)이었으며, 처음에는 우리 태양계(太陽系) 의 화성(火星)에 정착(定着)을 했었던 것이지만, 그 뒤 윤 회전생(輪廻轉生)의 과정에서 지구인(地球人)으로 재생(再 生)이 된 것 같네. 그렇기 때문에 자네의 잠재의식(潛在意 識)과 무의식(無意識) 속에는 화성인(火星人)으로서의 숨 겨진 기억이 있을 것일세. 또 어쩌면 이번 생애 중에 지구 인으로서의 구실이 끝나면 살아서 화성으로 돌아갈 가능성 도 있는 것일세. 중세시대(中世時代)에는 프랑스의 귀족 (貴族)으로 세번이나 계속해서 태어난 일이 있고, 유명한 검객(劍客)이기도 했던 것일세. 모르긴 해도, 나하고는 지 금으로부터 약 12000년 전에, 그러니까 프레디아스에서 우 리 태양계에 첫발을 들여 놓았을 때, 한번 만난 일이 있고, 그때 오늘을 기약하고 헤어진 것일세.」

「그렇다면 오늘 안 선생님을 뵈온 것은 결코 우연이 아니 란 말씀이군요.」

「이 세상에 사람의 만남은 하나도 우연은 없는 것이야. 나 는 자네의 잃어버린 과거의 기억을 되찾아 주는 구실을 맡 았던 것일세.」

「잘 알겠읍니다.」

「자네가 과거에 우주인이었다든가, 프랑스의 귀족(貴族)이 었다는 뚜렷한 증거는 하나도 없는게 사실이지만, 자네는 프랑스말을 배우기 시작하면 다른 사람들보다 무섭게 빠르 게 익숙해질 것이고 또한 펜싱을 배운다면 곧 머지않아서 사범이 될 수 있을 것일세. 그것이 내 말이 옳다는 증거라 면 증거라고 할 수 있겠지. 바로 전생(前生)에서는 프랑스 출신의 신부(神父) 아니면, 이태리 출신의 신부로서 이왕 조(李王朝) 말기(末期)에 한국에 와서 순교(殉敎)한 일이 있으며, 그 때문에 이번에는 한국인으로서 재생(再生)된 것이 아닌가 생각되네. 또한 그때 신부가 되기 전에 약혼자가 고국에 있었는데, 자네가 신부가 되었기 때문에 자연히 결혼 약속은 취소가 되었고, 그녀도 수도원(修道院)에 들어가서 수녀(修女)가 되어서 일생 동안 독신으로 지냈던 것이 아닌가 생각이 되네. 그 여인이 또다시 프랑스 여인으로 재생(再生)을 해서 머지 않아서 자네를 만나러 이곳을 찾을 것 같은 예감이 드네. 그 여인은 첫 눈에 자네를 알아볼 것일세. 내가 말한 것이 거짓말이 아니라면 말일세. 내 판단이 거짓이 아니라면 자네는 그 자리에서 그녀를 사랑하게 될 것이고, 또한 그녀 역시 자네를 좋아하게 되어서 끝내 두 사람은 결혼까지 하게 될 것일세. 아무래도 자네는 앞으로 국제결혼을 해서 세상을 떠들썩하게 만들것 같네.」

하고 말했던바 유군은,

「사실은 제가 열여섯살 되던 해에 아주 이상스러운 꿈을 꾼 일이 있읍니다. 비너스의 여신(女神)이 꿈 속에 나타나서 전생(前生)에서 저의 아내였었노라고 말하고, 머지 않아서 서로 만나게 되어 있으니까, 자기가 나타날 때까지 제발 다른 여인과 인연을 맺지 말고 기다려달라고 했던 것입니다.」

라고 말하는게 아닌가!

「자네는 대단히 유체(幽體)가 발달이 되어 있기 때문에 그 꿈이 맞을 가능성이 크다고 생각하네.」

하고 나는 이렇게 이야기를 했던 것이었다.

그로부터 한동안 유군은 나를 찾지 않았었는데, 그녀와 결혼하게 되기 바로 전에 찾아와서 사실은 1980년도의 미스·프랑스와 결혼하게 되었노라고 보고를 해온 데는 적지 않게 놀랐던 게 사실이었다.

사람에게는 누구에게나 뚜렷한 전생(前生)이 있다는 것,

남자와 여자가 서로 만나서 결혼을 해서 사랑의 보금자리를 만드는 것도 전생에서부터의 인연 없이는 불가능하다는, 심령학적인 진리(眞理)를 세상에 널리 퍼뜨린 하나의 사건(事件)이었다고 나는 생각하는 터이다.

「사실은 걱정입니다. 결혼한 뒤의 일들이─」

「그것은 그다지 걱정하지 않아도 좋을 거라고 생각하네. 왜냐하면 자네는 전생에서 적어도 150년 이상 프랑스의 귀족으로서 생활한 체험이 있기 때문에 지금의 현실에 적응하는 게 굉장히 빠를 것일세. 또한 유명해지기도 했으니까, 그곳에서의 직장도 곧 마련이 될 것일세. 문제는 인제부터 자네가 어느 만큼 성실하게 살아갈 수 있느냐에 달린 것일세. 또한 장래에는, 구라파 지역의 〈옴 진동수〉 보급운동의 책임자가 되면 돈 문제 때문에 걱정할 일은 거의 없을 것이라고 생각되네!」

나는 이 말을 선물삼아 그를 전송했던 것이었다.

스스로 화성인(火星人)의 재생(再生)이노라고 온 천하(天下)에 성명을 낸 〈유리마〉 곧 유재승군의 신혼가정이 행복하기를 바라는 마음 간절하다.


## 14. 연산군(燕山君)의 재생(再生)

나는 심령능력자(心靈能力者)로 변신(變身)을 한 뒤 올해로서 18년째가 된다. 그 동안, 수많은 사람들을 만났고 여러가지 이상스러운 체험을 수없이 겪은 것도 또한 사실이다.

그중에는 첫눈에 영사(靈査)가 불가능한 경우도 있었고, 또 상대방에게 빙의되어 있는 악령(惡靈)의 대군(大群)에게 뜻밖의 기습공격을 당하여 하마터면 목숨을 잃을 뻔한 일도 있었던 게 사실이다.

직업 쳐놓고는 위험하기 짝이 없는 직업이요, 이쪽의 능력이 커지면 커질수록 찾아오는 이들도 그에 못지않게 어려운 문제를 안고 오게 마련이어서 어느 경우에는 과거 십여년의 그 많은 경험이 아무런 소용이 없게 느껴지는 일도 많은 터이다.

내가 정말 초능력자(超能力者)인가, 진정 이 사람이 안고 있는 어려운 문제를 해결할 수 있겠는가 자신(自信)을 잃는 순간처럼 무서운 것은 없다.

오늘은 그러한 체험담을 하나 소개해 볼까 한다. 나도 결코 만능인간(萬能人間)이 아니라는 것, 신적(神的)인 존재가 되려면 아직도 까마득한 가시밭길을 끝없이 걸어야 한다는 좋은 본보기가 아닌가 한다.

꽤 오래전 일이었다.

어느날, 잘 생긴 젊은이가 나를 찾아온 일이 있었다.

귀가 전혀 들리지 않고 말을 하지 못하는 젊은이였다.

다행히 열살까지는 정상이었기 때문에 알아들을 수는 없으나마 어느 정도 말은 할 수가 있지만, 상대방의 이야기를 전혀 들을 수가 없기 때문에 벙어리나 다름없는 젊은이였다.

자연히 그와는 필담(筆談)을 통해 서로 의사표시를 하게 되었는데, 그에 대한 영사결과가 놀라웠다.

고대(古代) 로마 제국의 폭군(暴君)으로 이름 높은 네로 황제와 항우(項羽), 연산군의 복합령임이 밝혀졌기 때문이다.

네로는 우정 로마시를 불태운 사람이요, 항우는 항복한 적병을 30만명이나 생매장시킨 장본인이다.

연산군은 이들에 비하면, 또 악인의 크라스가 훨씬 아래인 셈이다.

100일 동안, 우선〈옴〉 진동수(振動水)를 마시게 한 뒤, 제령을 했더니, 그 순간부터 말하는 게 훨씬 좋아졌다.

전에는 말은 해도 너무 빠르고 발음이 정확지 못해서 전혀 알아들을 수가 없었는데 인제는 자세히 귀를 기울이면 어느 정도 알아 들을 수가 있게 된 것이었다.

그러나 귀는 조금도 좋아지지 않은 게 사실이었다.

「자네는 전생(前生)에서 많은 충신(忠臣)들의 간언을 듣지 않고, 포악한 짓만 골라가면서 하였기 때문에 귀가 안들리 게 된 것이야, 알겠나!」

하고 말해 주었지만, 섣불리 말문이 열렸기에 그는 단념을 하지 않고, 끈질기게 나를 찾아오곤 했었다.

그러나 나의 능력에도 한계가 있는 법, 아무리 최선을 다 해도 어느 정도 이상은 불가능한 것을 어찌하랴!

「세상에는 말할 때, 입술 움직이는 것을 보고 상대방이 무 슨 말을 하는지 이해할 수 있는 그런 기술을 가르쳐 주는 곳이 있다는 이야기를 들었네. 그곳을 찾아가 배우도록 하 게. 자네의 전생에서 지은 죄가 너무나 커서 이 이상은 나 로서도 어쩔 수 없네!」

하고 나는 타일러서 돌려보냈지만 마음은 괴로웠다.

「자네, 장님이 아닌 것, 사지가 멀쩡한 것, 머리가 좋은 것, 집안이 유복한 것만도 감사해야 하네!」

하고 타일렀지만 그가 과연 어느정도 나의 말을 알아 들었는 지는 의문이라고 생각한다.


## 15. 浮遊靈이 된 秦始皇 이야기

벌써 여러 해 전 일이었다고 기억된다. 나의 고등학교 시 절의 후배라는 변귀동(假名임)이라는 젊은이가 연구원을 찾 아 온 일이 있었다.

변귀동에게는 한살 위인 형이 있었는데 둘이 다같이 백납 에 걸려서 얼굴의 피부도 군데 군데 탈색이 되어 있었다.

백납이란 피부의 메라닌 색소 부족으로 생기는 병으로 흔 히 노인들에서 찾아볼 수 있는 병이고, 독한 유독(有毒)개스 가 나오는 공장에서 일하는 젊은이라든가, 페인트 일 하는 사람들에게서 어쩌다 찾아 볼 수 있는 매우 드문 병(病)이다.

의학적(醫學的)으로는 아직 그 원인(原因)이 규명이 되어 있지 않고 뇌하수체(腦下垂體)홀몬 분비이상(分泌異常)에서 오는 질병이 아닌가 하는 설(說)이 있을 뿐이다.

나의 경험에 의하면 이 질병은 집단령(集團靈)의 빙의현상(憑依現象)에서 오는 경우와 유독개스 중독(中毒)에서 오는 두가지로 나눌 수 있지 않나 한다.

다같이 일정분량의 〈옴 진동수〉를 장기복용을 시켜서 좋아진 예가 많고 빙의현상에서 비롯된 경우에는 불가피 제령(除靈)을 해야만 되는 것이다.

이때 변군과 주고 받는 이야기를 기억나는대로 적어볼까 한다.

「변군과 형은 다같이 순교(殉敎)한 김대건 신부(金大建 神父)님의 영혼이 둘로 갈라져서 재생(再生)한 경우 같네.」

「네?」

하고 변귀동이 놀란 것은 물론이었다.

「나는 김대건 신부가 어떻게 생긴 분인지는 모르지만, 아마 모르기는 해도 형제가 그분의 얼굴의 반쪽씩을 닮았을 것 같은 생각이 드네. 그리고 미스터, 변의 지금 나이는 김대건 신부가 순교하던 날, 다음 날의 나이와 같은 것이 아닌가 생각되네. 그때 김신부와 함께 순교한 많은 신자(信者)들의 영혼이 빙의되어서 생긴 질병 같네. 또한 자네들 형제는 이 병(病)으로 말미암아 많은 고민을 하게 되고 앞으로 영능력자(靈能力者)가 되는 게 아닌가 싶네.」

「사람이 재생(再生)한다는 이야기는 선생님의 책자에서도 읽었읍니다만 정말 놀랐읍니다.」

「그리고 또 한가지, 자네들 형제는 단순히 김신부가 재생했다기 보다는 복합령(複合靈) 같네. 따라서 남보다 유체(幽體)가 발달되어 있어서 영혼이 빙의되기가 쉬운 것일세.」

하고 그날은 그냥 돌려 보냈던 것이다.

이 변귀동이 정음사(正音社)에서 출간(出刊)한 김대건 신부의 전기(傳記)를 갖고 다시 나타난 것이었다.

그 책에 실린 김신부의 사진의 얼굴이 변군 형체와 똑같은데는 나도 놀라지 않을 수 없었다.

사실 나는 과문한 탓으로, 김 신부(金神父)의 전기(傳記)가 정음사에서 출판된 일이 있음을 전혀 모르고 있었던 터였다.

「놀라지 마십시오. 이 책에 쓰여진 김 신부의 약력을 보니까, 순교하신 날의 나이가 바로 제가 선생님을 찾던 전날의 저의 나이와 똑같은 것입니다.」

하고 변군은 두 눈을 빛내면서 말하는 것이었다.

이로써 나의 이른바 영사(靈査)가 적당히 그때그때 꾸며댄 이야기가 아님이 적어도 변군 형제의 경우에는 적중(的中)하게 된 셈이었다.

이 뒤 변군은 여러 해에 걸쳐서 〈옴 진동수〉 복용의 가족이 되었고, 백납도 어느 정도 좋아지면서 여러가지로 영능력을 발휘하게 되었던 것이었다.

「원장님 말씀이 언젠가, 저는 남보다 유체(幽體)가 발달이 되어 있어서 빙의가 되기 쉬우니 조심해야만 한다고 하신 적이 있었지요?」

「그런 말을 한 적이 있지.」

「그런데 놀라지 마십시오. 저에게는 지금 과거에 진시황(秦始皇)이었던 영혼이 들어와 있읍니다. 한번 만나 보시지 않겠읍니까?」

하더니 갑자기 그의 얼굴이 변모현상을 일으켜서 고무풍선에 바람을 넣은 것처럼 커지더니 무엇인지 알아들을 수 없는 이상한 말을 지껄여 대는데 분명히 중국어(中國語) 같기는 한데, 어딘지 오늘날의 중국어와는 발음(發音)이 다르다는 느낌을 주는 것이었다.

「지금 진시황이 한 이야기를 한국어로 통역하면 〈나는 틀림없는 진시황의 영혼이다. 나는 숨을 거두자 마자 곧 내 몸에서 빠져나가 다른 사람의 몸에 들어갔고, 이런 일을 지난 2000여 년 동안 줄곧 되풀이해 왔기 때문에 아직 저 승이라는 곳엘 한번도 가 본 일이 없다. 과거 역대의 위대 한 중국의 천자(天子)들은 거의 대부분이 내가 빙의가 되 었던 사람들이다.〉라는 것입니다.」

하고 변군은 나의 얼굴을 뚫어지게 바라보는 것이었다.

「그것은 우주(宇宙)의 진리(眞理)를 어긴 행동입니다. 당 신도 이제 그만큼 방랑생활을 해오는 가운데 실질적(實質 的)으로 2,000년 이상 연명(延命)한 셈이니 이제 저승으로 가서 과거를 청산(淸算)하고 진시황이었던 기억을 버리고 떳떳이 재생(再生)하도록 하십시오. 만일 그렇게 하지 않 는다면 언젠가는 저승에서 파견된 사자(使者)들의 손에 붙 잡히게 되어 지옥행(地獄行)을 면치 못하게 될 것입니다.」

하고 나는 준절히 타일렀던 것이었고, 진시황의 영혼도 나의 권유를 따르기로 해서, 며칠 뒤 정식으로 제령(除靈)을 해서 이탈을 하기로 굳게 약속을 했던 것이었다.

그런데 약속한 날에 변군은 나타나지 않았고 얼마 뒤에 나 를 찾아와서 다음과 같은 이야기를 들려주는 것이었다.

「그날 제가 집으로 돌아간 뒤였읍니다. 진시황은 정말 놀 랐다고 했읍니다. 자기를 설득할 때의 안 선생은 진정 예 사 인간이 아니었고, 염라대왕의 분신(分身) 같은 느낌이 들었다는 것이었읍니다.」

「내가 염라대왕의 분신이라고?」

내가 어이 없는 웃음을 웃은 것은 물론이었다.

「그래서 우선 급한 것을 면하기 위하여 안 선생과 약속을 했지만, 자기는 아직 이 사바세계를 떠날 생각이 없을 뿐 더러, 자기가 2,000여년 동안 여러 천자(天子)들의 몸에 빙 의하면서 얻은 경륜(經綸)을 망각해 버리기에는 아직도 자 기가 할 일이 남아 있기 때문에 떠난다고 말하고는 그냥 저의 몸에서 빠져나가고 말았읍니다. 다음 번에 안 선생을 만났다가는 꼼짝없이 저승으로 끌려갈 것이기 때문에 도망치는 수밖에 다른 도리가 없다는 것이었다.」

하고 변귀동군은 길게 한숨을 몰아 쉬는 것이었다.

이 이야기는 모두가 내가 실제로 경험한 것일 뿐더러, 매우 드문 경우가 아닌가 생각한다.

이 이야기에서 우리는 죽은 사람의 영혼이 살아 있는 건강한 사람의 몸에 빙의되면 저승사자도 감히 데려갈 수가 없다는 것, 각자의 몸은 그 영혼이 거처하는 신성(神聖)한 신전(神殿)과 같다는 〈요가 경전〉에 쓰여진 말씀이 사실 임을 알 수가 있다.

그러기 때문에 무신론자(無神論者)들의 많은 영혼이 죽어서 저승에 가지 않고, 사망(死亡) 직후에 살아 있는 사람들에게 빙의되는 일이 많다는 것, 그것이 크게 보면 인류 존망(存亡)과도 관계가 있는 큰 문제임을 알 수가 있는 것이다.

그 뒤 변귀동군이 나와 만나지 않은지도 여러 해가 지났다.

지금은 어느 누구의 몸에 빙의되어 있는지 모르지만, 〈진시황(秦始皇)〉의 영혼은 결코 평범(平凡)한 사람의 몸에 들어가 있지 않음은 분명하다고 생각이 된다.

권력(權力)은 아편(阿片)과 같다는 것, 일단 권력에 맛을 들이면 그 결과가 어떻다는 것을 보여준 보기 드문 하나의 좋은 예가 아닌가 생각한다.

진시황의 영혼은 지금 어디에 가 있는지, 나로서는 물론 알 수 없는 일이지만, 만일 인연이 있다면 언젠가 그와 다시 만나게 될지도 모르는 일이고, 나의 손에 의하여 저승으로 보내져서 보람찬 재출발(再出發)을 하게 되기를 바라는 마음 간절하다.

이 글을 읽는 독자들 가운데 어쩌면 진시황의 영혼이 빙의된 사람이 있을지도 모른다.

이 글은 뒤에 외국어(外國語)로 번역될 예정이지만, 진시황의 영혼을 구해주고자 하는데 그 목적이 있음은 물론이다.

## 16. 바다에 가라앉혀진 헤이께무사(平家 武士)들의 영혼 이야기

1980년 8월 초의 일이었다.

그때, 나는 대륙서방(大陸書房)에서 〈제령(除靈)〉과 〈심령 문답(心靈問答)〉의 책을 내기 위하여, 일본어(日本語)로 필자 자신이 번역한 원고(原稿)를 갖고 두번째로 방일(訪日) 중이었다.

나의 숙소(宿所)는 언제나 그러했듯이, 도오꾜오(東京)신 주꾸(新宿)에 있는〈썬·루우트·호텔〉이었다.

그날은, 아침 일찍 고바야시 즈이께이(小林瑞慧) 씨가 찾아 와서, 자신의 친구 가운데 왜 그런지 몹시 불운(不運)한 사람이 있어서, 무슨 일을 도모해도 실패(失敗)하기 때문에 본인은 의기소침(意氣鎖沈)해서, 지금은 거의 사는데 대한 의욕(意慾)마저 잃다시피 되었으니, 어떻게 해서든 영사(靈 査)를 해서 그 원인(原因)을 밝혀 주었으면 좋겠다는 이야기 였다.

그분은 하야미 소오마(早見相馬)라는 분으로 오전 열시쯤 찾아 오겠다는 것이었다.

고바야시 씨를 보내고 난 뒤, 나는 일층에 있는 식당에 가서 아침식사를 부탁했다. 식사를 기다리는 동안, 나는, 하야미 란 어떤 사람인가 하는 생각을 했다.

그 순간이었다.

정말 뜻밖에도 어디선지 다음과 같은 내용의 이야기가 들려오는 것 같은 느낌이 들었던 것이었다.

〈우리들 헤이께(平家)의 무사(武士)들은 아득한 그 옛날 단노우라(壇之浦)의 싸움에서 패배를 하여 바다에 가라앉혀졌오이다. 그로부터 몇백년, 차디 찬 물 바닥의 개흙 속

에 사는 헤이께 게의 껍질 속에 갇힌 바 되어 그 괴로움이
란 필설(筆舌)로 표현하기 어려운 바가 있읍니다. 부디 부
탁하오니 귀하의 신통력(神通力)에 의하여 저희들을 이 처
지에서 구하여 줍소서, 기원하는 바이로소이다. 우리들 가
운데에서 다이라노 고래모리(平敦盛)을 선택하여, 우리들
의 염력(念力)과 우리들 수호신(守護神)들의 협력을 얻어
서 이 땅 위에 재생(再生)시킨 바 있오이다. 그의 몸에 우
리들은 매어달려 빙의령이 되었사오니 부디 저희들을 불쌍
하게 여기시어 이 어둠 속에서 구조해 주소서, 부탁하는
바입니다. 우리들이 모두 무사히 무명(無明)의 어둠 속에
서 구조되는 날에는, 앞으로 2~3년 사이에 헤이께 게는
그 종자가 없어질 것인바, 이것으로서 증거를 삼고져 하나
이다.〉

이와 같은 내용의 말이 고대(古代) 일본어의 문어체(文語
體)로서 몇번이고 장중(莊重)하게 되풀이하여 들리는데, 나
는 오직 놀랄 따름이었다.

사실, 나는 일본의 현대문(現代文)에 대해서는 쓰고 읽는
데 어느 정도 자신이 있지만, 문어체(文語體)로 된 고어(古
語)에 대해서는 전혀 소양(素養)이 없는 게 사실이다. 또 읽
은 일도 없는 게 사실이다.

따라서 나의 잠재의식(潛在意識)에서 나온 말이라고는 생
각이 되지 않았다.

그날, 약속한 시간에 하야미 씨는 나를 찾아 왔다.

그때 그와 주고 받은 이야기를 지금 기억나는 대로 대략
적어 볼까 한다.

「당신은 헤이께(平家)의 패배자들의 후손이 살고 있다는
마을 출신이 아닙니까?」

「네, 그렇습니다

분명히 저는 그곳 출신입니다만 그것을 어떻게 아셨죠?」

「당신은 제가 영사(靈査)한 바에 의하면 오다 노브나가(織

田 信長)와 다이라노 고래모리(平敦盛) 그밖의 여러 영혼들의 복합령(複合靈)이 아닌가 생각됩니다. 특히 오다 노브나가는 생전에 수많은 죄없는 사람들을 함부로 죽였기 때문에 그 영장(靈障)에 의하여 불운(不運)한 일생(一生)을 보내게 되어 있는 것입니다.」

「저는 젊었을 때 , 어느 유명한 점술가(占術家)에게 운명 판단을 해 받은 적이 있읍니다만 중년(中年) 이후에는 오다 노브나가와 매우 비슷한 운명이고, 이것은 전생(前生)으로 부터의 무거운 영장(靈障) 때문에 어쩔 수 없는 일이라는 이야기를 들은 일이 있는 터입니다.」

하야미 씨는 굉장한 미남자(美男子)여서, 지난 날의 오다 노브나가가 이런 인물이 아니었던가 여겨지는 사람이었다.

이날 아침, 나는 그의 몸에 빙의되어 있는, 수몰(水沒)된 헤이께 무사들의 빙의령들을 정식으로 제령(除靈)을 시켜서 유계행(幽界行)을 시켰던 것이지만, 하야미 씨 는 결국 나의 연구원의 준회원도 되지 않았을 뿐더러 또한 나의 노력에 대하여 아무런 보답도 없이 그대로 돌아가고 말았던 것이었다.

과연 나의 시술(施術)에 의하여 그의 몸에 빙의되어 있던 망령들은 무사히 성불(成佛)을 했다고 생각이 되지만, 그중에서 오다 노브나가에게 죄없이 무참하게 죽임을 당한 빙의령들의 제령(除靈)은 불가능했던 것이었다.

왜냐하면, 하야미 씨가 나의 영사 결과를 전혀 믿으려고 하지 않았고 또한 나의 노력에 대하여 전혀 감사하는 마음을 갖지 않았기 때문이다.

그것은 어느 의미에서 오다 노브나가의 죄가 너무나 무거워서, 아직은 그 영장(靈障)에서 완전히 해방(解放)될 시기가 오지 않았기 때문이라고도 생각이 되는 것이다.

빙의당한 사람이 진심으로부터 협력해주지 않는한, 진정한 뜻에서의 완전한 제령은 대단히 어렵다는 하나의 좋은 보기가 아닌가 생각한다.

## 17. 볼리비아에서 온 사나이

### 1

현실은 소설보다 신기하다는 속담을 절실하게 실감한 일이 있다. 오늘은 그 이야기를 해 볼까 한다.

지금부터 몇 달 전 일이었다.

잠을 청하려고 막 자리 속에 들어갔는데 시내 N호텔에서 낯선 외국 손님으로부터 전화가 걸려왔다.

전화를 받은 아내의 이야기가 일본의 오끼나와에서 온 손님이라고 했다. 들어 보니 내가 경영하고 있는 성광자기체질 개선연구원의 회원은 아니지만, 직접 나와 만나기 위해서 일부러 먼 오끼나와에서 왔다는 것이었다. 회원은 이야기를 직접 나눈 뒤에 가입할 예정이라고 했다.

국내 손님 같으면 다음날로 미룰 것이지만 우선 먼 낯선 땅에서 찾아온 사람이고 보니 나는 직접 통화를 하지 않을 수 없었다.

「정말 안 선생님이십니까? 밤 늦게 전화를 걸어서 매우 죄송합니다. 미리 연락도 하지 않고 불쑥 찾아와서 정말 죄송합니다. 하지만 이렇게 간단하게 안 선생님과 통화가 될 줄은 몰랐읍니다.」

수화기를 통하여 들려 오는 목소리는 사뭇 감격에 떨고 있는 듯한 음성이었다.

나는 속으로 웃지 않을 수 없었다.

「일요일과 공휴일을 빼 놓고 오후 한 시에서부터 세 시 사이에는 언제든지 여기 있읍니다. 누구하고도 면회를 합니다.」

「네, 그렇습니까? 그런 것도 모르고 좀처럼 만날 수 없는 분인 줄로만 알았죠. 그래서 삼 주일 동안 버티어 볼 생각으로 찾아온 것이랍니다.」

전화를 걸어온 주인공은 여간해서 믿기가 어렵다는 말투였다.

「나는 보통 사람입니다. 다만 여러분보다는 조금 더 앞이 보일 뿐인 거죠. 구름 위에 사는 신선이 아닙니다. 내일 묵고 있는 N호텔에 오전 열 한 시에 찾아갈 테니 아무데도 가지 말고 기다려 줄 수 있겠죠. 네?」

이렇게 해서 다음날 약속이 정해졌고 나는 겨우 잠자리에 들 수가 있었다.

이 손님과 만나서 어떤 이야기를 주고 받았는지, 이야기를 재미있게 하기 위해 그의 고백 수기라는 형태로 기록을 해 볼까 한다.

2

제 이름은 오끼 다쓰야(沖達也). 일본인으로서 지금부터 약 이십사년 전, 열 여덟 살 되던 해에 부모를 따라서 남아메리카에 있는 볼리비아에 이민을 간 사람입니다.

낯선 타국으로 이민을 가서 성공을 하고 정착을 한다는 것은 정말 힘든 일입니다.

자라난 땅이 다른 식물을 느닷없이 뽑아서 다른 땅에 심는다면 아마도 그 식물은 잘 자라기가 어려울 것입니다.

사람은 식물과는 달라서 그 생명력이 훨씬 억세기는 합니다만, 역시 이민은 나이가 젊었을 때 해야 될 것으로 생각합니다.

5십대에 가까운 사람이 이민을 해서 성공한 예는 별로 없는 것 같으니까요.

낯선 타국의 환경에 적응하기에는 너무 나이가 많기 때문이죠.

그 점, 저는 행운아였던 셈입니다.

부모 형제와 함께 고국을 떠난 것이니까, 홀몸으로 이민해 온 사람들과는 달리 처음부터 외로움에서 해방은 되어 있었으니까요. 하지만 도중에 아버지가 돌아가셔서 느닷없이 큰아들인 저에게 식구들에 대한 모든 책임이 걸려와서 정말 혼이 났었지요.

하지만 이십 사 년 동안, 열심히 일한 덕분에 조그마하지만 자기 소유의 빌딩도 생기고, 화물선도 한 척 가진 느긋한 신분이 돼 있었지요.

저는 혼자 생각하곤 했었죠!

어려서 고국을 떠나길 잘했다고요! 여러분도 잘 아시다시피 일본의 오끼나와란 곳은 워낙 고장이 좁아서 성공하거나 출세할 여지가 없는 곳이니까요!

저는 표면상으로는 가톨릭 신자로 등록이 되어 있기는 합니다만, 솔직하게 말해서 진실한 신앙심은 없었던 것으로 생각됩니다. 다만 휴일에 가족들과 함께 성당에 가서 기도를 드리는 분위기만 즐기고 있었던 것뿐이었죠.

물론, 저는 제 자신 앞에 현재 놓여져 있는 환경에 대해서는 그지없이 만족한 상태였읍니다. 그러한 저에게 어느날 아주 야릇한 두통과 함께 이상한 일이 일어나기 시작했읍니다.

이른바 환청이라고 할까요. 전혀 한 번도 들어 본 일이 없는 굵은 사나이의 목소리가 머리 속에서 들려 오기 시작했던 것입니다.

「그동안 자네는 잘 버티어 왔지만, 인제 때가 왔으니 모든 것을 정리하고 고국인 일본에 돌아가야 하네. 머지 않아서 무서운 전염병이 돌기 시작하고 그 때문에 일본은 멸종 직전까지 가게 될 거란 말이네. 그러나 자네와, 자네의 짝패들 즉, 일곱명의 무사들의 힘에 의하여 구조되게 되어 있는 거라네. 빨리 돌아갈 준비를 하는 게 좋을 게야!」

저는 소스라치게 놀라지 않을 수 없었읍니다. 틀림없이 누군가가 제가 보이지 않는 곳에 숨어서 복화술 같은 것을 써 가지고 저에게 소곤거린 것인 줄로만 알았던 것이었으니까요. 그래서 조심조심, 사방을 둘러보았던 것입니다만 한 여름철의 뜨거운 햇살이 쪼이는 길거리에는 그때 아무도 없었읍니다.

적어도 백 미터 사방에는 사람의 그림자라고는 하나도 보이지 않았던 것입니다.

저는 저도 모르게 가슴이 덜컹 하지 않을 수 없었읍니다.

바로 악마의 속삭임이란 이런 것이 아닐까 하는 생각이 들었기 때문이었읍니다. 오직 한 번 들은 목소리였지만 그것은 결코 잊을 수 없는 강한 특징을 가진 굵은 사나이의 목소리였읍니다.

저는 진심으로 두렵다는 기분을 태어난 뒤 처음으로 이때 체험했던 것입니다.

그런데 이로부터 일주일 동안, 그 굵은 목소리는 다시는 들리지 않았읍니다. 저는 그래서, 그때 너무나도 피곤했던 탓에 한때 환청을 들은 것이려니 생각하기 시작했읍니다.

낮에 쉬는 시간, 아무도 없는 사장실에서 제 책상 위에 두 다리를 올려 기분 좋게 콧노래를 흥얼거리고 있었을 때였읍니다. 또다시 전번에 들었던 것과 똑같은 목소리가 이번에는 의심할 여지 없이 제 머리 속에서 들려오기 시작했던 것입니다.

그것은 전번의 것과 같은 내용이었지만, 좀더 강력했고 거의 명령과 다름없는 것이었읍니다. 저는 마음 속에서 강한 저항을 느끼었읍니다.

그 순간, 머리가 금시 빠개지는 것같이 아파오기 시작했읍니다.

「잘 들어야 한다! 너는 수없이 많이 되풀이해 온 전생에서 헤아리기 어려울 만큼 많은 사람들을 죽였고, 많은 여인들을 욕보인 과거를 가진 수많은 영혼들이 모여서 이루어진 인간인 게다! 그러니까 이 우주의 법칙에 의하여 그 과거의 죄에 대한 속죄를 하지 않으면 안되는 거다. 알겠느냐?」하는 음성과 함께, 그 사나이는 무시무시하게 커다란 목소리로 웃기 시작했읍니다. 그리고는 한참만에 산울림처럼 메아리치면서 그 목소리는 자취도 없이 사라져 버렸던 것이었죠. 그 순간 머리가 빠개질 것같던 두통도 씻은 듯이 사라져 버렸던 것입니다.

〈아무래도, 한 번 정신과 의사 신세를 져야겠는 걸!〉하고 저는 생각했어요. 하지만, 그 뒤 너무나 바쁜 일상 생활 때문에 저는 좀처럼 정신과 의사를 찾을 기회가 없었읍니다.

이로부터 또 다시 일주일 가량, 아무런 일도 없이 지난 어느 날 밤의 일이었읍니다. 저는 한밤중에 아무 까닭없이 갑자기 잠이 깨었던 것이었읍니다. 평소에 저는 잠을 잘 자는 편이어서 한 번 잠자리에 들면 아침이 되기까지 깨는 일은 여간해서 없었던 터였읍니다.

그런데 그때는, 누군가에 의하여 두들겨 깨워진 것처럼 갑자기 잠에서 깨어났던 것이었읍니다.

누군가, 보이지 않는 사람의 그림자가 어두운 방 안에 숨어 있는 것 같은 느낌이었읍니다. 그래서 머리맡에 놓여 있는 스탠드의 스위치를 눌렀던 것입니다만, 어찌된 영문인지 불이 켜지지 않는 것이었읍니다. 그 순간, 저는 왈칵 무서운 생각이 들었었죠. 바로 그때였읍니다.

「쓸데없는 생각은 하지 않는 게 좋을 게다. 어차피 나는 자네 눈에는 보이지 않는 존재니까 말이야!」
하는 귀에 익은 그 사나이의 목소리가 또다시 머리 속에서 들려왔던 것입니다. 저는 온 몸이 부르르 떨림을 느끼지 않을 수 없었읍니다.

「자아 이번에는 내가 허락할 테니 다시 한 번 단추를 눌러 보라구! 이번에는 틀림없이 전등이 켜질 테니까!」

그래서 스위치를 반사적으로 눌렀더니 전등이 확 켜졌던 것이죠. 살펴 보아도 방 안엔 아무도 없었읍니다.

저는 퍽 오래 전부터 아내하고는 각 방을 쓰고 있었기 때문에 저 혼자였던 것이죠.

「나는 자네가 생각하듯이 단순한 환청은 아니라네! 실재하는 뚜렷한 존재란 말일세! 자아 보라구! 나의 보이지 않는 손가락으로 스탠드를 꺼 보일 테니까!」

다음 순간, 방안은 캄캄한 어둠에 휩싸이고 말았읍니다.

「당신이 환청이 아니라면, 도대체 누구십니까?」

저는 저도 모르게, 목소리를 내어 이렇게 물었던 것이었읍니다.

「좋다, 좋아. 이제 비로소 내 존재를 인정하기 시작했군 그래! 사실은 말이네, 나는 신령님의 사자로서 자네가 이 세상에 태어난 뒤, 잠시도 한 눈을 팔지 않고 줄곧 자네를 지켜 온 존재야 알겠나?」

「그러시다면 저를 지켜 주시는 보호령이란 말씀입니까?」

「잘 알고 있구만 그래! 간단하게 말하자면 그런 셈이지! 그런데 이번에는 나보다 훨씬 상층부에 계시는 윗분에게서 자네와 직접 접선을 하라는 지시가 내려온 것일세!」

몇 번인가 듣고 있는 동안, 저는 그 눈에 보이지 않는 존재의 목소리 속에는 저에 대한 굉장히 뜨거운 애정이 담겨 있음을 알게 되었읍니다.

그 순간, 두렵다는 느낌이 씻은 듯이 사라졌던 것이죠. 무슨 말이고 들어 보겠다는 느낌이 들었던 것입니다.

그런 저의 마음을 금시 눈치챈 듯,

「좋다, 좋아! 이제 겨우 자네는 마음의 문을 열기 시작했구먼! 무엇이든지 궁금한 게 있으면 물어 보게나!」

「그렇다면 여쭈어 보겠읍니다만, 당신께서 실재하시는 존재라는 것을 제가 확인해서 저의 가족들에게도 알려 줄 수 있는 방법은 없을까요?」

「그야 있구 말구! 내가 읽어 줄 테니까 메모를 하라구. 그리고 그 메모한 곳이 실제로 이 세상에 존재한다는 것을 확인한다면 자네는 내 말을 믿게 될 것일세! 어차피 자네는 내가 이제부터 알려 주는 일본의 출판사의 이름이라든가, 한국의 뛰어난 초능력자의 이름 같은 것은 한 번도 본 적도 없고 들은 일도 없을 테니까, 잠재의식에서 튀어나온 지식이라고는 할 수 없을 게야!」

그리하여 그때 비로소 대륙서방의 이름과 안동민 선생이 집필하신 심령 관계 책들이 있다는 사실을 알게 되었던 것입니다.

그래서 다음날, 곧 대륙서방에 장거리 전화를 걸어 보았더니 분명히 그곳 직원이 나온 데는 놀라지 않을 수 없었읍니다. 또한 안 선생님이 쓰신 심령 과학에 관한 여섯 권이나 되는 일본어 책들이 출판된 지 3년 가까이 된다는 사실을 알게 된 것도 정말 놀랄 만한 일이 아닐 수 없었읍니다.

그래서 저는 단순한 환청이라고만 생각했던 낯선 사나이의 존재를 비로소 믿을 수가 있게 되었던 것이랍니다.

책을 주문해서, 실제로 안 선생이 쓰신 저서를 읽고 저는 갑자기 눈앞을 가로막고 있던 어둠이 사라져 버림을 분명하게 느낄 수가 있었읍니다.

「우선은, 이곳 일들을 정리하고 고국에 그것도 오끼나와에
　돌아가야만 하네. 알겠나!」
하는 목소리가 제가 볼리비아에서 들은 마지막 접촉이었읍니다.

저는 여러 날 망설인 끝에, 지금까지 있었던 일들을 모두 숨김없이 아내에게 이야기하고 함께 고국으로 돌아가 줄 것을 간청했읍니다.

그런데 말씀입니다! 아내의 이때 받은 충격은 정말 대단했던 것입니다.

「당신 미쳤수? 머리가 돈 게 아니우? 우리들은 이제 당당
　한 볼리비아의 시민이에요! 우리들 소유의 어엿한 빌딩도
　있고, 배도 갖고 있어요. 무엇 하나 부족한 게 없는 부유한
　몸이란 말씀이에요! 당신과 저, 둘이서 이십 년 가까이 한
　눈 팔지 않고 열심히 일해 온 덕분에 이만한 재산을 만든
　거예요! 당신이 그렇게 아무 것도 없는 오끼나와에 돌아가
　고 싶다면, 혼자서 가시구려! 저와는 이혼하는 거죠. 물론
　애들도 재산도 모두 제 것이에요! 당신 몸 하나만 돌아가

시구려!」

그야말로 말도 붙여 볼 수 없는 쌀쌀한 반응이었죠.

저도 크게 낙심하지 않을 수 없었죠.

결국, 여지껏 제일 가까운 줄로만 알았던 아내도 알고 보니 제일 먼 낯선 타인에 지나지 않았던 것이니까요.

그런데 아내에게 저의 비밀을 털어놓았던 그날 저녁때의 일이었읍니다.

저녁 식사를 드는 자리에서, 올해 대학에 진학한 큰아들이 몹시 걱정스러운 표정으로 말문을 열었읍니다.

「어머니한테 들었지만요, 아버지께선 요즘 굉장한 고민이 있으신 모양이죠! 한 번 정신과 의사 선생님을 찾아가셔서 상담해 보시는 게 어떨까요? 너무 과로한 데서 비롯된 단순한 환청일 거예요! 아마!」

저는 말없이 자리에서 일어나 서재에 가서 안 동민 선생이 쓰신 몇권의 책들을 들고 나왔읍니다.

「그 목소리가 가르쳐 주어서, 나는 한 번도 여지껏 그 이름을 들어 본 적도 없는 고국의 출판사에 주문을 해서 이 책을 입수한 거란다! 이것이 무엇보다도 그 목소리가 환청이 아닌 증거가 아니겠어?」

하고 저는 말했던 것입니다.

아들 녀석은 안 선생이 쓰신 책들을 힐끗 곁눈질해서 보았을 뿐, 집어 들려고도 하지 않고 그냥 두 손으로 머리를 끌어안고 말았던 것이었어요.

「생각했던 것보다 사태는 심각하군요! 큰일이로구나!」

그리고는 다시는 아무 말도 하려고 하지 않았던 것이었읍니다.

아내는 무슨 일이 있어도 일본으로 돌아가지 않겠노라고 이혼해 달라는 것이었고 애들도 저희 어머니와 같은 생각이어서 저는 정말 실망하지 않을 수 없었읍니다.

이로부터 두 주일이 지난 뒤였읍니다.

남태평양 바다 위에서 뜻하지 않은 폭풍우를 만나 제 소유였던 화물선은 어이없이 침몰하고 말았읍니다. 바다 위를 고무 보우트에만 의지해서 표류하던 몇 명의 살아 남은 선원들의 보고로 이 사실을 알게 된 그날 저녁, 이번에는 제 소유의 빌딩이 원인 불명의 화재로 인해서 깨끗하게 타 버리고 말았읍니다.

저는 이날부터 무일푼이나 다름없는 신세가 되고 만 것이었읍니다.

「무엇이고, 목숨을 건지고 나서 볼 일이야! 이 이상 거역하다가는 이번에는 가족들의 목숨을 차례차례 빼앗길지 모르니까 돌아가는 게 좋을 것 같구만!」

하고 말했더니, 바로 며칠 전까지만 해도 그렇게도 강경했던 아내가 정말 너무도 어이없을 만큼 그 고집을 꺾었읍니다.

「역시 신령님은 계신가 봐요! 우리들에게 새로운 사명을 주셨는데 그것을 거부했기 때문에 우리들은 또다시 한 푼 없는 가난뱅이가 된 거예요. 이렇게 되면 고향에 돌아가는 수밖에 다른 방법이 없지 않수. 어쨌든 이곳은 본시 우리들에게는 낯선 타향이고 돈 없이는 아무렇게도 움직일 수 없는 곳이니까…… 하기야 신령님이 개입해서 일어난 사건만 아니라면, 다시 원점으로 돌아가서 재출발할 수도 있겠지만 우리들이 아무리 단결을 해 보았자 하나님에게는 이길 수 없지 않아요. 단념할 수밖에 없지 않수!」

하고 아내는 엉엉 소리를 내어서 울었읍니다. 이렇게 해서 우리들은 이십 사년만에 오끼나와로 돌아가게 되었던 것입니다.

그런데 말씀입니다. 공항에 내렸더니! 전혀 제가 알지 못하는 사람들이 세 명이나 마중을 나와 있지를 않겠읍니까.

3

「오끼 다쓰야씨, 정말 잘 돌아오셨읍니다. 우리들은 오래 전부터 당신이 돌아오시는 날을 기다리고 있었읍니다.」

세 사람 가운데 지도자 격인 이마이 도꼬로(今井所)라는 장년의 남자가 이렇게 말하자 나는 정말 어안이 벙벙할 수밖에 없었읍니다. 제 아내는 입을 딱 벌린 채 그야말로 기가 막히다는 표정이었읍니다.

「저희들은 이른바 초능력자, 하나님으로부터 선택받은 새로운 세상을 여는 종자 백성인 것입니다. 그리고 오끼님은 저희들의 총사령관이신 것입니다 아직까지는 제가 무슨 말을 하고 있는지 전혀 이해를 못하시겠지만, 이제 곧 아시게 될 것입니다. 저희들이 말씀드리는 참뜻을 말입니다!」

「알겠소!」

하고 저는 그저 고개를 끄덕이었을 뿐이었읍니다.

「이제부터 사실 집도 저희들이 모두 마련해 놓았으니까 하나도 걱정하실 필요는 없읍니다! 또 훌륭한 직장도 준비가 되어 있으니까 돈 걱정하실 필요도 없읍니다요!」

이 말을 듣고는 정말 한숨 놓았읍니다.

이것은 제 처도 같은 심정이었을 것입니다.

아이들도 아무런 불만을 말하지 않고 새로운 환경에 적응하려고 애써 준 것이 여간 고맙지 않았읍니다.

이렇게 오끼나와에 돌아온 지 며칠이 지난 뒤의 일이었읍니다. 이들 가운데 한 사람이 저를 찾아 와서,

「인제 한국에 가서 안 동민 선생을 만나고 오셔야죠?」

「하지만 지금은 어떻게 밥은 겨우 먹고 있지만 한국까지 가려면 여비가 굉장하지 않습니까? 지금 나에게는 그만한 돈이 없으니까 당분간 이것만은 보류하는 게 좋을 것 같군요!」

「그런 걱정은 하실 필요 없읍니다. 우리들 쪽에서 수배를 이미 해놓았으니까, 이제부터 일 주일 안에 누군가가 백삼십만 엔 정도 갖고 찾아올 것입니다.」

한 마디를 남겨 놓고 돌아가고 말았던 것입니다. 저는 정

직하게 말해서 여우에라도 홀린 것 같은 느낌이었읍니다.

지금까지 여러 가지 이상한 체험을 하기는 했지만, 이것만은 아무리 생각해도 좀 지나치다는 느낌이 들었기 때문이었읍니다.

그런데 말씀입니다. 이때 동지 가운데 한 사람이 이야기한 일이 현실에서 실제로 일어나고 말았읍니다.

이로부터 꼭 일 주일이 지난 어느 날 저녁, 저와는 평소에 일면식도 없는 한 낯선 노인이 저를 찾아왔던 것입니다. 알고 보니 그는 같은 동네에 살고 있는  고리대금업을 하고 있는 노인으로서 거금 일백 삼십만 엔을 갖고 저를 찾아 왔읍니다.

「이 돈을 여비로 삼아 한국에 가서 안동민 선생과 만나고 오십시오. 나도 처음에는 믿지를 않았지만, 어쨌든 똑같은 내용의 악몽을 연달아 한 달 이상 꾸고 나니 도저히 견딜 수 없었읍니다! 흔히 하는 말이지만, 아무리 돈이 좋다 하지만, 설마 목숨하고야 바꿀 수 없는 게 아니겠어요. 일백 삼십만 엔은 큰 돈이긴 하지만, 이 돈을 냄으로써 내가 과거에 지은 죄가 모조리 용서되고 연명될 뿐만 아니라 죽은 뒤에는 천국이나 극락 같은 곳에 갈 수가 있다면 싸게 먹힌 셈이지요!」

하고 그 노인은 지난 한 달 동안 똑같은 내용의 악몽에 시달린 이야기를 들려 주었던 것입니다.

꿈 속에 낯선 선인이 나타나서 머지 않아서 볼리비아로부터 오끼 다쓰야라는 인물이 돌아오게 되는데 그는 이웃 나라인 한국에 가서 안동민이라는 이름을 가진 초능력자로부터 인류를 구할 수 있는 비전을 받아 오지 않으면 안 된다는 것, 그 오끼의 여비로서 일백 삼십만 엔을 기부할 것, 그럼으로써 노인은 과거의 일체의 죄가 용서될 뿐만 아니라 연명이 될 것이며 또한 죽은 뒤에는 천국이나 극락 같은 곳에 재생할 수 있다는 이야기를 들었다는 것이었읍니다.

하지만, 이 노인은 돈을 모으는 것 말고는 인생에 대해서 아무런 취미가 없는 사나이였으므로 처음에는 단호히 거절을 했다는 것이었읍니다. 그러자, 그날 밤부터 거의 같은 내용의 악몽을 한 달 동안 계속 꾸게 된 뒤에, 그 꿈 속에서 선인의 안내로 지옥 구경까지 하게 되었다는 것입니다.

만일, 선인의 명령대로 하지 않는다면, 이 노인은 영락없이 지옥행임을 간접적으로 체험한 뒤에야, 그토록 완고하던 노인도 마침내 항복을 하고 말았다는 이야기였읍니다.

「그러니까 말씀이야, 이 돈은 내 목숨과의 교환으로 하나님으로부터 받은 것이라고 생각하고 여비에 써 주십시오. 나중에라도 나에게 돌려줄 필요는 없는 것이니까 안심하고 받아 주세요! 하나님께서 명령하신 용도에만 써 주면 되는 것이디까요! 이 돈을 아무 말 말고 받아 주는 게 나를 도와주는 것이라니까요!」

하고 어리둥절해 있는 나에게 억지로 돈다발을 쥐어 주고 그는 뒤도 안 돌아보고 돌아가 버렸지요.

저는 정말 여우에라도 홀린 것 같은 느낌이었읍니다. 설마 이런 사차원의 세계가 실제로 존재한다는 것을, 그때까지의 저는 상상도 해보지 못했던 일이었으니까요.

「그런데 말씀입니다. 안 선생 댁에 전화를 걸려고 했더니 어찌된 영문인지 수화기를 집어 들 수가 없는 것이었읍니다.」

하고 그는 말하는 게 아닌가!

조사해 보니까, 그 무렵, 필자는 오끼나와에 있었던 게 분명했다.

「그렇습니까? 그 무렵, 오끼나와에 계셨다구요? 정말 아까운 짓을 했군요. 댁에다가 전화를 했더라면 일부러 먼 한국에까지 찾아오지 않아도 되었을 텐데!」

하고 그는 사뭇 써 버린 여비가 아깝다는 표정으로 다음 말을 계속하였다.

「저에게 여러가지 불가사의한 미래에 대해서 이야기해 준 여자 예언가의 말에 의하면 한국에 가도 그렇게 간단하게 안 선생을 만날 수는 없으리라는 것이었어요. 아마도 삼 주일 정도 걸릴지도 모르니까, 여관도 되도록 싸구려 여관에 묵으라는 이야기였어요. 아무래도 면회가 안되거든 무작정 안 선생의 댁에 쳐들어가서 건넌방 차지를 하라는 것이었어요. 그래서 보시다시피, 호텔도 제일 싼 곳에 투숙한 것입니다. 설마, 전화 한 번에 이렇게 간단하게 만나 뵙게 될 줄이야 상상이나 했겠읍니까?」

하고 그는 계면쩍은 듯, 뒤통수를 긁는 것이었다. 여자 예언자가 한 이야기 가운데 이것 하나만이 맞지 않았다는 것이었다.

「나는 그렇게 만나기 어려운 위대한 인간은 아닙니다. 나는 위대하기는커녕, 어느 의미에서는 과거세에서 수없이 많은 죄를 지은 많은 사람들의 영혼이 한데 모여서 복합령의 형태로 거듭 태어났으며 과거세에 지은 죄를 속죄하기 위하여 열심히 일하고 있는 셈입니다. 신흥종교의 교조로 착각해서는 곤란합니다!」

「네, 그렇습니까? 그렇게 생각하시는 게 안 선생님의 정말 훌륭하신 점이군요!」

하고 그는 감탄해 마지않는 것이었다.

나는 그가 아직 읽어 보지 못했다는 일본의 대륙서방에서 간행된 네 권의 일서와 기념하는 뜻에서 한국어로 된 저서 두권, 그리고 영문판인 심령문답 한 권을 선물로 주었더니 또다시 감탄을 아끼지 않는 것이었다.

「이것도 여자 예언자가 분명히 미리 이야기해 준 사실입니다. 일곱 권의 책을 선물로 받을 것이라구요!」

나는 이날, 임시 휴업을 하고, 한국의 유명한 민속촌에 그를 안내해 주었다.

서울시에서 상당히 떨어진 곳에 있는 민속촌은 이씨왕조시대의 가옥과 풍속을 그대로 재현시키고 있는 곳이다.

이곳 직원들은 옛날 그대로의 한국옷들을 입고 한국식 상투를 틀고 있는 터이다.

또한 이곳에는 여자 모델들이 여럿이 있어서 외국인 관광객들이 원하기만 한다면 옛날 한국식 결혼 의상을 입고 기념 촬영도 할 수 있는데 오끼 씨는 많은 모델들 가운데 한 여자를 지적했다. 자기가 과거세에 한국인이었을 때의 마누라와 똑같이 생겼다는 이야기를 하자, 둘이서 기념 촬영을 했고, 그 사진 한 장은 후일의 증거품으로 내가 갖고 있는 터이다.

민속촌을 한 바퀴 돌면서 여러 가지 이야기가 나온 끝에,

「저는 거의 정기적으로 쌍두의 백사에게 왼쪽 발목을 물리는 꿈을 꾸곤 하는데, 이 꿈은 무슨 뜻일까요?」

하고 그가 물었다.

쌍두의 백사에게 왼쪽 발목을 물리곤 했다는 꿈 이야기에 나는 깜짝 놀라지 않을 수 없었다.

왜냐하면, 이것은 테무진이 몽고를 통일하여 징기스칸이 된 뒤, 축하하는 사냥을 크게 베푼 자리에서 실제로 일어난 사건이었기 때문이다.

그때, 쌍두의 백사가 징기스칸이 탔던 말의 뒷다리를 물었고 그 덕분에 징기스칸은 여러 사람들이 보는 앞에서 낙마를 했다. 그 또한 왼쪽 발목을 쌍두의 백사에게 물려서 중태에 빠졌었다.

그때 그 고장에 망명해서 징기스칸의 군사 참모를 맡아 보고 있었던 사람이, 일본에서는 당시 전사한 것으로 되어 있었던 미나모도 요시쓰네(源義經)였었는데 그는 키가 작았던 것을 빼 놓고는 징기스칸과 쌍둥이같이 똑같은 얼굴의 소유자였던 것이었다.

징기스칸은 마지막 숨을 몰아쉬기 전에 요시쓰네를 가까이 불러서 지금 자기가 변사한 게 소문이 나면 모처럼 통일한 몽고도 또다시 먼저대로 분열될 것이니 제발 자기 대신 징기

스칸이 되어서 세계를 통일해 줄 것을 간곡히 부탁했다.

이국에 망명해서 징기스칸의 도움이 없었더라면 아마도 요시쓰네는 살아 남기가 어려웠으리라!

그런 큰 은혜를 베풀어 준 은인이 죽기 전에 한 부탁을 거절할 수가 없어서 요시쓰네는 그대로 징기스칸으로 변신하지 않을 수 없었다. 물론 징기스칸의 시신은 남몰래 화장에 처해졌고, 그때부터 요시쓰네는 굽이 높은 구두를 신고 주위에 비서진을 쳐서 좀처럼 만나보기 어려운 절대군주가 되었던 것이 아닌가 한다.

「그렇다면 당신은 전생에서는 요시쓰네를 테무진의 막사에 데리고 간 사람이기도 하고, 또 진짜 징기스칸이기도 했다는 이야기군요. 또한 당신에게는 요시쓰네와 함께 일곱 나라를 정복한 용감한 무장의 혼도 복합령의 형태로 들어 있는 것 같군요.」

「그것은 틀림없다고 생각합니다. 여자 예언자의 말에 의하면, 저는 이제부터 세계에서 손꼽히는 초능력자가 되어서 일곱 나라에 명성을 떨치게 된다고 하더군요!」

「알겠소!」

「그렇다면 안 선생의 영혼을 구성하는 복합령 가운데도 요시쓰네가 분령의 형태로 들어 있는 셈이군요!」

「그렇습니다!」

「그러고 보니 또한 한국에 오기 전에 아주 이상한 일이 있었읍니다.」

하고 그는 또다시 다음과 같은 이야기를 들려 주었다.

저는 겨우 결심을 하고 한국으로 안 선생님을 찾아오기로 했읍니다만, 아무래도 오끼나와에서 미리 전화를 걸지 못했던 것은 거절당할 것 같은 불길한 예감이 들었기 때문이었어요. 그래서 이것은 느닷없이 찾아가는 수밖에 다른 방법이 없다고 생각을 했던 것이었읍니다.

칼(KAL)편을 이용했던 것입니다만, 어떻게 된 셈인지 후꾸오까에서 한 시간 뒤에 떠날 예정이었던 비행기에 문제가 생겨 다음날 출발을 하게 되어 하는 수 없이 저는 시내에서 하룻밤을 묵게 되었던 것이었어요. 그래서 택시를 집어 타고 적당한 여관에 안내해 달라고 부탁을 했더니 운전수는 뒤도 돌아다보지 않은 채,

「당신 오랫동안 외국에서 살다가 본국에 돌아온 사람으로
　서 한국에 사는 유명한 초능력자를 만나러 가는 게 아니오?」
하지를 않겠읍니까?

이때, 저는 정말 소스라치게 놀라지 않을 수 없었읍니다. 가슴이 철렁한 겁니다.

「그걸 어떻게 아셨소?」
하고 물었더니,

「나는 가끔 가다 손님들을 보는 순간 이상한 예감을 느끼
　곤 한답니다. 그래서 그것을 확인해 보는 게 어느덧 습관
　이 된 셈이죠, 그런데 그게 맞는단 말씀이오!」

「그렇다면 손님은 꼭 요시쓰네 신사에 참배를 하셔야겠는
　데.」

「요시쓰네란 누구죠?」

「당신, 일본인이면서 요시쓰네도 모른다니 정말 한심하구
　면!」

「그야, 어렸을 때 이민가서 볼리비아에서 이십 사 년이나
　살았으니까 모르는 게 당연하지 않습니까?」

「그러고 보니 그렇구먼. 하여튼 요시쓰네 신사에 참배를
　하는 게 좋을 게요! 영험이 대단한 곳이니까.」

「아니, 나는 요시쓰네에 대해서는 흥미가 없으니까 시내
　적당한 여관이나 안내해 주시오!」
하지만 이에는 아무런 대답도 없이 운전수는 그냥 차를 모는 것이었어요. 어느덧 정신을 차려 보니 차는 시내를 벗어나 논밭이 보이는 시골길을 달리고 있었읍니다.

「내가 가고 싶은 곳은 몸을 쉴 수 있는 여관입니다. 차를

돌려요!」

그래도 운전수은 아무 대답없이 여전히 차를 몰 뿐이었죠. 정말, 저는 절망감을 느끼었읍니다. 이 운전수, 내가 대금을 갖고 있는 줄 알고 도중에 강도로 돌변해서 결국 살해한 후 그 근처 밭 구덩이에 파묻을 게 아닌가 하는 공포심까지 느끼었던 것이죠.

그러자 차는 험준한 산비탈에 신사(神社)가 서 있는 맞은편 작은 여관 앞에 멈추었읍니다.

「자아, 어서 내려요! 열심히 기도나 하시오! 내일 비행기 시간에 맞게 데리러 올 테니까, 택시 값은 그때 한꺼번에 내도록 하세요!」

저는 무엇에 홀린 사람처럼 정신 없이 차에서 내렸읍니다.

여관 하녀의 안내를 받아 들어간 방의 창문을 열었더니 신사가 정면으로 바라다 보였읍니다.

그 순간, 저도 모르게 두 손을 합장했읍니다. 순간, 눈물이 왈칵 쏟아져 내렸읍니다. 정말 감개무량했읍니다.

볼리비아에서 24년이나 지난 세월이 모두 꿈만같이 느껴진 순간이기도 했읍니다.

어쩐지, 오끼나와에 두고 온 처자식도 실재하지 않는 꿈속의 존재같이 느껴졌던 것이죠. 제 자신은 현실과는 동떨어진 이른바 차원이 다른 낯선 세계에 납치되어 온 것과 같은 느낌이었던 것입니다.

이제 보니 안 선생님이 요시쓰네와 깊은 인연이 있었기 때문에 그곳에 강제로 끌려가게 되었던 것이로군요!

하고 그는 깊이 한숨을 몰아쉬었다.

4

이날, 나는 민속촌에서 돌아온 뒤, 대광사(大光社)라는 단골 보석점으로 그를 안내해서 초능력자용으로 만들어 놓은 자석이 든 대형 은반지와 역시 순은으로 만들고 보석이 박혀 있는 특제 박클이 달린 가죽 허리띠를 그에게 선물했다.

「이것도 여자 예언자가 분명히 말해 준 것입니다. 초능력
자로 변신하는데 필요한 두 개의 보물은 안 선생으로부터
받게 된다고요.」

그 다음날, 그가 출발을 하게 되어 S 호텔로 데리러 갔더
니 그는 울어서 퉁퉁 부은 눈으로 프론트에 내려와서,

「처음으로 저의 여러 가지 과거에 있었던 일들이 생각이
났읍니다. 굉장히 많은 나쁜 짓을 한 것을 알게 되었고 기
가 막혀서 울었던 것이죠.」

하고 말하면서,

「어제는 정말 이상야릇한 체험을 했읍니다. 호텔 방에 앉
아 있는데 갑자기 제 얼굴이 안 선생님의 얼굴로 변한 것
같은 느낌이 들었고 안 선생님이 무얼 하고 계신지 알 것
같은 느낌이었어요. 거울을 보는게 겁이 났지만 용기를 내
어 거울을 보았고 제 얼굴이 그대로 비친 것을 보고는 비
로소 마음을 놓았읍니다만, 이것은 어떻게 된 현상입니까?」

「그것은 말이오! 당신도 모르는 사이에 나의 의식과 동조
했기 때문에 일어난 현상이었을 것입니다.」

하고 나는 자세히 설명을 해 주었다.

애당초 삼 주일 예정으로 내한한 터이지만 뜻밖에도 빨리
나와 만나게 되어서 알고 싶은 것도 모두 알았기 때문에 곧
출발하고 싶다는 이야기여서 호텔을 체크 아웃하고 나의 차
로 공항까지 전송해 주었다. 그러나 때마침 연휴여서 빈 자
리가 없다는 것이었고 그 다음날도 역시 안 된다는 이야기였
다.

하는 수 없이 체크 아웃했던 S호텔로 되돌아와서 다른 방
을 잡아 주고 이틀동안 계속해서 함께 대중탕에 가서 목욕을
했다. 그야말로 서로 벌거벗은 상태에서 체질 개선시키는 기
술을 모조리 가르쳐 주었던 것이다.

그런데 나중에 생각해 보니 아주 이상한 일이 있었다.

그것은 그가 한국에 오기 이틀 전부터 나도 아내도 까닭없이 그로키 상태가 되어 잠만 잤던 일이 있었다.

일본의 북해도에 살고 있는 무라마쓰 미찌고(村松道子)여사도 이 무렵, 똑같은 체험을 했다는 이야기였다.

오끼 씨에게 기운을 빼앗긴 게 아닌가 싶기도 하다.

사흘째 되는 날, 그는 오끼나와에 돌아갔는데, 그때 그가 남기고 간 말이 몹시 인상적이었다.

「이번 비행기로 가면, 역시 후꾸오까에서 하룻밤을 묵어야 한다는군요. 이번에는 자진해서 답례를 하러 요시쓰네 신사에 참배할 생각입니다.」

이로부터 벌써 여러 달이 지난 셈인데 한 번 간단한 내용의 편지와 전화가 한 번 걸려왔을 따름이다.

오끼 다쓰야가 멀쩡한 거짓말을 꾸며대어서 나를 골탕 먹인 것이라고 하기에는 너무나도 이야기가 그럴싸하고, 또 만일 몽땅 거짓말이었다면 정말 대단한 솜씨가 아닐 수 없다고 생각한다. 이십 년 이상 소설을 써 온 나를 감쪽같이 속인 셈이니까 그 왕성한 상상력과 능변에는 탄복할 따름이다. 또 한 한편으로 생각하면 그렇지 않고 그가 진실을 이야기했다는 느낌도 드는 터이다.

어쨌든, 볼리비아에서 바람과 같이 와서 바람과 같이 사라진 오끼 씨와의 사건은 나로서는 아직껏 완전히 믿기 어려운 사건이었다고 생각이 되는 것이다.

여러 가지 점에서 미루어 보아, 그와는 가까운 장래에 또다시 만나게 될 것 같은 느낌이 드는 것도 사실이고 그때는 어떤 일로 그와 재회하게 될 것인지 지금부터 기대해 볼 만한 일이 아닌가 여겨지기도 한다.

이뒤 몇년의 세월이 흘렀다. 최근 들려온 소식에 의하면 그는 하나의 종교를 만들었고, 그의 교세는 일본을 떠들썩하게 하고 있다고 했다. 반가운 일이 아닐 수 없다고 생각한다.

# 第 2 章 빙의령(憑依靈) 이야기


## 1. 빙의령(憑依靈)이란 무엇인가?

죽은 사람의 영혼이 살아 있는 사람의 몸에 달라 붙어서 일종의 기생생명체(寄生生命體)가 되는 것을 심령과학의 용어(用語)로서는 영혼이 빙의한다고 한다.

인간의 몸은 본시 그 육신(肉身)의 주인공(主人公)인 하나의 영혼만이 살 수 있는 구조를 가진 집이라고 할 수 있는데, 이 몸에 여러 영혼이 빙의되게 되면 갖가지 질병이 생기게 마련이다.

왜냐하면 영혼은 일종의 에너지 생명체로서 에너지의 대사행위(代謝行爲)를 하게 마련인데 하나의 육체에 여러 영혼이 빙의되게 되면 생명(生命)에너지의 부족현상이 일어나게 되고, 또한 영혼이 생명에너지를 흡수하고 내어뿜는 배설물인 유독(有毒) 개스가 피를 더럽게 하기 때문에 신장, 간장 또한 혈관에 이상(異常)을 가져오게 되기 때문이다.

우리가 죽은 이를 위하여 음식을 차려놓고 제사를 차려 놓는 것은 무슨 때문일까? 단순히 고인(故人)을 추모하기 위해서라면 그날 가족들이 모이기만 하면 되는 것이지 애써서 음식을 장만하여 제사상을 차려놓을 필요는 없는 것이라고 나는 생각한다.

이때, 제사 음식에서 기(氣), 곧 에너지를 영혼은 음식 대신 흡수하기 때문에 애써서 음식을 마련하는 것이라고 나는 해석한다.

그러기에 절에서 제사밥만 먹게 되면 기(氣)가 허(虛)해진다는 말도 바로 이 때문이 아닌가 한다.

무릇 모든 생명체(生命體)는 눈에 보이는 존재이든 아니든, 생명의 기운을 흡수하게 되어 있는게 사실이라고 생각이 되는 것이다.

물을 떠놓고 산신령 앞에서 기도하는 것도 물속에는 우주의 에너지가 들어 있기 때문인 것이고, 이 생명 에너지가 완전히 빠져나가면 물도 죽은 물이 된다는 것을 알아야 한다.

## 2. 영혼이 빙의(憑依)되는 이유는 무엇인가?

영혼이 빙의되는 으뜸가는 이유는 죽은 영혼은 거의 너 나 없이 이승에 미련을 갖고 있게 마련이어서, 비록 자기의 몸은 아니더라도 육신에 머물러 있기를 원하기 때문이라고 생각이 된다.

또한 원한을 갖고 죽은 영혼은 원한을 가진 상대의 몸에 빙의되어서 그 또는 그녀의 목숨을 단축시키기 위해서는 빙의되는게 가장 좋은 방법임을 알고 있기 때문이다.

미처 저승에 가지 못하고 이승에 살아 있는 사람의 몸에 빙의 되어서 어떻게든 이승에서 살아보겠다는 생각에서 빙의되는 경우와 해(害)치기 위하여 빙의되는 두가지 경우가 있다고 생각이 된다.

또한 영혼이 빙의되기 위해서는 상대의 유체(幽體)가 발달되어 있어야 한다. 유체가 전혀 발달이 되지 않은 사람들은 거의 예외없이 육체가 잘 발달이 되어 있고, 대부분이 철저한 무신론자(無神論者)이기도 하다.

육체도 영혼을 받아들이기 어려운데다가 마음마저 굳게 문을 닫고 있기 때문에 이런 조건을 가진 사람에게는 영혼은 빙의되기 어려운게 사실이다.

이런 경우, 의지하려는 영혼이나 당사자에게 원한을 가진 영혼은, 가족들 가운데 유체(幽體)가 발달된 다른 사람을 선택하게 마련이다.

그러기에 유산을 한 어머니에게 태아(胎兒)는 빙의되지 않고, 대신 유체가 발달된 다른 가족이나 자식들에게 빙의되어 간접적으로 당사자에게 고통을 주는 예를 나는 많이 보아온게 사실이다.

# 3. 어느 권투 선수 이야기

몇해 전 일이었다.

어느 권투 선수의 코치 되시는 분의 아들이 갑자기 앉은뱅이가 되어서 부모가 그 아이를 데리고 나를 찾아 온 일이 있었다.

열살 가량 된 소년은 겉으로 보기에는 아무렇지도 않은데 서지를 못했다. 엉금엉금 기어다니는 것이었다.

「이 애가 바깥에서 놀다가 리어카에 친 일이 있었는데 그 때부터 서지를 못하게 되었읍니다. 엑스레이 검사에도 아무 이상이 없다는데 통 서지를 못하는군요. 이대로 자라면 앉은뱅이가 되고 말 것만 같아서 걱정입니다.」

하고 아버지는 아주 우울한 표정이었다.

내가 영사를 해보니 두 다리의 경락의 일부에 유독 개스가 채어서 신경소통이 안되고 그 결과 혈액 순환 장애가 된 것이 원인이 아닌가 싶었다.

더 오랜 세월이 흐르면 다리의 근육도 빠지고 상체를 지탱할 힘이 없어져서 완전한 불구자가 될 것이 분명했다.

어쩌면 한번 시술에 경락이 뚫리기만 하면 될 것 같기도 해서 처음 온 사람은 진동수부터 복용시키는 원칙을 무시하고 직접 시술을 해보았다.

아니나다를까 발바닥에서 지독한 냄새가 나왔다.

「어디 일어서 보겠니?」

하니 소년은 벌떡 일어섰다.

걷게 해보니 걸을 수도 있을 뿐 아니라 뛰기까지 하는 것이었다.

영 병신이 되는 줄만 알았던 부모의 기쁨은 이루 말할 수가 없었다.

이로부터 며칠이 지난 뒤였다.

소년의 아버지의 소개로 자궁암 말기 환자가 나를 찾아왔다.

이분도 올 때는 엎혀왔는데 갈 때는 몸이 가벼워져서 걸어갈 수가 있었다.(이분은 처음에는 나의 말을 믿는 듯하더니 도중에 마음이 변하여 진동수도 잘 마시지 않게 되었고 결국 불귀(不歸)의 객(客)이 되고 말았다.)

나중에 알고 보니 이들이 모두 유제두 선수와 가까운 사이였다.

자궁암 환자는 일종의 점술가(占術家)였는데 유선수의 양어머니였고 양아들을 위해서 산기도도 많이 올렸다고 했다.

세번째로 이분들을 앞세우고 나를 찾아온 것이 유제두 선수였다.

일본의 와지마 선수에게 세계 타이틀을 다시 뺏기고 실의(失意)에 빠져 있던 유선수는 더 이상 선수생활을 하느냐 그만 두느냐의 갈림길에 놓여 있노라고 했다.

나는 그를 앉혀 놓고 우선 〈옴진동〉을 일으키면서 그의 두 눈부터 눌러 보았다.
「뭐가 보입니까?」하니까,
「뿔이 두개 달린 사람의 모습이 보입니다.」했다.
「아는 사람의 얼굴입니까?」하니,
「전혀 처음 보는 사람의 얼굴입니다.」
하고 대답을 했다.
「빙의가 된게 분명합니다. 누군가가 저주를 했군요. 황소를
잡아서 황소의 영혼을 빙의시켜서 기운을 못쓰게 만든게
분명합니다.」
「그럼 지난 번 와지마 선수와의 싸움 때 그들이 한 짓일까
요?」
「그런 이야기는 안하는게 좋겠어요. 확실한 증거도 없이
이런 발설을 하면 국제적인 말썽이 생길 테니까요.」
하고 나는 유선수에게 손을 내밀며 힘껏 쥐어보라고 했다.
그는 힘이 전혀 없었다.
다음에는 내가 그의 손을 잡고 힘껏 쥐어보았다. 손가락
마디에서 우드득 소리가 났다.
이 장면을 지켜보던 여러 사람들의 얼굴에 모두 놀라는 표
정이 떠올랐다.
「내가 기운이 센게 아닙니다. 유선수가 힘이 없는 겁니다.
국민학교 학생 정도의 힘밖에 없으니 이런 힘으로 권투를
한다는데 도시 말이 아니죠.」
하고 나는 딱 잘라서 이야기를 했다.
「그리고 또하나 송여사(宋女史)(유선수의 양모)가 유선수
를 저주한게 분명합니다. 세계 참피온이 된 뒤에 자기를
충분히 돌보아주지 않았다고 나름대로 생각한게 분명합니
다.」
나의 이 말에 송여사는 얼굴을 붉히며 시인을 했다.
「저와 양어머니와는 전생(前生)에 무슨 인연이었을까요?」
하고 유선수는 물었다.

나는 이들을 앞에 놓고 영사를 했다.

「유선수와 양어머니는 전생에 모자(母子) 사이였읍니다. 신라시대(新羅時代)의 일인데 선화공주(善花公主)의 유모로 뽑혀 들어가면서 어린 아들을 버리고 갔읍니다. 아들은 어머니를 원망하면서 자랐던 것 같습니다. 그런 인연이 있었기 때문에 유선수와 송여사는 모자의 인연을 맺은 것이고 송여사가 유선수를 위해서 기도를 했지만 유선수의 잠재의식 속에 있는 전생(前生)에서의 원망 때문에 감사하게 생각지 않은 것으로 보입니다. 그러니까 이런 사실을 안 이상은 앞으로는 친 모자(母子)처럼 지내시기 바랍니다.」

이들은 모두 나의 말을 따르겠노라고 약속을 했다.

그 뒤 유선수는 진동수 가족이 되었고 소정의 절차를 밟아서 〈제령〉도 했다.

그러나 내가 보기에 와지마하고의 싸움에서 얻은 마음의 상처가 완전히 아무는데 그 뒤 1년이 걸렸던 것으로 생각이 된다.

그런데 유선수가 나의 연구원을 다니기 시작한지 1년쯤 지나서 이번에는 주호(朱虎) 선수가 나를 찾아왔다.

처음부터 주선수가 나를 찾아 온게 아니라 그의 매니저인 형이 찾아와서 〈진동 테이프〉를 구해갔고 진동수만 마셨고 직접 시술은 받은 적이 없었는데 진동수 마시기 시작한 뒤에 눈에 띄게 몸과 마음의 상태가 좋아졌노라고 했다.

나는 유선수와 주호 선수의 형님에게 이렇게 부탁하는 것을 잊지 않았다.

「체질개선을 해서 유선수는 동양인으론 처음으로 세계 미들급 선수가 되거든 진동수에 대한 소개를 해주시오.」

또 주호 선수의 형님에게는,

「세계 주니어 미들급 선수가 되거든 진동수의 소개를 해주세요.」

하고 몇번이나 부탁을 했건만 이들은 나의 부탁한 것과는 영뚱하게 다른 방향으로 빗나가고 말았다.

나는 체급이 다른 이 두 선수의 대전(對戰)을 막으려고 무척 애를 썼지만 결국 실패로 돌아가고 세상이 알다시피 유선수는 주선수에게 참패를 당하고 말았다.

이들을 통해 〈진동수〉의 효능을 세계에 알리려던 나의 꿈은 산산 조각이 나고 만 셈이었다.

유선수 이상으로 내가 받은 타격도 적지 않았던게 사실이었다.

그러나 그 뒤 주호 선수는 본인뿐 아니라 그의 형님까지도 다시는 내를 찾지 않았고, 오직 유선수만이 계속 나를 찾아왔고 나의 충고를 무시한데 대해서 깊이 뉘우치는 태도를 보였다.

유선수는 그 뒤 박종팔 선수와의 대전(對戰)을 끝으로 명예롭게 권투계를 은퇴한 것은 세상이 다 아는 사실이거니와, 동양 미들급 참피온 벨트를 시합에 져서 빼앗긴게 아니라, 스스로 반납한 것은 유선수가 처음이 아닌가 생각이 된다.

사회인으로서의 그의 건투를 빌 따름이다.

그는 나이가 많지만 〈옴 진동수〉를 계속 복용만 한다면 상당한 시일에 걸쳐서 그의 젊음을 유지할 수 있으리라고 나는 믿는다.

권투선수 쳐놓고 장수한 사람이 별로 없는데, 그는 예외가 되리라고 기대하는 바이다.


## 4. 멸종당한 왕지네 가족들의 원한


사람에게 영혼이 있다는 사실도 못믿는 사람들이 많은데 동물도 아닌 벌레에도 혼이 있다면 나의 정신상태를 의심할 분도 많으리라고 생각한다.

그러나 사실은 소설보다도 더 기구하다는 말이 있듯이 지금부터 말하려는 이야기는 내가 2년 전에 직접 체험한 것임을 밝혀 둔다.

하루는 이상한 피부병을 앓고 있는 한 부인이 나의 집을 찾아왔다.

피부병은 앓기 시작한 지 꼭 28년이 된다고 했다. 형제가 모두 아홉 명인데 오빠 한 사람만 빼 놓고 여덟명의 자매들이 한 날 한 시각에 이상한 피부병에 걸렸다는 이야기였다.

어떤 약도 처음에만 조금 효과가 있을 뿐, 통 효과가 없다고 했다.

「그러면서도 다른 사람에게는 옮지 않는 게 이상하지요.」

부인의 몸에서는 곰팡이 냄새 같기도 한 이상한 냄새가 풍기고 있었다.

또 어떻게 보면 송장 냄새, 시체 썩는 냄새 같기도 했다.

이런 악취를 풍기는 부인을 아내로 거느리고 살아야 하는 남편의 고충은 짐작이 가고도 남았다.

영사(靈査)를 해보니 환자는 두 손을 떨기 시작하더니 이내 기생령(寄生靈)이 부령(浮靈)을 했다.

나는 환자에게 말이 떠오르거든 서슴지 말고 이야기를 하라고 했다.

그랬더니 이야기가 터져 나오기 시작했다.

「우리는 충청도 감나무골 골짜기에 살던 왕지네 가족들인데 이 사람의 외조부가 지금부터 40년 전 보약으로 쓴다고 우리 가족 천 마리를 모조리 잡아먹었소. 그 원한이 사무쳐서 우리들은 몰살시킨 당사자에게 붙으려고 했으나 영력(靈力)이 세어서 근처에 갈 수가 없었고 그 아들 손자도 마찬가지였오. 여자들은 선천적으로 영이 기생하기 좋은 체질이라 이들 자매에게 28년 전에 빙의해서 오늘에 이른 것이오.」

환자인 부인은 몹시 어리둥절해 하는 눈치였다.

자기 입에서 전혀 자기가 알지 못하고 있는 사실을 청산유

수로 지껄여대니 딴은 놀랄 수밖에 없는 일이었다.

여지껏 나를 찾아오는 환자들은 대부분 내가 영사를 해서 빙의령의 정체(正體)를 밝혀서 제령(除靈)했을 뿐 이렇듯 빙의령 자체가 부령을 해서 자기가 누구임을 밝히는 경우는 많지 않았던 게 사실이었다.

「우리 가족들 가운데 몇 마리만 축을 내었어도 우리는 이런 짓을 하지 않았을 겁니다. 그러나 천 마리나 되는 일족을 전멸시켰으니 우리로서는 복수를 하지 않을 수 없었읍니다. 앞으로도 계속 괴롭힐 생각입니다.」

나는 예사 방법으로는 제령이 힘들 것을 느끼지 않을 수 없었다.

조용히 마음을 가다듬어서 빙의령의 전생(前生)이 무엇인가 영사를 했다.

이하 빙의령과 나와의 문답이다.

「그대들이 아무런 까닭도 없이 이 환자의 외조부(外祖父)에게 몰살되었다고 생각되는가?」

「……………」

「그대들은 지금부터 여러 천 년 전 중국 주(周)나라 황실(皇室)의 신하들이었다. 간악한 꾀로 충신들을 모함하여 역적으로 몰고 그들 가족 천 명을 벌레처럼 잡아 죽이고 그들의 재산을 뺏고 호의호식했다. 그런 죄 때문에 그대들은 그 다음 번 세상에 땅을 기는 지네가 된 것이다. 그대들은 본시 인간이었으나 벌레와 같은 짓을 하고 지네와 같은 행동을 했기 때문에 지네가 된 것이다. 그대들을 죽인 이 환자의 외조부는 앞서 세상에 그대들에게 억울하게 학살을 당한 충신 가족의 족장(族長)이었던 것이다. 왜 그대들이 멸족당했는지 그 이유를 알겠는가?」

「……………」

환자는 몹시 괴로워하는 표정을 짓더니 이내 고개를 푹 떨구고 말았다.

「이 우주는 인과율(因果律)이 지배하는 세계이다. 그 누구도 자기가 만든 원인으로부터 모면할 수 있는 이는 없는 게다. 그러니까 너희들은 그런 전생의 잘못 때문에 당한 화인 줄을 모르고 28년 동안 죄없는 여덟 명의 자매들을 괴롭혔으니 그 책임을 앞으로 어떻게 면하려는 거냐?」

할 때 나의 입에서 나오는 소리는 방 안이 떠나갈 듯했다.

환자는 얼굴이 새파랗게 변한 채 아무런 대답이 없었다.

「조물주이신 하나님은 사랑이시고 지혜이시고 힘이시다. 결코 너희들을 미워하시지는 않는다. 기회는 누구에게나 주어져 있는 거다. 하나님께서는 너희들이 벌레의 탈을 벗고 다시 인간이 되어 밝은 삶을 갖기를 원하신다. 그러나 너희들이 지난 28년 동안 지은 죄는 너희 손으로 속죄를 해야 한다. 그러면 너희는 다음 세상에는 다시 인간이 될 수 있을 게다.」

「그러면 어찌하면 좋겠읍니까?」

나는 파란 음(陰)반지 낀 손을 내어 밀었다.

「이리로 들어오너라. 사람의 눈에는 비록 작은 반지이지만 원자(原子)의 크기로 보면 이것도 하나의 우주이다. 이 속에 들어가서 내가 앞으로 제령을 할 때 얼른 말을 듣지 않는 악령들을 제거시켜서 이 속에 가두게 하는 일을 도와다오. 너희가 속죄를 다하는 날 너희들은 저절로 이 속에서 해방이 되어 유계(幽界)로 돌아가게 되리라.」

그러자 이상한 일이 벌어졌다.

환자가 일어나서 덩실덩실 춤을 추면서 합장한 두 손을 모아 나의 반지 앞에 내어 밀곤 하는 것이었다.

이 이야기를 읽는 독자 여러분들은, 아마도 나의 정신상태를 의심하기가 쉽겠지만 이것은 틀림없이 나의 집에서 실제로 일어난 일들이다.

증인들도 여럿이 있다.

다만 환자였던 분의 명예에 손상이 있을까 싶어서 그 분의 본명을 밝히지 않을 따름이다.

오늘까지 심령과학이 이룩해 놓은 자료(資料)에 의하면 인간의 영혼이 동물로 다시 태어 난다든가 벌레가 된다는 이야기는 없는 것으로 나는 알고 있다.

그러나 오랜 옛날 석가모니께서는 윤회설을 말씀하시며 인간이 축생도(畜生道)로 떨어질 수 있음을 이야기하신 바 있다.

내가 겪은 체험담은 결코 새로운 이야기가 아님을 밝혀 두는 바다.


## 5. 갑자기 결핵환자가 된 이발사


내가 가까이 지내고 있는 S한의원의 강 원장이 몇 년 전 사당동에 있는 어떤 종합병원에서 물리치료실(物理治療室)을 갖고 있었을 때 일이다.

하루는 내가 강 원장과 이야기를 주고 받고 있는데 한 낯선 젊은이가 두 장의 X레이 사진을 들고 찾아왔다. 자기는 이발사인데 두 달 전에 X레이 사진을 찍었을 때는 폐(肺)는 아무런 이상이 없었는데 보름 전에 졸도를 해서 수상한 생각이 들어서 병원에 가 보았더니 X레이 사진을 찍은 결과 폐결핵 삼기(三期)라는 진단이 내려졌다는 것이었다.

보통 상식으로는 도저히 믿을 수 없는 이야기였다.

아무리 결핵이 무서운 전염병이라고 하기로서니 60일 동안에 건강하던 젊은이가 결핵 삼기(三期)의 중병환자가 된다는 것은 있을 수 없는 일이기 때문이었다.

「혹시 이 사진이 다른 사람의 것과 뒤바뀐 게 아닙니까?」

「저도 그 생각을 해 보았는데 그렇지가 않다는 것입니다. 두 사진이 틀림없이 저를 찍은 게 분명하다는 것입니다.」

「잠깐만 나 좀 보십시다.」

하고 내가 젊은이를 부르니 그는 눈이 부신 사람처럼 나의 시선을 피하는 것이었다.

순간, 나는 그의 젊은 얼굴 뒤에 한 창백한 여인의 얼굴을 보았다.

「15일 전에 졸도를 했다고 했는데 그날이 일요일이 아니었던가요?」

「그렇습니다.」

「그날 여자 친구와 함께 정릉 숲 속에 놀러간 일이 없읍니까?」

젊은 이발사는 몹시 당황해 하면서 이번에는 얼굴까지 붉히며 고개를 숙이는 것이었다.

「아무도 없는 깊은 숲 속에서 정을 나눈 게 아닙니까?」

그는 아무런 대답이 없었다.

「사실을 그대로 이야기해 주어야 합니다. 이것은 죽느냐 사느냐 하는 문제이니까요.」

「그건 사실입니다. 처음부터 그러려고 했던 것은 아닌데 그때 분위기가 그만……」

「알겠어요. 일을 끝내고 일어서다가 졸도한 게 아닙니까?」

「네, 갑자기 현기증이 나면서 어지러워지더군요. 구역질이 나서 무얼 토한 기억이 났을 뿐 정신을 차려보니 병원이었읍니다.」

「당신에게는 지금부터 9 개월 전에 그 숲 속에서 신병을 비관하여 자살한 무교동 W홀 출신의 호스테스의 영혼이 붙어 있는 것입니다. 폐병 3기에다가 빚은 많고, 애인에게는 버림받았고 그래 세상을 비관해서 자살을 한 거죠. 그런데 죽으면 문제가 해결될 줄 알았는데 그렇지가 않았죠. 자기의 시체가 실려가는 것을 분명히 보았는데 자기는 틀림없이 살아 있다고 느끼는 그런 여자의 마음을 아시겠어요? 그 여자의 영혼은 무척 고민했지요. 그때 당신이 애인과 함께 나타나 정사를 나누는 것을 보고 살려 달라고 매어달린 것이고, 그때 당신은 기절을 한 것입니다.」
「그러니까 제 몸에 귀신이 붙었다는 이야기입니까?」
「바로 그렇습니다.」
「어떻게 하면 좋죠?」
「제령을 해야 합니다. 그 여자의 영혼을 보호령을 불러서
저승으로 보내야 합니다. 그런 뒤에 다시 X레이 사진을 찍
어 보십시오. 어떤 변화가 있을 겁니다.」
나는 이날, 그 이발사에게 빙의된 호스테스의 영혼을 잘
타일러서 이탈을 시켰다.
얼마 뒤 강 원장을 통해 들은 바에 의하면 세 번째로 찍은
이발사의 X레이 사진에서는 아무런 이상도 발견되지 않았다
고 했다.


# 6。 자살 충동에 괴로워하는 이발사

경복궁 담을 끼고 총리공관을 향해 올라가다 보면 오른쪽
에 소격동 파출소가 보인다.
그 파출소 바로 맞은 편에 작고 아담한 이발소가 있다.
이름은 〈덕원 이용원〉, 퍽 오랜 역사를 가진 이발관이다.
옛날에는 초가(草家)였었는데 그 뒤 헐고 다시 짓기는 했으
나 지금 마흔 다섯 살 되는 내가 국민학교 다니기도 전에 이
집에 와서 이발을 한 기억이 있으니까 정말 오랜 역사를 가
진 이발관이다.
나는 이 이발관을 단골로 자주 다니는 터인데 하루는 머리
를 깎고 있는데 주인인 김용규씨가,
「우리 이발관의 이발사 가운데 요즘 갑자기 이상한 노이로
제 환자가 생겼는데 치료가 가능할까요?」
하고 은근히 묻는 게 아닌가.
「어떤 증상이죠?」

「글쎄 그게 아주 이상한 증세입니다. 바깥에서 자동차 지나가는 소리만 들리면 달려나가서 차 밑에 깔리고 싶은 충동을 느낀단 말씀입니다.

그래서 귀에다 솜을 막고 일을 하고 있지를 않습니까. 그런데 본인은 죽을 만한 이유도 전혀 없는데 발이 말을 듣지 않는다는 것입니다.」

「그래 언제부터 그런 증세가 일어났나요.」

「한 일 주일 되나 봅니다. 참 그리고 이상하게 쉴새없이 설사도 하고 있지요. 설사 멎는 약을 아무리 먹어도 통 멎지를 않는군요. 」

「알았읍니다. 이발 끝난 뒤에 보아드리도록 하죠.」

그때는 초여름이었던 것으로 기억한다. 대낮이라 이발소 안은 한가했다.

나는 이발이 끝나자 자칭 노이로제 환자라는 이발사를 둥근 나무 의자에 앉게 하고 영사(靈査)를 해 보았다.

「혹시 일 주일 전에 집에서 기르던 개를 잡아 먹은 일이 있었나요?」

「네, 그런 일이 있었읍니다.」

「그 개 이름이 셀리가 아니었던가요?」

나의 입에서 이 말이 떨어지자 둘러싼 구경꾼인 동료 이발사들 입에서 탄성이 나왔다.

「아니 그 개 이름을 어떻게 아셨지요?」

「그걸 모른대서야 어떻게 제령(除靈)을 할 수가 있나요.」

나는 제령이 무엇임을 또 한 차례 설명을 해야만 했다.

이어서 그때 있었던 상황을 기억나는 대로 적어 보기로 하겠다.

「자아 두 눈을 감으세요. 두 손을 모으고……」

하는 나의 말에 이발사는 그대로 순종했다.

「셀리야 너 이 사람을 용서하고 나갈 수 없겠니?」

이발사는 분명히 머리를 저어서 싫다는 뜻을 나타내었다.

「자아 내 이야기를 잘 듣거라. 이 분은 그 동안 너를 사랑
해 준 주인이다.  허지만 남의 집에서 셋방을 사는 입장인
데 네가 함부로 똥 오줌을 싸대니까 주인이 방을 비워 주
든지 너를 없애든지 해달라고 해서 할 수 없이 너를 죽인
게다. 물론 너에게 영혼이 있다는 사실은 전혀 모르고 한
짓이지.」
「‥‥‥‥‥‥」
「물론 너를 죽여서 먹기까지 했다는 것은 잘한 일은 아니
다. 네가 원수를 갚겠다고 하는 것도 무리가 아닌 줄은 안
다. 그러나 생각해 보려무나. 한편으로는 네가 죽는 날까지
신세를 진 것도 사실이 아니냐. 그것을 모른다고야 하지
않겠지.」
이발사는 말없이 고개를 끄덕였다.
「네가 설사 복수를 해서 이 사람을 죽였다고 치자. 그렇다
고 네가 다시 살아날 수 있는 것은 아니지 않느냐?」
「네가 이 사람을 용서해 주고 나가 준다면 너는 정말 장한
일을 하는 거다. 자기를 죽여서 먹기까지 한 사람을 용서
한다는 것은 개로서는 도저히 할 수 없는 일이다. 아니 우
리네 인간으로서도 보통 사람은 할 수 없는 일이다. 굉장
히 훌륭한 사람만이 할 수 있는 일이다. 따라서 너는 다음
번에는 사람으로 태어날 수 있는 원인을 만드는 게 된다.
이 우주는 무엇이건 자기가 심은 대로 거두게 되어 있다.
그것이 조물주이신 하나님께서 만드신 우주의 법칙이다.
이 법칙에서 벗어날 수 있는 이는 없다.」
나는 여기서 잠시 쉬었다가 다시 이야기를 계속했다.
「하지만 한편 끝내 복수를 할 수도 있다. 이 사람이 그럴
수 있는 원인을 만들었기 때문이지. 그러나 네가 죽기 전
까지 은혜를 입은 것도 사실이기 때문에 너는 아마 돼지로
서 태어나게 되기가 쉬울 게다. 돼지가 되느냐 사람이 되
느냐는 이제부터 네가 하기에 달려 있다. 나는 두 가지 길

이 있음을 가르쳐줄 수 있을 뿐, 선택은 네가 해야 한다.」

셀리의 영혼은 자기를 죽인 이발사를 용서하고 그의 몸에서 떠나겠다고 했다.

그의 눈에서 한 줄기 눈물이 흘러내렸다.

나는 격식대로 제령을 시켰다.

「자아 두 눈을 뜨십시오. 그리고 귀를 기울이세요. 자동차 소리가 들리죠. 기분이 어떻습니까?」

「아무렇지도 않은데요. 깜쪽 같이 좋아졌는데요. 이제는 차 소리를 들어도 달려 나가고 싶지가 않은데요.」

그렇게 완고하던 설사병도 이날을 고비로 멎었다고 했다.

나의 이야기에 의심을 느끼시는 분은 언제라도 좋으니까 〈덕원 이용원〉에 가서 문의해 보시기 바란다.

＊ 註: 지금 〈덕원 미용원〉은 T 교회로 변해 없어졌고 주인이던 김용규씨도 몇년 전에 돌아가셨음을 밝혀 둔다.

## 7。 외출 공포증에 사로잡힌 어느 시인(詩 人)의 이야기

지금도 어느 종교단체에서 발행하는 잡지 일을 보고 있는 어느 중견시인-그의 이름을 적으면 문학에 다소 관심이 있는 독자면 알 만한 분이다.

그는 얼른 보기에는 6척 장신의 늠름한 체구를 지닌 대장부이다. 그런데 이런 그가 바깥 출입을 혼자 하지 못하게 되었다.

일종의 피해망상증이라고 할까, 길거리에 나가면 꼭 무슨 사고를 당할 것과 같은 강박관념 때문에 그는 통 혼자서는 외출을 하지 못한다고 한다.

이 때문에 어떤 일간신문사의 논설위원 자리도 내어 놓았고, 정신병원에 입원치료도 받았으나 그 결과는 한결같이 좋지가 못했었다.

그러다가 기독교 계통의 어느 신흥종교단체(新興宗敎團體)에 들어간 뒤로 한때 거의 완치 상태에 이르렀으나 요즘에 와서 다시 재발되는 느낌이 있어서 괴롭다고 했다.

나와는 아내의 친정 쪽으로 친척이 되는 터라 알게 되었던 것이었다.

나는 아무래도 어떤 영혼이 빙의된 것 같다고 말하고 영사를 해도 좋겠느냐고 물었다.

이 자리에는 나의 아내와 시인의 부인도 합석을 했었다. 이하 그와의 일문 일답이다.

「이런 피해망상증이 생긴 지가 몇 년이나 되었읍니까?」

「한 십여 년 가량 되나 봅니다.」

「그때 혹시 집에서 기르던 개가 행방불명이 된 일이 없었나요?」

「네, 개 한 마리가 갑자기 없어진 일이 있읍니다.」

「그 개의 이름이 혹시 스카이가 아니었던가요?」

「맞습니다. 그 개의 이름이 분명히 스카이였읍니다.」

「스카이는 골목 바깥으로 쏜살같이 달려나가다가 찦차에 치어 죽은 것이었읍니다.

개는 운전수가 차에 싣고 가 버렸지요.」

「아, 그래서 행방불명이 되어 버린 것이로군요.」

「그런데 문제는 여기에 있읍니다. 스카이는 차에 친 순간, 죽으면서 그의 영혼은 육체에서 빠져 나와 선생님에게 달려와 실린 것입니다. 스카이는 지금도 자기가 죽었다는 사실을 모르고 있읍니다. 그때 놀란 것이 원인이 되어 외출 공포증에 걸린 상태 입니다. 이것은 빙의 된 영혼이 느끼는 감정이 투사(投射)된 예입니다.」

「알겠읍니다.」

「스카이의 혼(魂)이 빙의하는 바람에 선생님은 노이로제를 앓게 되었고 그 병을 고치려는 노력이 종교에 귀의(歸依)

하게 해 주었읍니다. 그러니까 스카이는 병도 안겨다 주었
지만 또한 믿음도 갖게 하는 기회도 마련해 준 셈입니다.」

나는 환자의 승낙을 받아 스카이를 이탈시키려고 했으나
주인과 한 몸이 된 생활을 오래 한 개는 좀처럼 이탈을 하려
고 하지 않았다.

스카이에게서 들려오는 소리 없는 소리는 나에게 이런 요
구를 해왔던 것이었다.

「안 선생님이 주선하셔서 저를 주인 어른의 자손의 한 사
람으로 태어나게 해 주십시오. 그러면 기꺼이 이탈을 하겠
읍니다.」

나는 물론 이 뜻을 환자에 전했으나 동물의 영혼을 인간으
로 재생시킨다는데 그는 강한 거부반응을 일으켰다.

결국 제령을 성공시키지 못하고 말았다.

그러나 내가 영사할 때 환자의 몸에서 강렬하게 발산한 개
의 체취는 여간 인상적이 아니었다.

이 예는 제령이 억지로 되지 않는다는 것, 빙의당한 사람
의 가족의 일원으로 태어나기를 원할 때는 본인은 물론이요,
보호령의 승낙이 없이는 불가능하다는 것을 나에게 뼈저리게
깨닫게 해 준 경우이다.


## 8。 돼지 새끼를 먹은 간질병 환자

지난 해 여름이었다고 기억된다.

한 젊은 부부가 나를 찾아온 일이 있다.

남편은 몇 년 전부터 간질을 앓게 되었는데 이상하게도 밤
에 자다가 발작을 일으키곤 한다는 이야기였다.

자다가 발작을 한 뒤, 아침이면 머리가 몹시 아프고 기운
이 탈진해서 그날 하루는 아무런 일도 하지 못한다고 했다.

다른 데는 아무 이상이 없는 똑똑한 젊은이가 이 병 때문

에 직장생활도 하지 못하고 집에서 빈둥빈둥 놀고 있어서 부인이 행상을 해서 간신히 생활을 해나가고 있노라고 했다.

밤에만 앓는 병, 틀림없는 빙의령(憑依靈)에 의한 질병이었다.

영사를 해 보았더니, 돼지새끼의 영혼(靈魂)이 빙의되고 있는 게 밝혀졌다.

「혹시 이 병을 앓게 되기 이전에 돼지 새끼를 먹은 일이 없읍니까?」

「네, 그런 일이 있읍니다. 제가 결혼한 뒤 몸이 허약하다고 처가집에서 갓 태어난 돼지 새끼를 죽여서 통째로 삶아서 보내 온 일이 있읍니다.」

「그러니까 어미 몸에서 나오자마자 젖 한 모금 물기도 전에 죽인 것이로군요.」

「네, 그런 모양입니다.」

「그 돼지 새끼의 혼이 빙의하고 있읍니다. 두 분 아기가 몇이시죠.」

「세 명인데요.」

「그러시다면 아기 하나만 더 낳도록 하세요. 제령을 시켜 드릴 테니까요.」

「그러니까 남편이 먹은 돼지 새끼의 영혼이 저희들 자식으로 태어난다는 이야기인가요?」

「그렇습니다. 사람의 영혼 같으면 잘 타일러서 보호령의 인도 아래 유계(幽界)로 보내기가 쉽습니다만 동물의 영혼, 원한을 가진 동물의 영혼은 그렇게 하는 게 제일 쉽습니다.」

그들 부부는 나의 부탁을 받아들이기로 합의를 했다.

제령을 하고 체질개선을 하기 위해 며칠 동안 다니더니, 그 뒤 소식이 없다.

병이 좀 차도가 있다는 이야기를 듣기는 했으나 나로서는 완쾌되었다는 것을 끝내 확인하지 못하고 말았다.

## ⑨. 자살(自殺)한 다르마 잉꼬 이야기

나는 어려서부터 동식물(動植物)을 가꾸기를 굉장히 좋아해 온 터였다.

지금도 내가 경영하는 연구원에는 여러가지 열대산(熱帶産) 잉꼬새들과 환자의 대합실에는 세개의 커다란 수조(水槽) 안에 많은 열대어들을 기르고 있는 터이다.

가끔가다 이런 질문을 받는 일이 있다.

「원장님은 어째서 이런 것들을 기르고 계신 거죠? 손이 굉장히 많이 갈 텐데요?」

이런 경우, 나의 대답은 언제나 한결 같다.

「다른 사람들이 너무나도 동식물들을 학대하고 있기 때문에 내가 전인류의 대표로서 속죄를 하고 있는 것이죠. 그리고 또 하나의 이유는 〈옴 진동수〉에 관한 동물실험을 하는데 목적이 있는 셈이죠.」

실제로, 지난 해 겨울은 굉장히 추웠었고, 한국에서는 삼한사온(三寒四溫)이라는 종래의 날씨와는 달리, 한달 이상이나 영하 10도 이하의 추운 날이 계속된 셈인데, 별다른 보온 장치도 없이, 열대산(熱帶産)의 잉꼬가 추운 바깥의 새장 속에서 무사히 겨울을 보낸 것은, 정말 기적(奇蹟)이 아닐 수 없다.

〈옴 진동수〉를 장기간 복용시킨 덕분에 유전자(遺傳子)에 변화가 생겨서 한대산(寒帶産)의 새 종류로 변한 때문이라고 밖에는 설명이 되지 않는 일이고 좁은 연못 속에서 한자가 넘는 큰 잉어가 몇년씩이나 무사히 월동을 할 수 있었던 것은 신기한 일이 아닐 수 없다.

몇년 전 일이었다고 기억된다.

나는 단골 새 가게에서 다르마 잉꼬를 두마리 사온 일이 있었다.

새집 주인의 이야기에 의하면, 그 수명이 100년 가깝다고 했다. 어쩌면 나보다도 더 수명이 길 거라는 이야기였다.

그런데 이 다르마 잉꼬는 새집 주인의 감정과는 달리 두 마리 다 숫놈이었고 서로 굉장히 사이가 나빴었다.

어느 날 일이었다.

마당에 있는 커다란 새장 앞에서 서성거리던 손님이 나에게 물었다.

「안 선생님이 쓰신 책을 읽으면, 인간의 영혼이 동물의 몸에 실려서 태어나는 일도 있다고 했는데, 이 새에는 과연 전생(前生)이 있을까요?」

질문을 받은 순간, 나는 언제나 그렇게 하듯 방심상태가 되어서 다르마 잉꼬를 물끄러미 바라다 보았다.

그 순간이었다. 정말 이상한 일이었다.

나의 눈 앞에 열대의 어느 섬의 풍경이 선명하게 펼쳐지는 게 아닌가!

두 사람의 원주민(原住民)이 커다란 나무와 나무 사이에 새 그물을 쳐서 다르마 잉꼬를 사로잡고 있는 장면이었다.

그들은 형제였고, 형은 바쿤다, 동생의 이름은 무쿤다였다.

그들은 사로잡은 다르마 잉꼬를 죽여서 박제(剝製)를 만들었고, 이 섬을 찾는 관광객들에게 토산품(土産品)으로 팔곤 했던 터였었다.

그들이 일생동안 사로잡아서 박제로 만든 잉꼬의 수효는 줄잡아 3만 마리가 넘었다.

때가 와서, 그들 형제도 죽어서 저승으로 가지 않으면 안 되게 되었다. 헛되이 수많은 목숨을 앗은 죄 때문에, 그들 형제는 다시 태어나는 과정에서 다르마 잉꼬의 몸 속에 갇혀지게 되었다.

나는 생각한다.

인간의 영혼이 동물로서 재생(再生)하는게 아니고, 일종의 빙의되는 형식으로 동물의 몸, 혼(魂)과는 별개로 동물의 몸 속에, 인간이었던 과거세(過去世)의 기억을 간직한 채 갇혀지는 게 아닌가 하고.

만일 그렇지 않고, 인간의 영혼이 과거세에 인간이었던 기억을 잃은 채 동물의 몸에 깃들인다면, 인과응보의 뜻이 전혀 없는게 되기 때문이다. 그 바쿤다, 무쿤다 형제가 바로 눈앞에 있는 두마리의 다르마 잉꼬였던 것이었다.

내가 이때 본 환상(幻想)을 그대로 손님에게 이야기해 준 것은 물론이었다.

내가 이런 이야기를 하는 동안, 다르마 잉꼬는 굉장히 원망스러운 표정으로 나를 바라다 보는 듯했다. 그뿐만 아니라, 몹시 슬퍼하는 듯했다. 그 뒤, 몇번인가, 나는 여러 손님들에게, 인간이 전생에서 죄를 지은 결과로서, 동물의 몸 속에 그 혼(魂)이 갇힌 실제의 살아 있는 예로서 이 다르마 잉꼬 이야기를 되풀이해서 들려 주었던 게 사실이었다.

그런데 이런 일이 있은 뒤, 며칠 뒤부터, 어찌된 영문인지 그렇게도 튼튼했던 다르마 잉꼬가 두마리 다 기운이 없어졌고, 영 모이를 먹으려 하지 않은 것이었다.

어느날 아침, 한마리의 다르마 잉꼬는 새장 바닥에 죽어 있었다. 그로부터 며칠이 지나지 않아서 나머지 한마리도 굶어 죽고 만 것이었다. 그들은 틀림없이 자기네들의 처지를 비관하여 자살해 죽은 게 분명했다.

전생(前生)에서의 죄를 지은 것을 뉘우친 나머지, 자기네가 죽인 다르마 잉꼬가 되어서 좁은 새장 속에서 살아야만 하는 딱한 신세를 비관한 나머지 자살한 모양이었다.

그들 잉꼬 앞에서 전생 이야기를 한 것을 나는 후회했지만, 때는 이미 늦었던 것이었다.

또하나 잉꼬에 관한 이야기를 적어볼까 한다.

그 무렵, 나는 한쌍의 세키세이 잉꼬를 기르고 있었는데, 어느날 매우 중증(重症)인 환자가 나의 연구원을 찾은 일이 있었다.

어린 여섯명의 자녀(子女)를 거느린 어머니였다. 남편하고도 사별(死別)한 채, 혼자의 힘으로 여섯 아이를 기르고 있는 어머니였다. 분명히 중증(重症)인 신장염환자로 온 몸이 누렇게 부어 있었다.

나로서는 최선의 노력을 다해 보았지만, 환자의 용태는 조금도 좋아지는 기색이 보이지 않았다. 난처한 일이 아닐 수 없었다. 노상 염려를 하고 있는데, 어느날 밤, 꿈 속에 작은 잉꼬새 부부가 나타나서 이와 같이 말하는 게 아닌가!

「원장선생님, 저희들은 오랫동안 신세를 졌읍니다. 원장선생님 덕분에, 저희들도 이 우주를 지배하는 인과율(因果律)이 어떤 것인지를 잘 알게 되었읍니다. 원장선생님은, 중증인 신장염 환자를 어떻게 해서든 완쾌(完快)시키려고 애쓰고 계시지만, 이미 그녀를 데리러 저승 사자가 와 있는 걸 어찌 하겠읍니까, 그래서 저희들이 대신 가려고 합니다. 그 동안 신세를 진 은혜를 보답하기 위하여 저희들이 대신 죽어서 그분을 살려드리고져 하는 것입니다. 저승 사자에게 부탁을 했더니 원장선생님만 승낙을 하신다면 가능하다는 이야기였읍니다. 그럼 안녕히 계십시오! 저승을 향하여 저희들은 인제부터 떠나렵니다.」

작은 잉꼬새가 분명히 사람이 말하듯이 이렇게 이야기를 한 다음 순간, 그들의 모습은 사라지고, 나는 꿈에서 깨어났던 것이었다.

곧 새장 앞으로 달려가 본즉, 두마리의 잉꼬는 이미 죽어 있지를 않은가!

이뒤, 나의 연구원에서는 가끔마다 아무런 이유없이 작은 동물들이 갑자기 즈으면, 그때마다 번번이 누군가에게 기적(奇蹟)이 일어나곤 했던 것이었다.

다른 사람들의 목숨을 살려주기 위하여 대신 죽어간 작은 동물들이 얼마나 되는지 헤아리기가 어려울 정도이다.

나는 생각한다. 아마도 그들은 다음번 세상에서는 틀림없이 인간으로 태어나는 게 아닌가 하고.

# 10. 성원주(成願呪)의 기적(奇蹟)

이번에는 자기가 먹은 수많은 개와 뱀들의 원한령(怨恨靈)
이 빙의되어서 간장암이 되었던 사나이가 〈제령〉을 받음으로
써 거의 기적적으로 암에서 회복된 이야기를 적어볼까 한다.

몇 년 전 일이었다고 기억된다.

어느날 저녁, 한 낯선 중년신사가 하나의 작은 사진을 갖
고 나를 찾아온 일이 있었다.

첫눈에 사진의 주인공의 얼굴이 몹시 검게 보였다. 간장에
이상(異常)이 있는 게 분명하다는 느낌이 들었다.

「간장암을 앓고 있는 게 아닌가요?」

「맞습니다. 역시 소문대로 선생님의 판단력은 대단하시군!」

내가 다시 한번 그 사진을 보았을 때였다.

갑자기 사진의 주인공의 얼굴이 새파트 종류의 개의 얼굴
로 변해 보이지를 않는가?

「복수(腹水)가 꽤 많이 차 있는 상태죠?」

「네, 그렇습니다.」

「병원에서는 살아날 수 있는 가능성은 거의 없다고 하지
않던가요?」

「바로 그렇습니다.」

「이 환자는 개고기를 많이 먹은 것 같은데요!」

「그렇습니다. 개고기를 굉장히 좋아해서 지금까지 몇백마
리는 먹었을 겁니다.」

나는 말없이 사진을 다시 한번 보았다. 그 순간이었다. 이
번에는 뱀이 수 없이 많이 꿈틀거리는 느낌이 드는 게 아닌
가!

「뱀도 좋아하지 않았던가요?」

「그렇습니다. 제가 알기로는 아마 천마리 가까이 먹은 것
으로 압니다.」
「이 환자는 개와 뱀의 넋이 빙의되어서 간장암이 된 게 틀
림없는 것 같습니다. 하지만 복수가 이렇게 차 있어서야
〈옴 진동수〉를 마시게 하는 것도 어려운 일이군요. 현재,
다른 환자들과 한 입원실을 함께 쓰고 있겠죠.」
「네, 그렇습니다.」
「그렇다면 스피커를 이용한 〈옴 진동〉 치료도 불가능한 셈
이군요. 달리 방법이 없는데요.」
「어떻게든 살려주십시오. 큰 아들도 아직 대학생입니다. 2
년만 목숨이 연장되어도 아들이 학교를 졸업하고 취직이
가능 합니다. 지금 이 사람이 죽으면 떼거지가 날 판국 입
니다.」
중년신사는 함께 온 환자의 아들을 가리키며 애원을 했다.
그때였다. 나의 머리에 번개같이 떠오른 생각이 있었다. 그
것은 내가 생각해낸 성원주(成願呪)를 주어야겠다는 생각이
었다. 아직 그때까지 실제로 한 번도 써본 일이 없는 주문이
었지만, 분명히 효과가 있을 것 같았다.

敬天 修德 廣濟
훔치 훔치 사바하

하늘을 공경하고 덕을 쌓아서 많은 사람들을 도울 수 있는
훌륭한 사람이 되게 하여 주소서 하는 뜻이 담긴 기도문이다.
이런 간절한 기도를 환자를 대신해서 내가 한 글이다.
「이것을 환자의 베개 속에 넣어주세요. 지금부터 3일 안에
복수가 빠져서 소변이 많이 나오면 희망을 가져도 좋을 겁
니다. 제령이 된 증거죠. 만일 사흘 안에 복수가 빠지거든
다시 나를 찾아와서 정식으로 회원이 되도록 하십시오.」
그 뒤, 사흘이 지난 뒤였다.
환자의 복수가 기적적으로 빠졌다는 소식이 있었다. 그는

　연구원의 회원이 되었고, 이로부터 두달 뒤에는 완전히 건강을 되찾아서 부인과 함께 인사를 오기까지 했던 것이었다.

　이런 경우는 성원주가 부른 강력한 보호령의 힘에 의하여 동물령들이 효과적으로 제령이 된 결과라고 나는 생각한다.

　그런데 이 이야기에는 후일담이 있다.

　이 간암 환자는 완전히 회복이 되어 그 뒤 2년 동안 건강하게 사회 활동을 했는데, 어느덧 진동수를 안마시게 되었고, 진동수를 안마시게 된지 6개월 뒤에 다시 간암이 재발(再發)이 되었다고 했다.

　그때는 큰 아들도 이미 대학을 졸업하고, 국내 일류 기업체의 신입사원이었다. 아들이 한번 다녀갔지만, 그 뒤 소식이 없는 것을 보니, 이 환자는 불귀(不歸)의 객(客)이 된게 분명한 것 같다.

　여기서 나로서 충고하고 싶은 것은 한번 암에 걸렸던 사람은 죽을 때까지 옴 진동수를 마시도록 노력해야 한다고 본다. 허기야 사람은 누구나 언젠가는 한번은 죽어야 하는 것이지만, 그래도 천명(天命)을 다할 필요는 있겠기에 말이다.


# 11. 동물령(動物靈)의 마력(魔力)

　이것도 여러 해 전에 필자가 직접 체험한 이야기이다.

　어느날 오후(그날은 토요일이었다), 전에 한번 연구원을 찾아온 일이 있는 낯익은 한 중년 신사가 경황없이 들어섰다.

　「선생님, 제발 제 아내를 살려주십시오. 사실은 제 아내가 물약으로 된 극약인 쥐약을 먹고 지금 병원에 입원하고 있읍니다만, 의사의 이야기로는, 앞으로 네시간 안에 죽는다는 겁니다. 어떻게 살려낼 수 있는 방법이 없을까요?」

　「부인은 자살 소동을 일으킨 게 이번이 처음이 아니지 않습니까?」

「그렇습니다. 이번이 세번째입니다. 전의 두번은 알약을 먹었기에 살려낼 수가 있었지만 이번에는 도리가 없다는 겁니다. 해독(解毒)시키는 게 불가능한 모양입니다.」
「이것은 분명히 무엇인가 심령적인 원인이 있는 것 같군요. 부인의 사진 갖고 오셨나요?」
「지금은 없는데 곧 갖고 오겠읍니다.」
하고 그는 쏜살같이 달려 나갔다.
잠시 뒤, 그는 부인의 사진을 갖고서 돌아왔다.
이하 그와 주고 받은 대화이다.
「장인 어른이 유명한 사냥꾼이 아니셨던가요?」
「그렇습니다. 생전에 굉장히 사냥을 좋아하셨죠.」
「말년에는 낚시도 좋아하신 게 아닌가요?」
「그것은 사실입니다만, 그것과 아내의 습관적인 자살 소동과 무슨 관계가 있는 거죠?」
「있고 말고요. 당신의 장인에게 죽임을 당한 동물령들이 부인의 몸에 빙의되어서 자살 소동을 일으킬 동기를 만들곤 했던 것입니다.」
「무슨 말씀이시죠?」
「가령 말입니다. 그다지 신용이 좋지 않은 사람들을 골라서 〈계〉를 했다고 합시다. 결국 그런 계는 도중에 깨지게 마련입니다. 그렇게 되면 부인은 그 책임을 느끼고 자살 소동을 일으키곤 했던 것입니다.」
「그것은 틀림 없는 이야기입니다. 저는 작은대로 자동차 정비공장을 갖고 있기에 매일 현금이 들어오고, 돈은 그다지 궁색하지 않은 처지입니다. 아내가 굳이 계주가 되어야 할 이유가 없는 겁니다.  지금 안 선생님 말씀을 듣고 보니 납득이 되는군요.」
「그렇습니다.」
「그런데 의사 선생님 말씀으로는 앞으로 네시간 견디기가 고작이라는 겁니다. 살려낼 수 있을까요?」

나는 그에게 가져오게 한 물 주전자에 하나 가득 〈옴 진동수〉를 만들어준 뒤, 이것을 마시게 한 후, 다음 주 월요일 오후 네시경에 부인을 데리고 오라고 했던 것이었다.

「내일 모레 월요일의 오후 네시라면 아주 오래 기다려야만 하는군요…… 의사 선생님은 불과 네시간밖에 살 수 없다고 했는데……」

하고 그는 나의 이야기가 여간해서 믿어지지 않는 모양이었다.

「그렇다면 제 아내는 목숨을 건질 수 있다는 이야기로군요!」

하고 그는 몇번이고 다짐을 두었던 것이었다.

「나로서는 살 수 있다 또는 없다는 말은 할 수가 없군요! 다만 월요일 오후 네시에 부인을 앞세우고 이곳을 찾아온 장면을 환상으로 보았을 뿐인 겁니다.」

「잘 알았읍니다. 안 선생님의 말씀을 제 아내가 살 수 있다는 뜻으로 해석하고 돌아가겠읍니다.」

그는 희망에 두 눈을 빛나게 했던 것이었다.

결국, 다음 월요일 오후 네시에 그들 부부는 함께 나를 찾아왔다.

〈옴 진동수〉가 거의 해독(解毒)이 불가능했던 환자를 살려낸 좋은 예가 아닌가 한다.

나의 수중에는 그들 부부의 증언이 녹음된 카셋트 테이프가 잘 보관되어 있다.

# 第 3 章 조상령과 수호령 이야기

## 1. 조상령(祖上靈)과 수호령(守護靈) 이야기

우리 나라 속담에 〈잘 되면 제 탓, 못 되면 조상 탓!〉이라는 말이 있다.

과연 오래 전에 세상을 떠난 조상의 영혼이 우리 생활에 어떤 영향을 끼칠 수 있을까? 영혼의 존재를 믿지 않는 분들은 아마 고개를 혼들기가 쉬울 것이다. 그러나 심령 과학에서는 〈분명히 조상의 영혼은 자손의 행복과 불행에 관계가 있다〉고 말하고 있다.

사람에게는 누구나 수호령(守護靈)이 따르게 마련인데 쉬운 예로 세상을 떠난 할아버지 영혼이 생전에 사랑하던 손자의 신변을 보호할 수도 있다고 했다.

나는 우연한 기회에 이런 경우를 몇 년 전에 직접 체험한 일이 있다.

N지엽사에 나가는 김정배 씨(金正培氏)는 얼마 전 과음으로 장파열을 일으켜서 생사(生死)의 고비를 헤맨 일이 있는 분이다.

그때 수술을 해 준 의사의 이야기가 앞으로 더 살고 싶거든 금주(禁酒)를 해야 한다고 했으나 김 씨는 그의 직업상 술을 아주 끊기가 어려운 처지였다.

그런데 이 분이 구정(舊正) 명절을 며칠 앞 두고 갑자기 얼굴 반쪽이 신경마비가 일어나서 입이 한쪽으로 기울어졌다.

덕분에 그는 그전 같으면 폭음을 면치 못하는 구정 고비를 술 한 방울 입에 안 댄 채 무사히 넘길 수가 있었다.

며칠째 침을 맞고 있으나 이렇다 할 효과가 없다고 하면서 마스크를 떼는 김정배 씨의 얼굴을 본 순간, 나는 이상한 생각이 들었다. 이때만 해도 나는 본격적으로 영사(靈査)를 할 줄 모르던 때였다.  나는 일종의 방심상태에 들어가며 영감에 귀를 기울였다. 흡사 보이지 않는 세계에서 걸려온 전화를 받는 기분이었다.

폭음으로 인해 사랑하던 손자가 뜻하지 않은 참변을 당할 것을 막기 위하여 김 씨의 조부의 영혼이 경락(經絡)의 일부를 막아서 사차원(4次元)에너지의 흐름을 정지시킨 데서 발생한 병이라고 진단한 나는 그런 사실을 본인에게 알리고 돌아가신 조부님에게 감사하라고 일렀다.

「이제는 정배 군이 정신을 차렸으니 놓아 주셔도 됩니다. 제가 조부님의 뜻을 잘 전했으니까요.」

나는 소리를 내어서 정중하게 그의 조부님의 영혼에 양해를 구했다.

「경락이 막혀서 4차원 에너지의 소통이 제대로 되지 않으면 그 부분 정맥의 혈류(血流)가 흐르는 속도가 늦어집니다. 이렇게 되면 피 속에 섞인 노폐물질이 혈관 주위에 침전현상을 일으켜서 마침내는 그 부분의 모세혈관이 막히게 됩니다. 신경회로와 혈관에 이상이 생기면 영양소의 공급이 중단되고 그 부분에 마비가 오게 마련인데 이를 빨리 바로잡지 않으면 완전마비가 되고 이어 이것은 반신불수를 일으키는 요인이 됩니다.」

나는 김정배 씨에게 이렇게 설명을 하고 곧 지압법과 손바닥 요법을 써서 우선 막힌 경락을 뚫어 주고 막힌 혈관 가운데 마비된 쪽 코 속에 있는 모세혈관에 자극을 주었다.

얼굴은 중요한 신경이 모여 있는 곳이라 시술은 조심스럽게 이틀에 나누어서 했다.

첫날에는 시술 뒤에 검은 코피가 약간 나왔고 이틀째는 나의 손바닥에서 나오는 열풍(熱風)이 콧구멍으로 들어가자 마비되지 않은 쪽에는 아무 감각이 없고 마비된 왼쪽 얼굴이 후끈후끈 달아오르더니 땀이 나올 지경이 되었다.

찬 물로 얼굴을 씻게 하자 붉은 코피가 많이 흘러 나오더니 그 자리에서 비뚤어졌던 입이 정상 위치로 돌아왔다.

지압과 장풍(掌風)의 원리(原理)를 이용하여 이런 시술을 해보기는 그때가 처음이었기 때문에 혹시 선무당이 사람잡는 결과가 되지 않을까 적이 염려를 했었는데 막상 좋은 결과를 얻으니 얼마나 다행인지 몰랐다.

나는 이 자리를 빌어서 무엇보다도 시술에 협조해 주신 김정배 씨의 조부님의 영혼에게 깊은 감사를 드리고 싶다.


## 2. 위암을 발생시킨 숙부의 원혼(怨魂)

내가 몇 년 전 도렴동(都染洞)에 있는 3·6빌딩에 사무실을 갖고 있었을 때의 일이었다.

일본의 생명실상(生命實相)의 철학을 주장하는 다니구찌 마사하루(谷口雅春)의 뜻을 한국에서도 펴보겠다고 노력하고 계시다는 〈광명의 집〉 주인인 김현진 씨라는 분이 찾아온 일이 있었다.

나는 그때만 해도 요즘과 같이 체질개선에 대한 원리(原理)를 완전히 체계(體系) 있게 세우지 못했던 때였다.

여러 가지 이야기를 주고 받은 끝에 김현진 씨는 혹시 사

람의 명함이나 또는 그 사람의 소지품만 보고도 무엇인가 알
수 있겠느냐는 질문을 해왔다.
　나는,
「어디 실험을 해 보십시다요.」
하고 가볍게 대답을 했다.
　이 때 김현진 씨가 두 장의 명함(또는 이름만 적은 것이었
는지는 하도 오래 전 일이라 기억이 확실치 않다)을 필자 앞
에 내어 놓았다.
　이름을 보자 마자 나에게는 어떤 영상이 떠올랐다.
「이 분은 은행 사람 같은데 앓고 있군요. 위암이 아닌가
싶습니다. 지금부터 3년 전에 부인이 계를 하다가 백 만원
가량 없앤 일이 있는 것같고 그것을 숨겨 오다가 결국 남
편에게 들키고 말았군요. 홧병이 원인이 되어서 처음에는
체한 것같이 앓던 것이 끝내 고질이 된 것 같습니다. 그
리고 또 한 분은 하반신 마비환자 같습니다. 일곱 여덟 살
때 아이들과 함께 놀다가 뱀을 죽인 일이 있거나 아니면
뱀을 죽이는 것을 보고 동정한 일이 있는 것 같습니다. 어
쨌든 뱀의 영혼이 빙의된 것만은 분명합니다.」
내 말이 끝나자 김현진 씨는 이렇게 이야기를 했다.
「처음에 이야기한 것은 맞았읍니다. 은행원에다가 지금 위
암으로 앓고 있는 것은 틀림없는 사실입니다. 그러나 환자
의 부인이 돈을 없앤 일이 있는지는 모르겠읍니다. 그런데
두 번째 경우도 하반신 마비인 것은 맞았는데 뱀을 죽였다
는 것은 잘 납득이 가지 않습니다. 여자가 뱀을 죽였을 까
닭이 없으니까요.」
「아니 그러니까 누가 뱀을 죽였다고 잘라 말했읍니까? 죽
였거나 아니면 뱀을 죽이는 것을 보고 동정했거나 하기 쉬
웠으리라고 하지 않았읍니까. 본인에게 한 번 물어보십시
오.」
　김현진 씨는 그날 돌아가더니 다음날인가(이것 역시 기억

이 분명치 않다) 며칠 뒤엔가 다시 나를 찾아왔다.

「그래 확인해 보셨던가요?」

하는 나의 질문에 김현진 씨는 그 독특한 미소를 띄면서,

「맞았읍니다. 동네 아이들이 뱀을 죽이는 현장에서 구경을 하면서 동정을 했다는군요. 사실은 제 아내올시다.」

하고 이야기를 했다.

「오늘 좀 시간을 내 주셔야겠읍니다. 위암 환자를 가서 좀 보아 주셔야겠어요.」

나는 체질개선의 원리의 체계를 세우던 중이라 한 명이라도 더 많은 임상경험을 갖기를 원하던 때라 두 말 할 여부가 없었다.

우리는 삼양동 근처에 있는 위암환자의 집을 찾았다.

환자는 피골이 상접한 모습으로 누워 있었다.

얼굴에는 이미 황달 기운이 있었고 신음 소리를 내면서 몸도 가누기 어려운 것이 이미 암 환자로서는 말기 증상인 것이 분명했다.

도저히 가망이 있는 것 같지 않았다.

그렇다고 여기까지 왔다가 그냥 돌아설 수도 없는 일이었다.

환자 옆에 부인이 시중을 들고 있기에 물어 보았다.

「남편의 숙부님들 가운데 절손(絶孫)한 집안이 없읍니까?」

「네, 있읍니다만……」

하고 부인은 의아한 눈초리로 나를 보았다.

「그 분이 바깥 양반과 같은 병을 앓지 않았읍니까?」

부인은 고개만 끄덕였다.

「바깥 양반을 양자로 삼고 싶어하지 않았읍니까?」

「아니 저희 집 양반 동생이 그 댁 가통을 이었는데요.」

「아닙니다. 그분은 임종하는 자리에서도 양자 문제가 자기 뜻대로 되지 않았다고 상당히 불평을 하신 것 같은데요.」

그러자 환자가 입을 열었다.

「아니요, 그 선생님 말씀이 옳아요. 작은 아버님께서는 나를 양자를 삼고 싶어하셨다오.」

나는 부인을 보고 한 마디 했다.

「전생(前生)에서는 댁의 남편이 그분의 아드님이었읍니다. 그것도 집을 버리고 나간 아드님이었지요 그래서 본인이 굳이 양자 삼기를 원한 것입니다. 그리고 지금 작은 아버지의 영혼이 빙의되어 있는 게 분명합니다.」

나는 제령(除靈)을 하기는 했으나 생명을 건지기에는 너무 늦었다는 이야기를 부인에게 들려주었다.

다만 깨닫지 못한 영혼이 되어 이런 불행이 집안에 계속되는 일만은 없으리라고 했다.

그 뒤 얼마 뒤에 김현진 씨가 사무실에 오셨기에 환자의 안부를 물었더니 운명을 했노라고 이야기했다.

원한을 가진 숙부의 영혼이 데려간 것이 분명했다.

이것은 조상령(祖上靈)들이 실제로 살아 있다는 좋은 실례(實例)가 아닌가 한다.


# 3. 위장병을 앓는 형제

이것 역시 내가 도렴동에서 연구원을 내고 있었을 때의 일이다.

하루는 한 젊은 이가 나를 찾아와서 호소를 했다.

아무리 약을 써도 차도가 없는 위장병을 앓고 있다는 이야기였다.

그 원인이 무엇인지 알았으면 좋겠다는 이야기였다.

「더 악화되지도 않고 좋아지지도 않고 항상 그 모양이거든요.」

「아버님이 살아 계신가요.」

「아아뇨, 돌아가셨읍니다.」

「아버님은 생전에 제사 지내는 것을 옳다고 생각하셨죠?」

「네.」

「선생은 기독교 교인이시군요. 제사 안 지내죠?」

「네, 안 지냅니다.」

「집안 형제들 가운데 선생 같은 환자가 또 있는데요.」

「네, 저의 형님이 저와 똑같은 병을 앓고 계십니다. 아버님이 돌아가신지 1년 뒤에 걸리셨죠. 그러다가 다음 해에 저까지 앓게 된 것입니다. 원인이 무엇일까요. 병원에서는 아무 이상이 없다고 하는데 소화는 여전히 안 된단 말씀입니다.」

「혹시 오늘이 아버님 제삿날이 아닌가요.」

젊은이는 한동안 생각에 잠겨 있더니 맞았다고 하면서 몹시 신기해 하는 것이었다.

「교인이라고 해서 부모가 돌아가신 돐이 되는 제삿날에 추념제 같은 것을 지내서는 안된다는 법이 있읍니까? 당신도 부모의 몸을 빌어서 이 세상에 나온 것이지 공중에서 떨어졌거나 나무가지 사이에서 태어난 것은 아니지 않습니까? 살아 있는 자식들은 하루 세 번씩 꼭 식사를 하고 한 끼니라도 거르면 큰 일 나는 줄 알면서 일 년에 한 번, 상 차려 드리는 것을 못 한대서야 이야기가 됩니까? 찬물 한 그릇에 밥 한 그릇이라도 좋으니까 당장 돌아가서 간단하게라도 제사를 지내 드리도록 하세요. 돌아가신 분의 소원을 들어드리세요. 그러면 모르긴 해도 두 형제분의 원인 모를 위장병은 깨끗이 치유될 것입니다.」

나는 이렇게 타일러서 돌려보냈다.

그 뒤 이 젊은이는 다시 우리 연구원을 찾아오지 않았기에 위장병이 치유되었는지 여부는 확인하지 못했지만 아마 틀림없이 제사를 지내게 되었으리라고 믿고 싶다.

# 4. 까닭 모르게 입 안이 쓴 병

김향기 여사(女史)라고 병원에서 혈액 주사를 잘못 맞아서 혈청간염(血淸肝炎)이라는 병에 걸려 고생하다가 나에게서 체질 개선하는 시술을 받고 완쾌된 부인이 있다.

이 김향기 여사가 하루는 점잖게 생긴 풍신 좋은 초로(初老)에 접어든 마나님을 모시고 왔다.

아주 이상한 병이었다.

무엇이고 입 안에 음식이 들어가기만 하면 입 안이 쓰고 아린 괴상한 병을 앓고 있는 부인이었다.

「그래서 종합검사도 여러 번 받아보았읍니다만 병원에서는 아무런 이상이 없다는 것이었어요. 따라서 약도 주지를 않더군요.」

「그래 언제부터 앓게 되었나요.」

「한 3년 가량 되는 것 같습니다.」

이것은 틀림없이 빙의령(憑依靈)이나 아니면 영장(靈障)에 의한 질병이라는 생각이 들었다.

나는 말없이 영사(靈査)를 했다.

「친정 아버님은 돌아가셨나요?」

「그러믄요.」

「제사 지내시나요?」

마나님은 어찌된 영문인지 얼굴을 붉힐 뿐 아무런 대답을 하지 못한다.

「친정에 손이 끊어졌군요. 따님만 두 분인 것 같은데요.」

하니까 마나님은 체념을 한 듯 이야기를 꺼냈다.

「김 여사 이야기도 선생님은 보시기만 하면 아신다고 했는데 역시 그 말이 사실이었군요. 기왕에 집어 내신 것이니까 사실대로 말씀드리죠. 저희는 형님과 저만 있을 뿐, 남자 형제가 없읍니다. 그래서 아버님이 돌아가신 뒤로는 제가

제사를 지냈었는데 도중에 생활이 구차해져서 제사지내는
것을 그만두었읍니다. 제가 그만둔 것뿐만 아니라 형님한
테도 지낼 필요가 없다고 했지요. 그랬더니 그 말을 하자
두 사람은 다같이 언제가 제삿날이었는지 기억이 없어져
버렸지요. 그런 뒤부터 이런 병이 생긴 것은 확실합니다.
하지만 아버님 제사 안 지내는 것과 제 병과 무슨 관계가
있지요?」
「딱하기도 하십니다. 아버님께서는 마나님을 아들같이 기
르셨지요.」
「그 말씀도 맞습니다. 선생님은 참 용하십니다. 그러고 보
니 그런 일이 있은 뒤로 저의 집에서 하는 일이 되는 게
없읍니다.」
「이것 보십시오. 사람은 죽었다고 아주 없어지는 게 아닙
니다. 영혼은 저승에서 엄연히 살아 있읍니다. 저승에 있던
영혼이 일 년에 한 번 말미를 얻어서 자기 가족을 찾아오
는 날이 바로 제삿날입니다. 마냐님은 하루 세 끼 맛있게
식사를 하고 돌아가신 아버님 제사는 안 지내고 형님까지
도 말렸다니 아버님의 영혼이 노여워하시지 않았겠나 생각
해 보십시오. 밥 한 그릇 물 한 그릇도 좋으니까 제사를
지내드리세요. 아니 어쩌면 내년이면 아버님이 다시 재생
(再生)을 해서 이 세상에 태어날지도 모르겠으니 아무 날
이고 정해서 한 번만이라도 좋으니까 제사를 올려 드리세
요. 고인(故人)이 불교신자였다면 절에서 제를 올려드리면
더욱 좋겠구요.」
「알았읍니다. 가족들과 의논해서 그렇게 하도록 하겠읍니
다.」
「그럼 마냐님께서는 제 이야기를 받아들이시는 거죠?」
「네.」
「자아 그럼 이 물 한 잔 들어보십시오.」
나는 진동수(振動水)를 만들어서 한 잔 권했다. 물을 마시

212

더니 마나님은,

「정말 목이 시원합니다. 하나도 입 안이 쓰지 않은데요.」
하면서 여러 잔을 거푸 마시었다.

그러나 다음날 나를 찾아온 마나님의 생각은 다시 달라져
있었다.

「가족들이 반대해서 안 되겠어요. 그만두었던 제사를 다시
한다는 데 대해서 모두가 반대로군요. 딸이 제사를 지내면
집안이 안 된다는군요.」

「그야 아들이 있는데 딸이 잘 산다고 제사 지내든가 하는
일은 옳지 않지만 마나님의 경우는 다르지 않습니까. 자아
그럼 이 물 마셔 보세요.」

마나님은 내가 권하는 진동수를 마시더니 얼굴을 찡그린다.
입 안이 온통 쓰다는 것이었다.

「어떻게 하시겠어요. 영혼의 힘이 어떻다는 것을 아직도
못 믿으시겠나요.」

「알았읍니다. 어떻게든 식구들을 설득해서 제사 모시도록
하겠읍니다.」

내가 다시 물을 권하니 이번에는 달다고 했다.

결국 이 마나님은 이런 행동을 수없이 되풀이한 끝에 제사를
지내고 말았다고 했다. 그 뒤 본인이 찾아 오지도 않고, 소개
한 김향기 여사도 아무런 이야기가 없는 것을 보면 그 괴상
한 병에서 해방이 된 게 아닌가 생각된다.


# 5。 잠을 이루지 못하는 사람들


지금 내가 거처하는 방의 벽에는 벽송(碧松)이라는 서명이
든 홍익인간(弘益人間)이라는 족자가 걸려 있다.

이 족자를 써 주신 분에 대한 희한한 이야기 한 토막을 소
개해 볼까 한다.

내가 아직 동민문화사(東民文化社)라는 출판사를 경영하던 때의 일이었다.

우리 출판사에서 펴낸 〈한국아동문학선집〉을 월부판매하기 위하여 외판원들을 모집한 일이 있었다.

외판 책임자였던 정기식 씨의 아이디어에 의하여 국민학교 교원으로 퇴직한 분들을 모집했더니 많은 분들이 응모를 했왔었다.

이때 외판원으로 채용된 사원들을 앞에 놓고 나는 이런 뜻의 이야기를 했다.

지금 여러분들은 교직(敎職)에서 물러나 놀고 있는데 앞으로 체질 개선을 통해서 새로운 사람이 되어서 보람 있는 인생을 보내지 않겠느냐고, 그래서 우선 체질 개선한 결과가 어떻게 된다는 것을 보여주기 위하여 여러분들 가운데 상식으로 해결하기 어려운 고민이 있는 분은 서슴지 말고 이야기를 하시라, 다만 돈이 없어서 고민인 것만은 여러분의 노력으로 벌도록 하라고 했다.

나의 이야기를 듣고 한바탕 폭소를 터뜨리는 가운데 나의 바로 곁에 앉았던,얼굴이 바싹 여위고 새카만 S 라는 분이 일어섰다.

「지금 상식으로 해결할 수 없는 고민을 해결해 주신다는 말씀이 있었는데 제가 바로 그 경우에 해당되는 것 같습니다. 저는 한 달 전에 마포 어느 동네로 이사를 왔는데 그 날부터 온 집안 식구가 밤에 잠을 자지 못하게 되었읍니다. 식구들 모두가 꼭 도둑이 드는 것 같은 불안감을 떨어버릴 수가 없는 것입니다. 불면증 때문에 신경이 곤두선 탓으로 저는 직장에서 교장과 쓸데없는 말다툼을 해서 학교에서 나와야만 했고, 아내는 수술했던 맹장이 재발해서 하마터면 죽을 뻔한 소동을 겪어야만 했읍니다. 이사온 집에 무슨 원인이 있는 것 같은데 사장님께서 해결해 주실 수 있다면 정말 고맙겠읍니다.」

그의 얼굴을 보니 관상에서 말하는 사상(死相)이 되어 있었다.

그날 나는 그와 함께 마포 어느 동네에 있는 그의 셋집을 찾았다.

집은 높은 언덕 위에 자리 잡고 있는 가게집이었다.

집 바로 옆에는 이름 모를 무덤이 둘 있었다.

S선생의 셋집을 보니 나의 눈에는 환상(幻想)이랄까, 하여튼 이상한 풍경이 펼쳐져 보였다.

집도 마을도 사라지고 주위는 깊은 산 속으로 변해 있었다.

말 탄 사냥꾼 일곱 사람이 큰 멧돼지를 몰이해 오는 장면이 보였다.

그들의 입은 옷 모양으로 보아 아주 상고시대(上古時代) 사람들인 게 분명했다.

그 중 얼굴에 수염이 많이 난 사람이 쏜 화살에 멧돼지는 거꾸러졌다.

멧돼지는 분명 죽은 것 같았다.

화살을 쏜 사람이 옆에 따르는 아들인 듯싶은 사람에게 멧돼지가 죽었느냐고 물었다. 질문을 받은 젊은이는 멧돼지가 죽은 게 틀림없다고 했다.

활을 쏜 사람이 멧돼지가 죽었는지 여부를 확인하려고 말에서 내리려는 순간, 죽은 줄 알았던 멧돼지가 벌떡 일어서면서 말의 배를 치받았다. 그리고는 멧돼지는 그 자리에 쓰러져 숨을 거두었다.

말은 놀라서 곤두섰다.

다음 순간 말에서 내리려던 사람은 낙마(落馬)를 했다.

낙마를 한 순간, 바위 모서리에 머리를 심하게 다쳤다. 유혈(流血)이 낭자했다.

일행이 붙들고 통곡을 하는 것을 보니 죽은 게 분명했다.

그들은 하는 수 없이 시체를 그 자리에 가매장을 하고 지금의 철원(鐵原) 쪽으로 말을 몰고 사라졌다.

죽은 사람은 그 당시 부족국가의 왕(王)이었다.

시체를 옮겨오기 전에 지관(地官)을 불러 물어보았더니 현재 묻힌 곳이 명당 자리라고 했다.

많은 사람들이 철원 쪽에서 와서 왕릉(王陵)과 같이 거창한 무덤이 만들어졌다.

이것이 지금으로부터 3,800년쯤 전의 일이 아닌가 싶었다.

그 뒤 아주 오랜 세월이 지난 뒤였다.

고구려의 어느 왕이 말년에 이르러 자기 생전에 왕릉을 만든 일이 있었다. 그런데 어찌된 영문인지 왕의 시체를 안치할 석실(石室)의 한쪽 벽의 조각이 뜻대로 되지 않았다.

왕의 지엄한 분부를 받은 석수장이는 왕의 허가를 받아 백일기도를 올렸다.

백일기도가 끝나던 날 밤 석수장이는 이상한 꿈을 꾸었다.

금상왕이 꿈에 나타나 전생(前生)에 자기가 죽어서 묻혀 있던 무덤을 가르키면서 그곳에서 수백 년을 지내면서 바라다보던 석실의 벽의 조각이 자기 마음에 드니 그것을 옮겨다 쓰도록 하라고 했다.

그 무덤은 주인도 없는 무덤이니까 아주 이번 기회에 없애버리라는 당부도 잊지 않았다.

그 버려진 무덤이 어디 있다는 것도 자세히 일러주었음은 물론이다.

석수장이는 왕에게 자기가 꾼 이상한 꿈 이야기를 자세히 고해 바쳤다.

왕의 허가가 내렸음은 물론이다. 그리하여 지금의 이 자리에 있던 무덤은 파헤쳐졌다.

꿈에서 본 그대로였다.

석실의 벽에 새겨진 조각들은 다시 분해되어 운반되었고 그 무덤은 그대로 버려진 무덤이 되었다.

여기서 나는 환상(幻想)의 세계에서 다시 현실세계로 돌아왔다.

「그러니까 S 선생이 세든 이 집은 옛날 아득한 태고시대 왕릉이었던 셈이죠. 그리고 그때 죽은 사람은 S 선생의 전생에서 부친이셨고 그 분을 돌아가시게끔 멧돼지가 죽었다는 것을 이야기한 사람이 바로 S 선생이셨던 것입니다.」

너무나 상식으로는 헤아리기 어려운 이야기라 S 씨는 두 눈을 껌뻑일 뿐 나의 이야기를 듣기만 할 뿐이었다.

「그러니까 이 집은 낮에는 보통 집이지만 밤이면 다시 옛날의 왕릉으로 돌아가는 것입니다. 무덤의 주인이 밤에 돌아와 보니 전생(前生)에서의 자기의 아들이 이곳을 차지하고 있었죠.그가 노여워한 것은 당연한 일입니다. 아시겠어요?」 나는 S씨에게 이렇게 이야기했다.

정성으로 먹을 갈아서 〈모르고 한 일이니 용서하세요, 조상님에게 감사드립니다.〉 이런 글을 써서 북쪽 벽에 붙여 놓으라고 했다.

그리고는 S 씨와 그의 부인과 한 손을 마주 잡게 한 뒤, 나만이 아는 특수한 방법을 베풀었다.

「아마 모르긴 해도 오늘밤에는 편안히 주무실 수 있을 겁니다. 내일 다시 만납시다.」

다음 날 회사에 출근하니 S 씨가 밝은 표정을 짓고 이미 나와 있었다.

아침 조회시간에 모두들 모인 자리에서 나는 S 씨에게 지난 밤에는 어떻게 되었느냐고 물었다.

「네, 어젯밤에는 초저녁부터 모두 잘 잤읍니다. 정말 신기한 일이었읍니다. 그런데 밤중 열 두 시쯤이었지요. 가게터에서 자던 개가 일어나더니 우리 방 문을 자꾸 덜컹거리며 흔드는 것이었읍니다. 그래 문을 열었더니 방 안을 들여다보며 벽에 걸린 글씨를 유심히 보더군요. 그리고는 다시 제 자리로 돌아갔읍니다. 새벽 네시쯤 이었읍니다. 개가 다시 방문을 흔들기에 문을 열어 보았더니 개는 제 자리로 돌아가 다시 잠이 들어 버렸읍니다. 그 뒤로 아침까지 한

번도 깨지 않고 잘 잤읍니다. 그런데 도대체 사장님께서 어떤 방법을 쓰셨길래 이런 이상한 현상이 일어난 것입니까?」 S 씨는 물었다. 나는 설명을 다음과 같이 해 주었다. 「땅에서 나오는 기운과 S선생 부부와 집과 이렇게 셋을 연결했읍니다. 따라서 이 집에는 전에 없던 일종의 전자(電子) 스크린 같은 것을 쳐 놓은 셈입니다. 밤이 되어 무덤의 주인이 돌아와 보니 들어갈 수가 없었읍니다. 그래서 개에게 통신을 했읍니다. 개가 방문을 흔든 것이 바로 그 때문입니다. S 선생이 방문을 열자 스크린이 내려져 무덤의 주인은 집 안으로 들어와 벽에 써진 글씨를 보고 낮에 있었던 일을 알아 차렸던 것입니다.」

「그러면 새벽에 다시 한 번 개가 방문을 흔든 것은 무엇 때문이지요?」

「그야 뻔한 일이지요. 새벽이 되어 돌아가려는데 스크린이 쳐져서 나갈 수가 없었읍니다. 그래서 다시 선생을 깨운 것이죠.」

「사장님께서 말씀하신 이야기는 도저히 믿어지지 않지만, 하여튼 어젯밤에 처음으로 식구들이 편안히 잔 것만은 사실입니다. 잠을 잘 자고 나니 정말 살 것 같습니다. 그런데 저희가 이사 안 가고 여기서 내내 살아도 괜찮겠읍니까?」

「흉가집도 지니기 탓이라는 이야기가 있읍니다. 앞으로는 S 선생 댁에는 조상의 영혼이 새로 보호령이 되셔서 모든 일이 잘 될 것입니다. 이사 갈 생각은 안 하시는 게 좋습니다. 그리고 오늘 집에 돌아가시거든 바깥 문에다가 〈붓글씨 가르칩니다.〉라는 것을 써 붙이십시오. 앞으로는 심심치 않게 제자가 생겨아마 그것으로 생활이 되실 것입니다.」

이 뒤, 내가 경영하던 동민문화사는 결국 〈아동문학선집〉 때문에 파산을 하고 말았다. S 씨도 자연히 나와 헤어지게 되었는데 하루는 긴히 할 이야기가 있다면서 나를 찾아왔다.

「사장님 말씀대로 요즘은 저를 찾아주는 학생들에게 붓글

씨를 가르쳐 주고 있읍니다. 감사하다는 표시로 이 글을 써 왔읍니다.」

하고 내어 놓은 것이 바로 지금 나의 방에 걸려 있는 족자이다. 벽송(碧松)이라는 아호도 내가 지어준 것이다.

이 이야기를 보아도 알 수 있는 일이지만 사람의 마음에는 몇 천 년 옛날로 거슬러 올라갈 수 있는 능력이 있음을 알 수 있을 뿐더러, 사람이 죽은 뒤에도 살아 있는 조상령(祖上靈)과 깊은 관련이 있음을 알 수가 있다고 생각한다.

# 6。 작가(作家)가 된 여인

일본의 북해도(北海道)에 살고 있는 준회원들 가운데 무라마쓰 · 미찌꼬(村松道子)라는 여인이 있다.

내가 에로힘의 음모에 의하여 부사산(富士山)이 폭발되어 지각변동(地殼變動)이 일어나서 지구(地球)가 멸망한다는 사실을 알게 되었을 때, 나와 한 팀이 되어서 이 대변동을 막는데 적극적으로 협조를 해준 사람인데, 그녀는 작가(作家)가 되어서 책을 쓰게 되는 것이 소망이라고 했다.

나는 그녀가 마음 속으로 존경하는 이미 작고(作故)한 여류작가(女流作家)들의 이름을 적어 달라고 했다.

그녀가 적어 준 명단 중에는 일본의 여류문인(女流文人)뿐만 아니라, 이미 오래전에 세상을 떠난 서양(西洋)의 유명한 여류문사(女流文士)들도 끼어 있었다.

나는 날을 정해서 이들 작고한 분들의 영혼을 영계(靈界)와 유계(幽界)에서 초빙을 해서 그녀의 보호령이 되어 줄 것을 당부했다.

그 뒤 1년이 지나지 않아서 그녀는 일본의 유명한 출판사(出版社)인 〈다마 서방〉에서 자신이 편집한 잡지를 네권이나 발행하였다.

글 공부를 전혀 안한 사람 쳐놓고는 놀라운 편집 솜씨였다. 첫권에는 내가 쓴 글이 꽤 많이 실렸으나 그 뒤 나온 책자에는 내 글은 실리지 않았다.

이들 책 속에 그녀는 시(詩)도 발표했고, 그녀 스스로가 쓴 논문(論文)도 발표했는데 모두가 수준급(水準級) 이상이었다.

나는 〈다마 서방〉에 여러번 내가 쓴 책을 내려고 교섭을 했으나 끝내 실패(失敗)로 돌아갔는데 그녀는 계속해서 네 권씩이나 출판을 했으니 정말 놀라운 일이 아닐 수 없다.

이밖에도 내가 훌륭한 보호령을 초빙해줌으로써 일본에서 제법 이름이 난 신흥종교(新興宗敎)의 교조(敎祖)가 된 사람이 세 사람이나 되었고 그중 한 사람은 종교서적을 집필하여 발행하기까지 하였다.

다만 조금 섭섭한 것은 시중(市中)의 하나의 불량배(不良輩)에 지나지 않았던 젊은이가 나의 도움으로 초능력자(超能力者)가 되어서 하나의 교조가 되고, 책까지 일류 출판사에서 출간을 했는데, 그속에서 나를 형편없는 인간으로 묘사한데는 아연실색 할 수밖에 없었다.

개구리 올챙이 적 시절을 생각지 않는다는 게 만고(萬古)의 진리(眞理)임을 깨닫지 않을 수 없었다.

초능력자는 되었지만 그의 인격(人格)에 문제가 있다고 생각했는데, 과연 아니나 다를까 그 뒤 그는 주변 인물들에게 크게 경제적인 손해를 끼치고 어디론지 잠적을 하고 말았다.

그의 부인이 된 이도 나의 소개로써 이루어진 것인데, 그녀의 가족들도 어찌된 영문인지 나를 배신(背信)하고 말았다.

그 뒤, 들리는 소문에 의하면 이 젊은 새댁은 자궁외(子宮外)임신을 했다가 수술을 받은 결과, 다시는 아기를 가질 수 없는 몸이 되었다고 했다.

딱한 일이 아닐 수 없다고 생각한다.

그가 반성을 해서 좀더 인격이 뛰어난 사람으로 변하기를 바라는 마음 간절하다.

인격과 초능력(超能力)은 아무 관계가 없다는 것, 인격이 훌륭하지 못한 사람이 섣불리 초능력을 얻게 되면 마계(魔界)의 유혹을 받아서 세상을 크게 해(害)치게 되는 경우가 많다는 것을 나는 크게 공부한 셈이었다.

이 뒤로 나는 제자를 양성하는 일에 굉장히 신중을 기하게 된게 사실이다. 보통 사람이었을 때는 선량했던 사람이 어쩌다가 쉽사리 초능력자가 되고보면 교만해지고 악해진다는 것을 여러번 경험하였기 때문이다.

진짜 초능력자는 초능력을 얻게 된 뒤에 더욱 겸손해지고 착해지는 훌륭한 인격자여야 한다고 나는 생각한다.


## 7. 문장(紋章)의 위력(偉力)

이것은 지난 1982년도에 일본 후꾸오까(福岡)에 갔을 때, 내가 직접 체험한 이야기이다.

나의 일본 연구원의 회원의 한사람인 구로다·아끼꼬(黑田明子)여사(가명임)가 남편과 함께 내가 묵고 있는 호텔로 찾아온 일이 있었다.

남편은 얼른 보기에 얼굴빛이 아주 좋지 않아서 간장(肝臟)에 이상이 있는 게 분명했다.

물어보니 아니나 다를까, 간경화증(肝硬化症)으로 해서 오랫동안 병원에 입원했다가 아주 최근에 퇴원했노라고 했다.

나를 찾아온 것은 아무래도 영장(靈障)에 의한 병(病) 같기에 정확하게 영사(靈査)를 받아서 제령을 받고 싶다고 했다.

영사를 해 보니까, 내가 앞서 세상에서 풍신수길(豊臣秀吉)이었을 무렵, 그로부터 지극히 사랑받은 부하들 가운데 한사람이었던 가또오·요시아끼라(加藤嘉明)라는 이름의 다이묘

오(大名)인 영주(領主)였음이 밝혀졌다.

「당신은 전생(前生)에서 나에게 충실한 부하였던 무장(武將)이군요. 가또오·요시아끼라가 분명합니다.

그런데 지금 당신이 근무하고 있는 회사의 중역(重役)가운데 한사람이 지금 당신을 쫓아내려고 애쓰고 있지 않습니까?」

「그것을 어떻게 아셨죠? 정말 안 선생님의 영사능력(靈査能力)은 대단하시군요.」

「그 중역(重役)이 사실은 전생에서는 당신에게 가장 충실했던 중신(重臣)인 가로오(家老)였던 사람입니다.」

「안 선생님의 말씀이 사실이라면 왜 그런 사람이 나를 잡아 먹지 못해 애쓰는 거죠.」

하고 그는 납득이 되지 않는 표정이었다.

「그것은 설마 당신이 전생(前生)에서 자기가 섬긴 주인이었다는 사실을 모르고 있기 때문입니다.」

「정말 큰 일입니다. 그 중역(重役)에게 계속 미움을 받고서는 도저히 회사에 더 이상 나갈 수 없는 형편입니다. 병(病)도 병이지만, 지금 남편이 회사에서 쫓겨나면 저희는 정말 생계(生計)가 막연한 처지입니다.」

하고 부인은 눈물 짓는 것이었다.

자세히 보니, 부인은 얼굴빛이 나쁜 남편과는 달리 굉장히 기품(氣品)이 있는 고귀한 인상을 주는 여인이었다.

나의 그때까지의 경험에 의하면 머지않아 남편을 잃게 되어 미망인(未亡人)이 될 사람은 6개월 전에 이미 과부상이 얼굴에 나타나게 마련인데, 그녀에게는 어두운 구석이라고는 하나도 찾아볼 수가 없는 게 이상했다.

어쩌면 부인의 타고난 왕성한 운명력(運命力)에 의하여 어쩌면 기적(奇蹟)이 일어나서 남편이 좋아질 조짐이 있는 게 아닌가 하는 생각이 들었기에 나는 이런 제안을 했던 것이었다.

「좋은 방법이 하나 있읍니다. 가또오가(加藤家)의 문장(紋章)을 조사해서 그 무늬를 삭인 카프스 단추와 넥타이 핀을 만들어 몸에 지니도록 해보세요. 그렇게 되면 전생(前生)에서 당신을 지켜주었던 보호령이 지켜주게 됩니다. 지금의 당신의 보호령과 멤버·체인지가 되면, 그 결과 그 중역의 보호령에게도 당신이 누구의 재생(再生)이라는 게 알려지게 될 겁니다. 아마 머지않아 건강도 되찾게 될 뿐더러 회사에서도 지금까지는 당신을 몰아내려던 중역이 어느 날 갑자기 마음이 변하여, 쫓아내지 않을 뿐만 아니라, 그의 추천으로 승진(昇進)할 가능성조차 있을 것입니다.」
하고 나는 자신있게 이야기를 해주었던 것이었다.

그들 부부는 도저히 믿을 수 없다는 표정이었다.

「저희들은 회사에서 승진(昇進)하게 되기는 바라고도 있지 않습니다. 쫓겨나지만 않으면 다행인 것입니다.」
하고 그들은 돌아갔다.

그런데 그 뒤 두달 뒤에 또다시 후꾸오까시를 방문했을 때, 이들 부부는 내가 묵고 있는 호텔로 찾아와 반가운 소식을 전해 주었던 것이었다.

남편은 거의 절망적이었었는데 지난 두달 동안에 기적적으로 병(病)이 완쾌되었을 뿐만 아니라, 5월까지도 그를 어떻게 해서든 쫓아내려고 혈안이었던 중역이 갑자기 마음이 변하여 중역회의(重役會議)에서 적극적으로 추천을 하여 구로다씨는 오히려 회사에서 승진(昇進)을 하게 되었다는 이야기였다.

「저희들은 이번 일을 통해서 사람은 누구에게나 전생(前生)이 있다는 사실을 분명히 믿게 되었읍니다. 또한 보호령이 계셔서 굳게 지켜주신다는 것도 실감(實感)으로써 분명히 믿게 된 터입니다. 그래서 매일 아침, 보호령님들에게 감사 기도를 올리게 되었읍니다.」
하고 부인은 명랑하게 이야기해 주었던 것이었다.

# 8. 가보(家寶)인 꽃병을 지키는 영(靈)

1981년에 〈放退四次元〉의 원고를 갖고 일본에 갔을 때의 일이었다. 준회원(準會員)으로서 8개월 이상 〈옴 진동수〉를 마셨지만, 아무래도 좋은 결과가 나오지 않는다는 준회원들이 열명 가깝게 〈썬·루우트·호텔〉로 나를 찾아온 일이 있었다.

그분들을 호텔의 작은 회의실에 집합을 하게 하여, 나는 간단한 연설을 했다.

강연이 끝난 뒤에, 나의 방에 들어오게 하여, 한 사람 한 사람 영사를 하여 제령(除靈)을 해 드렸다.

그때, 여러분들이 보는 앞에서 내가 행한 〈제령〉에 대하여 이야기를 해볼까 한다.

가네다 교오꼬(金田京子·가명) 씨는 언제나 두 어깨가 무겁고 우울하여, 낮에 바깥을 나다니는 게 괴롭고 해빛을 보면 눈이 부셔서 뜰 수가 없고, 몸이 항상 무겁고, 왜 그런지 곧 죽을 것 같은 강박관념에 사로잡혀 있는 이른바 중증(重症)의 노이로제 환자였다.

어떤 분의 소개로 나의 저서(著書)를 읽고 준회원이 되었는데 〈옴 진동수〉를 마셔서 그 결과 머리 무거운 것은 좀 가벼워지기는 했지만, 근본적인 노이로제 증상은 조금도 좋아지지 않았다는 이야기였다.

「그런데 말씀입니다. 저의 언니는 저보다도 더 심한 노이로제였읍니다만, 제가 날라다 준〈옴 진동수〉를 마시고 완전히 좋아진 것입니다. 언니는 그동안 정신병원에도 입원을 했고, 여러가지 치료를 받았지만 전혀 효과가 없었던 것입니다. 그런데 〈옴 진동수〉를 마시기 시작한 뒤 두 주일만에 완전히 정상인(正常人)이 된 것입니다. 언니 보다도 병이 가벼웠었던 저는 조금도 좋아지지 않았는데, 언니는 완쾌되었으니 정말 이상한 일이 아닐 수 없읍니다.」

가네다 여사(女史)는 이렇게 호소했던 것이었다. 이하, 기억을 더듬어서 그녀와 주고 받은 이야기를 적어 볼까 한다.

「부인께서 이런 병에 걸리기 6개월에서 1년 사이에, 무엇인가 집에 대대로 전해 내려오는 중요한 물건으로 이를테면 가보(家寶)라고 할 수 있는 것으로써 꽃병 같은 것을 깨뜨린 일은 없었읍니까?」

「그런 일이 있었읍니다. 남편 집은 대대로 내려온 의사로서 조상님들은 영주(領主)님 밑에서 일하던 전의(典醫)였다는 것입니다. 몇대(代)전의 조상님은 영주님의 급환(急患)을 구한 상(賞)으로써 대명국(大明國)에서 전해 온 꽃병을 하사(下賜)받은 일이 있어서, 그것이 저의 집안의 가보(家寶)가 되었던 것입니다. 그런데 제가 실수를 해서 그 꽃병을 깨뜨렸지 뭡니까? 생각해 보니까 그로부터 여섯달 뒤에 지금의 질병이 발생한 것 같습니다.」

「그 꽃병은 오쯔루라는 조상님의 영혼이 지키고 있었던 것입니다. 부인이 실수해서 꽃병을 깨뜨렸기 때문에 그분이 화를 내어 부인에게 빙의(憑依)가 된 것이 분명합니다.」

나는 이렇게 설명해 준 뒤에, 가네다 교오꼬 부인에게 붙어 있는 영을 준절히 타일렀던 것이었다.

아무리 소중한 물건이라도, 이것이 물질로 만든 것인 이상, 언젠가는 부서지게 마련이라는 것, 또한 그것이 아무리 귀중(貴重)한 가보라고 하더라도, 며느리의 목숨보다는 소중하지 않다는 것, 교오꼬 여사의 잘못을 용서하고, 하루라도 빨리 유계(幽界)로 돌아가셔서 새로 재생(再生)하여 인간 세상에 태어나서 과거세(過去世)를 잊도록 하라고 타일렀던 것이었다.

〈제령〉이 끝난 뒤였다.

「아, 두 어깨가 아주 가벼워졌읍니다. 잘 자고 난 뒤와 같은 상쾌한 기분입니다.」

하고 교오꼬 여사는 명랑하게 이야기를 했다.

「영혼에게 빙의되었던 사람은, 거의 예외(例外)없이 유체(幽體)가 발달되어 있기 때문에 또다시 다른 망령(亡靈)들에게 빙의될 가능성(可能性)이 있으니까, 고바야시씨(小林氏)에게 부탁해서 방어용 은반지를 끼도록 하십시오.」

이날부터 가네다 여사는 노이로제 증상이 완전히 사라지고 건강하게 되었다는 이야기이다.

〈제령〉이 성공한 하나의 예가 아닌가 한다.


## ⑨。 빙의령(憑依靈)이 된 말 이야기

가네다 여사와 함께 나를 찾아온 준회원(準會員)들 가운데 와다나베(渡邊)라는 성(姓)을 가진 부부(夫婦)가 있었다. 남편은 아주 건강했지만, 부인은 얼굴에 마비가 일어나서 한쪽이 뒤틀려 있었다.

얼굴의 반쪽은 전혀 감각이 없다는 이야기였다. 용하다는 침장이는 모조리 찾아다녔고, 한약도 많이 들었지만, 이상하게도 조금도 좋아지지를 않는다는 이야기였다.

와다나베씨와 인사를 나눈 순간, 닛다 요시사다(新田義貞)라는 이름이 머리에 떠올랐기에,

「와다나베씨는 닛다 요시사다라는 분과 무엇인가 깊은 인연이 있는 것 같습니다. 그분의 재생(再生)이거나, 또는 그분이 보호령이거나 어느 편이 아닌가 합니다.」

라고 말했던 바,

「사실은 저희의 먼 조상이 닛다 요시사다입니다. 집안에는 족보도 남아 있고 이것은 확실한 이야기입니다.」

하고 와다나베씨는 굉장히 좋아하는 것이었다.

나의 영사능력(靈査能力)이 결코 아무렇게나 말한 것이 아님을, 여러분들 앞에서 증명된 셈이었다.

부인을 보니까, 이것은 전생(前生)에 원인이 있는 것으로

판명이 되었다.

「당신은 전생(前生)에서 아끼다껜(秋田縣)의 시골에서 산 일이 있고, 그때 집에서 기르던 말 에게 자기도 모르게 큰 가시가 든 먹이를 먹게 하여 그 때문에 말은 죽었던 것입니다. 그때 죽은 말의 혼(魂)이 당신을 원망해서 빙의가 된 것입니다. 젊었을 때는 그런대로 괜찮았읍니다만, 중년(中年)이 되어 몸이 약해지면서 심장도 약해져서, 이와같은 현상(現象)도 일어나게 된 것입니다.」

하고 나는 영사 결과를 이야기하고, 그 자리에서 여러분들이 보는 앞에서, 말의 혼(魂)을 잘 타일러서 이탈(離脫)시켰던 것이었다.

말의 혼(魂)이 떠나자, 그렇게 생각해서 그런지 부인의 얼굴에 약간의 변화가 일어난 것 같았다.

「매일 댁에서 테이프로 진동시술을 하십시오. 그러는 동안 좋아질 것으로 생각합니다.」

자기가 만든 원인(原因)은 그것이 어느 때, 어떤 경우에 이루어진 것이든 결국 언젠가는 본인의 몸에 나타난다는 하나의 좋은 예가 아닌가 생각된다.

## 10。 석불(石佛)의 정기(精氣)가 태어난 여인(女人)

계속해서 내가 영사한 어느 중년 부인의 이야기를 해 볼까 한다.

이 부인은 뛰어난 영능력자(靈能力者)가 아무리 몇번 제령(除靈)을 해도, 곧 다른 영혼이 달라 붙어서 어찌할 수가 없다는 이야기였다.

내가 운영하고 있는 연구원의 준회원으로서 일본인(日本人)으로서는 첫번째 준회원이 된 와다 · 히로시(和田博 가명) 씨는 뛰어난 영능력자(靈能力者)로서 거리를 뛰어 넘어서 원격 심령치료를 할 수 있는 분이었는데, 이 여성은 그분의 환자로서 보기 드문 어려운 경우가 아닌가 싶다는 이야기였다.

나는 마음을 텅 비게 한 뒤, 앞에 앉아 있는 여성의 영파(靈波)에 동조(同調)를 했던바, 갑자기 그 여인의 모습이 거대(巨大)한 석불(石佛)로 변신(變身)되어 보였던 것이었다.

동시에 그 돌부처의 온 몸에는 이루 헤아리기 어려울 정도의 수없이 많은 망령(亡靈)들이 마치 과자에 모여든 파리와 같이 달라 붙어 있는 것이었다.

그런데 그 돌부처가 큰 두 눈을 번쩍 뜨고 필자를 뚫어지게 지켜 보았는가 싶더니, 정신을 차려보니 이상도 해라, 돌부처의 모습은 자취도 없이 사라지고,

「어떻습니까? 무엇이 보입니까?」

목쉰 가냘픈 목소리로 환자인 여성이 나를 물끄러미 지켜보고 있는 것이었다.

「당신은 전생(前生)에서는 인간이 아니었읍니다.」

「그러면 동물의 영혼이 사람이 되었다는 말씀입니까?」

환자는 뜻밖이라는 표정으로 중얼거렸던 것이었다.

「아니, 그런 뜻으로 말한 게 아닙니다. 일본(日本)의 어딘가에 영험(靈驗)이 대단한 돌부처가 있어서, 몇백년 동안에 걸쳐서 수많은 사람들이 기도하는 염력(念力)이 뭉쳐져서 하나의 마음이 되었고, 그 마음이 인간의 모습을 취하여 태어난 것이 부인인 것입니다. 그러니까 우리들 살아 있는 인간들의 눈으로 보면 부인은 틀림없는 인간이지만 육체를 잃어버린 망령(亡靈)들이 보기에는 살아있는 부처님으로 보이는 것입니다. 그러니까 아무리 제령(除靈)을 해도 자꾸만 연달아 빙의가 되는 것입니다.」

하고 나는 그녀에 대한 영사 결과(靈査 結果)를 설명해 주었던 것이었다.

이어서 나는 〈제령〉의 과정(過程)을 통하여 빙의되어 있는

영혼들에게 그녀는 살아 있는 육체인간(肉體人間)이며, 살아 있는 돌부처는 아니라는 것을 준절히 타일렀던 것이었다.

그 순간이었다.

갑자기 눈 앞에 진한 안개가 꺼는가 싶더니, 나의 눈앞에 앉아 있는 여성의 모습이 돌부처로 변신(變身)을 하더니, 그 돌부처가 점점 작아지면서 뒤로 멀어지더니, 그 밑에서 두 눈을 감고 앉아 있는 여인의 모습이 선명하게 나타난 것이었다.

「이제는 걱정 없읍니다. 서서 걸어보십시오.」

하고 나는 자신(自信)을 갖고 선언(宣言)했다. 환자인 그 부인은 이윽고 일어서더니 방안을 걷기 시작했다.

「몸이 훨씬 가벼워진 것 같습니다.」

이렇게 말하는 목소리도 그렇게 생각해서 그런지 훨씬 맑아진 느낌이었다.

「당신은 유체(幽體)가 보통 사람들보다 훨씬 발달되어 있기 때문에 영혼이 달라붙기 쉬운 것입니다. 고바야시(小林) 씨에게 부탁을 해서 은반지에 〈옴진동〉을 불어 넣어 끼도록 하십시오.」

하고 나는 말했던 것이었다.

그 다음날이었다고 생각한다.

이 부인으로부터 전화가 걸려왔다. 다른 사람이 아닌가 착각할 정도로 힘있는 목소리로 이제는 몸이 좋아졌노라고 고맙다는 인사를 하는 것이었다.

# 第 4 章 테레파시의 世界

## 1. 테레파시의 원리(原理)와 그 응용(應用)

테레파시란, 인간의 서로 아무런 물리적(物理的)인 도구라든가, 방법을 쓰지 않고 일종의 염력통신(念力通信)을 하는 현상(現象)을 말하는 것입니다.

꿀벌들이 멀리 떨어져 있는 다른 꿀벌들에게 꽃밭의 소재(所在)를 가르쳐 주는 것도 일종의 테레파시 통신에 의한 것이 아닌가 생각이 되고 있는 것입니다.

물론 테레파시 통신은 누구나 할 수 있는 것은 아니지만, 또한 특수한 초능력(超能力)을 가진 사람들이나, 영능력(靈能力)을 지닌 사람들이 서로 테레파시 통신을 할 수 있다는 것도 널리 알려진 사실인 것입니다.

일설(一說)에 의하면 오스트레일리아 대륙(大陸)에 살고 있는 어떤 원주민(原住民)들은 선천적(先天的)으로 테레파시 능력을 갖고 있어서, 고향에서 멀리 떨어져 있는 사람도, 자기 가족에게 어떤 사건(事件)이 일어나면 테레파시 통신을 해서 급히 서둘러 고향으로 돌아간다고 합니다.

그러나 내가 아는 한, 문명인(文明人)들 가운데 하나의 종족(種族)으로서 테레파시 능력을 가진 사람들이 있다는 이야기는 아직 듣지 않은 게 사실입니다.

한편, 테레파시 통신(通信)은 살아 있는 사람들끼리 서로 주고 받을 수 있을 뿐만 아니라, 이미 죽은 사람의 영혼이, 아직 살아 있는 가족들에게 장차 일어날 일들을 테레파시로 알려온 예(例)는 많은 것입니다.

나는 지금 여기서 테레파시 현상의 수많은 예를 들어서, 그와 같은 현상(現象)이 실제로 존재한다는 사실을 여러분들에게 알리려는 것은 아닙니다.

한마디로 말해서, 테레파시 현상(現象)이 존재하는 것은 분명한 사실이고, 전파(電波)와는 또 다른 시간(時間) 속을 전도(傳導)하는 일종의 염력파(念力波)인 것으로 보아, 테레파시 현상은 사차원적(四次元的)인 현상이라고 생각이 되는 터입니다.

그러나, 한편으로는 테레파시가 어떤 원리(原理)로 작용(作用)하는가 하는 문제에 대해서는 물리학적(物理學的)으로도, 심령과학적(心靈科學的)으로도 이렇다 하는 정설(定說)이 없는게 사실입니다.

그래서 그동안 10년 이상, 내가 연구하고, 체험(體驗)한 사실들을 토대(土臺)로 삼아서, 내가 세운 하나의 가설(假說)을 소개해 볼까 합니다.

사람의 간뇌(間腦)에는 송과체(松果體)라고 하는 의학적(醫學的)으로는 아직 그 정확한 기능(技能)이 알려져 있지 않은 신비(神秘)스러운 기관(器管)이 있는데, 그 송과체 안에는 뇌사(腦砂)라는 것이 있고, 여덟살까지는 뇌사가 분명히 존재하지만, 그 뒤 성장하여 어른이 됨에 따라, 그 뇌사는 자취를 감추게 되어 흔적만 남게 된다고 합니다.

대체로 보아 여덟살 미만의 어린이들은 영감(靈感), 직감(直感)이 발달되어 있읍니다만, 그 뒤 자람에 따라서 영감능력(靈感能力)은 거의 없어지게 되고, 상식(常識)에 의하여 온갖 사물(事物)을 판단하는 범인(凡人)이 되는 것을 보면, 이 송과체 안에 있는 뇌사(腦砂) 테레파시 능력은 무엇인가 깊은 관계가 있는 게 아닌가 생각되는 것입니다.

이것은 어디까지나 내가 세운 가설(假說)에 지나지 않습니다만, 송과체(松果體)안에 있는 뇌사를 어떤 특수한 방법을 써서 응집(凝集)을 시켜서 아주 작은 알맹이를 만들면, 그 알맹이는 각자(各自) 고유(固有)한 영파(靈波)의 파장(波長)에 동조(同調)할 수 있게 되는 게 아닌가 생각되는 것입니다.

이 뇌사를 응집시켜서 만든 알맹이를 〈요가 철학(哲學)〉에서는 〈마니 보주(寶珠)〉 또는 〈제 3의 눈〉이라고 부르는 게 아닌가 합니다.

나의 생각으로는, 〈제 3의 눈〉은 일종의 검파기(檢波器)로서, 각자의 영파(靈波)에 동조(同調)함으로써, 테레파시 파(波)의 송수신기(送受信器)와 같은 구실을 다하는 게 아닌가 하는 것입니다.

불교(佛敎)에서는 이 〈제 3의 눈〉을 미간(眉間)에 형성(形成)된 〈사리(舍利)〉라고 부르는 것이 아닌가 합니다.

어쨌든 이 〈제 3의 눈〉을 형성시키는데는, 여러가지 방법이 있는 것이 아닌가 합니다.

우선, 명상(瞑想)에 의한 정신(精神) 에너지를 미간(眉間)에 집중시킨다, 또는 〈요가〉의 특수한 훈련이다, 밀교(密敎)의 수행(修行)을 한다, 이런 겨우 어느 편이나 오랜 세월(歲月)을 필요로 하는 것이 가장 큰 결점이 아닌가 합니다.

내가 개발연구(開發硏究)한 〈옴 진동수〉 복용과 병행(並行)해서 행하는, 태양(太陽)의 에너지를 장심(掌心)의 심포경(心包經)을 통해 흡수하여 뇌사를 응집시키는 방법은, 지금까지의 경험에 의하면 대체로 1년 정도면 충분하지 않은가 합니다.

뇌사가 응집되어서 사리(舍利)가 이루어진 사람은, 자기가 곧 상대방이라고 생각하면, 그 순간, 상대의 영파와 같은 파장(波長)을 가진 영파로 변하여 송신(送信)이 가능해지는 것입니다.

## 2。상대의 꿈 속에 나타나다

지금으로부터 몇 년 전 일이었다.

약간 노이로제 기운이 있는 아름다운 중년부인(中年夫人)이 나의 연구원을 찾아 온 일이 있었다.

그녀의 이야기에 의하면, 남편과 결혼한 지 14년이 된다고 하는데, 그것이 약간 변칙(變則)의 생활이었던 모양이었다.

그녀의 남편은 외국인상사(外國人商社)의 직원으로서, 1년 중 8개월은 해외근무(海外勤務)이고, 나머지 4개월은 국내근무를 했다고 한다.

그러니까 4개월 동안, 남편과의 부부생활(夫婦生活)이 한참 재미나게 느껴지게 될 무렵이면 헤어져야 하고, 나머지 8개월 동안은 독수공방 과부와 같은 생활을 14년동안이나 계속했다는 이야기였다.

겨우 여자 혼자서 사는데 익숙해질 무렵이 되면, 해외(海外)에서 남편은 돌아오게 되고 또다시 신혼생활 아닌 신혼생활이 시작되곤 했던 것이다. 이런 변칙적인 생활을 14년동안 계속하다 보니, 이 부인은 상당히 중증(重症)인 노이로제 환자가 되고 말았던 것이었다.

한마디로 말해서 이제는 매일 매일 살아간다는 것 자체가 싫어서 못 견디겠다는 것이었다.

삶에 대한 보람이 없어졌다고나 할까? 그래서 요즘은 자살(自殺)하고 싶다는 충동을 느끼기 시작했다는 이야기였다.

자기와 헤어져서 지내는 8개월 동안 해외거주(海外居住)의 남편의 사생활(私生活)이 어떤 것인지 짐작할 수도 없는 일이고, 혹시 어쩌면 남편에게는 현지처(現地妻)가 있는지도 모른다는 이야기였다.

「바깥 양반에게 직장을 바꾸도록 권유해 본 적은 없었나요?」

「그런데 말씀입니다. 남편 직장의 보수가 굉장히 좋거든요, 저는 굉장히 사치스러운 성격이어서 보통 월급장이의 보수로서는 도저히 생활을 해 나갈 수가 없습니다. 게다가 저는 무엇에 대해서나 아주 싫증을 내기 잘하는 성격이기 때문에, 일년 내내 남편이 곁에 있는 생활은 도저히 견딜 수가 없답니다.」

「그렇다면 다른 도리가 없군요!」

「그런 셈입니다.」

하고 부인은 쓸쓸하게 웃었던 것이었다.

나의 견해(見解)에 의하면, 이것은 분명히 변칙적(變則的)인 부부생활 때문에 생겨난 질병이라고 여겨졌던 것이었다.

어쨌든 〈옴 진동수〉를 열심히 마셔서 균형이 잡혀 있지 않은 몸의 상태를 바로 잡는 수밖에 달리 방법이 없다는 나의 의견을 들려주고, 그날은 그냥 돌려보내는 수 밖에 없었다.

그날밤, 열두시 가깝게 되었을 때였다. 나는 문득 테레파시 능력을 써서 그녀들 부부를 부인의 꿈 속에서 만나게 해주는게 어떨까 하는 기발한 생각이 떠올랐던 것이었다.

나는, 낮에 부인이 맡겨 놓고 간 그녀 남편의 사진을 손에 들고, 우선 방심상태(放心狀態)가 된 뒤에, 내자신의 고유(固有)의 영파장(靈波長)으로부터 그녀 남편의 파장과 동조(同調)를 했던 것이었다.

정신을 차려보니, 나의 유체(幽體)는 어느덧 미국의 시카고 교외(郊外)에 자리잡고 있는 싸구려 호텔의 방 안애 와 있는 것이었다.

눈 앞에 놓인 침대 위에는 사진에서 본 부인의 남편이 정신없이 잠들고 있었다.

나는 그를 두들겨 깨웠다.

「나하고 함께 부인 곁으로 가십시다.」

그러자 다음 순간, 침대 위에 잠들고 있는 사나이의 몸에서 또하나의 사나이가 걸어 나왔다.

다음 순간, 정신을 차려보니 서울 교외에 있는 그의 집 앞이었다.

「자아 안에 들어가서 오랫만에 부인과 그동안 막혔던 회포를 풀도록 하시오.」

하고 나는 그를 집안으로 떠다밀고는, 서재에 앉아 있는 자신의 육체(肉體)로 돌아왔던 것이었다.

문득 정신을 차려보니 그동안 5분 정도의 짧은 시간이 지나갔을 뿐이었고, 머리가 굉장히 아프고 기분이 좋지가 않았다.

자꾸만 헛구역질이 나서 그날 밤은 늦게까지 잠을 이루지 못했다.

내가 진짜 유체이탈(幽體離脫)을 해서 미국까지 갔다 온 것인지, 또는 단순한 환상(幻想)이었는지 분간할 수 없다는 느낌이었다.

그 다음 날 아침의 일이었다.

전날에 나를 찾아왔던 같은 부인이 아침 일찍 연구원에 찾아온 것이었다.

얼굴빛도 좋고, 굉장히 기분이 좋은 것 같은 인상(印象)이었다.

「아주머니께서는 어제 밤에는 밤새 바깥 양반 꿈을 꾸신 것 아닙니까? 신혼시대(新婚時代)로 되돌아간 기분을 맛보신 것 아닙니까?」

하고 말했더니 그녀는 얼굴을 붉히면서,

「어머나, 그것을 어떻게 아셨죠? 정말 원장님은 무서운 분이시군요!」

하고 놀라는 것이었읍니다.

「하기야 제가 간밤에 부인께서 어떤 꿈을 꾸셨는지 알 까

닭이 없는 일이죠. 농담을 한데 지나지 않으니까 너무 놀
라실 것은 없습니다.」
해서 우리는 둘이 다같이 크게 웃었다.

내가 이때 경험한 것은, 단순한 테레파시 송신(送信)이라
기 보다, 유체이탈(幽體離脫)에 가까운 현상(現象)이였던 것
이지만, 실제로 테레파시 통신에 의하여 같은 일이 가능함은
물론인 것이다.


## 3. 기억(記憶)을 지우는 이야기


최면술(催眠術)을 써서, 피시술자(被施術者)의 기억(記憶)
의 어떤 부분을 지울 수 있다는 것은 흔히 듣는 이야기이다.

그런데 상대방에게 최면술을 걸지 않더라도 테레파시 능력
(能力)을 써서, 이것이 가능(可能)한 것이다.

내가 〈성광자기체질개선 연구원(聖光磁氣體質改善研究院)〉
을 시작해서 10년이 넘지만, 한때는 기적(奇蹟) 같은 일들이
많이 일어났던 것이 사실이다.

병원을 다니면서 아무리 약물 치료를 해도 완쾌(完快)되지
않았던 여러가지 난치병(難治病)들이 내가 한 〈체질개선(體
質改善)〉의 시술(施術)을 받고 좋아진 예가 굉장히 많은게
사실이고, 그 때문에 일부의 의사들 가운데에는, 나에 대해서
강한 라이벌 의식(意識)을 가졌던 사람들도 꽤 있었던 것이
아닌가 한다.

그 때문에, 그러한 사람들이 환자(患者)로 변장(變裝)을
해서, 나를 찾아와서는 무엇인가 나의 약점(弱點)을 잡으려
고 했던 일이 여러번 있었다.

물론 그러한 사람들 가운데에는 나를 수상하다고 본, 당국
(當局)에서 파견된 조사원이 있었을지도 모른다.

어쨌든, 그와 같은 사람들은 내가 본 순간에 첫 눈에 그

정체(正體)를 나타내는 것은 지극히 당연한 이야기였다.

나는 이와 같은 사람들하고는, 특히 엉터리라고 생각되는 기상천외(奇想天外)한 이야기를 하곤 했다.

이야기를 하는 도중, 뚫어지게 상대방을 지켜보아 움찔하는 순간, 그대로 상대로 변신(變身)을 해버린다.

「이 녀석은 대학을 졸업하고 자기 딴에는 심령과학의 전문가로 자처하고 있지만, 아무래도 과대망상광(誇大妄想狂)인 것 같다. 하잘것 없는 사나이로군!」

라고 상대로 변신한 채 내가 이렇게 생각한 순간, 상대도 똑같은 생각을 갖게 되는 것이다.

〈자아 돌아가자! 시간 낭비일 뿐이다!〉

하고 생각하면, 상대는 자리를 박차고 일어나게 되는 것이다.

이와 같은 사람이 나의 연구원에서 500미터 가량 걸어갔을 무렵, 강한 암시(暗示)를 보내면 그 순간 그 사나이는 갑자기 숙취(宿醉)에서 깬 것 같은 기분 을 느끼게 된다.

〈도대체 어떻게 된 것이지? 왜 내가 여기 있는 거지?〉라고 생각하게 만들면 그는 방금 얼마 전에 일어난 일들을 전혀 기억하지 못하게 되는 것이다.

그렇다고 해서 영구히 기억을 지울 수는 없는 일이고, 그것은 거의 불가능에 가까운 이야기이지만, 어쨌든 자세한 내용은 생각이 나지 않게 되는 것만은 사실이다.

2~3일이 지난 뒤에, 우연히 길가에서 이런 사람과 마주쳤다고 하자.

내가 모른 체 하는 한, 상대는 내가 누군지 전혀 알지 못하게 마련이다.

기억을 지우는 이야기에 대해서는 〈심령문답(心靈問答)〉안에서 실례(實例)를 쓴 바 있기에 여기서는 더 이상 자세하게 이야기 하지 않기로 한다.

# 4. 택시를 부르다

나의 고등학교 시대의 친구들 가운데 박훈이라는 사람이 있다. 아주 오래 전부터 주한(駐韓) 외국 기관에 근무를 하고 있지만, 그는 철저한 무신론자(無神論者)이다.

일년에 몇번씩, 이 친구를 방문하고는 하지만, 내가 평소에 하고 있는 일에 대해서 여러가지 이야기를 해 주어도, 그는 언제나 전혀 믿으려고 하지를 않았다.

그런데 이 박훈이, 어느 날, 갑자기 아무런 예고(豫告)도 없이, 이웃 과(科)에 근무하고 있다는 한 중년신사(中年紳士)를 데리고, 저녁 나절에 나의 자택(自宅)을 찾아온 일이 있었다.

그가 데리고 온 중년신사는(지금은 성함도 잊게 되었지만) 심령과학 연구에 대해서 깊은 관심이 있는 분이어서 상당히 많은 문헌을 독파한 게 사실이었고, 전문가에 가까운 견해(見解)를 갖고 있는 분이었다.

평소에 박훈으로부터 나에 대한 이야기를 들어서, 꼭 만나고 싶다고 생각해서 찾아왔노라는 이야기였다.

그때, 여러가지 이야기를 들려준 가운데, 나는 초능력(超能力)의 하나인, 테레파시 능력에 대하여, 그 원리(原理)에 대하여 자세히 가르쳐 주었던 것이었다.

「안 선생(安先生)께서 말씀하신 테레파시의 원리(原理)에 대해서는 잘 알았읍니다만, 그 원리가 옳다는 것을 실제로 증명(證明)해 줄 수 있겠읍니까?」

하고 손님이 말한 순간, 박훈은 야릇한 미소를 띄웠다.

내가 실제(實際) 행동으로 〈테레파시의 원리〉가 옳다는 사실을 증명하지 못한다면, 그의 무신론(無神論) 내지는 초능력 부재론(超能力不在論)이 승리를 거두게 되는 셈이다.

「그야 물론 증명해 보여야지요.」

하고 나는 그들 앞에서 잠시 동안, 방심상태(放心狀態)로 들어갔다.

「지금부터 5분 뒤에 집에서 나갑시다. 정확하게 5분 뒤에 말입니다. 우리 집으로 올라오는 언덕 길 위에 노오란 코로나 택시가 한대 나타날 것입니다.」

정확하게 5분이 지난 뒤에, 우리들은 집에서 나왔다.

이미 어두워지기 시작한 집 앞 언덕길로 노오란 코로나 택시가 한대 천천히 올라오고 있지를 않은가?

「어떻습니까?」

「참, 놀랍습니다.」

그러나 박훈은 이 사실을 인정하려고 하지를 않았다.

「여보게 이것은 단순한 우연의 일치라고 보네.」

하는 것이었다.

코로나 택시는 우리들 앞에 와서 멈추어 섰다. 우리들 일행이 이 차를 잡아탄 것은 물론이었다.

차에 올라 타면서, 나는 운전 기사에게 물었다.

「여기는 큰 거리에서는 멀리 떨어진 후미진 곳인데, 손님도 태우지 않고 어떻게 여기까지 오셨나요?」

그러자 운전기사는 이렇게 대답하는 것이었다.

「그것이 참 이상한 일이었읍니다. 저는 제 건강을 위해서 언제나 정해진 시간에 식사를 하는 습관을 갖고 있읍니다. 그래서 이번에도 안국동(安國洞) 로타리에서 손님을 내려 드리고 언제나 찾아가곤 하는 영천(靈泉)에 있는 단골 음식점으로 직행(直行)할 참이었는데, 문득 정신을 차려보니 동십자각 앞에서 삼청동(三淸洞)길로 우회전을 한 것이었읍니다. 운전기사 생활을 한지 20년 가깝습니다만, 이와 같이 자기자신의 의사(意思)와는 아무런 관계없는 당치도 않는 방향으로 핸들을 껶은 일은 한번도 없었던 것입니다. 그래서 내가 상당히 피곤하구나 생각하고 본래 향하던 방향으로 돌아나오려는데, 어쩐지 이 방향으로 가면 손님들이 기다리고 있을 것 같은 강한 느낌이 들었던 것이죠. 또한 이 동부 삼청동(東部 三淸洞)은 산 위에 자리잡고 있는 동네니까 오랫만에 신선한 공기라도 마셔야겠다고 하는 생각이 들어서 그대로 여기까지 차를 몰고 온 것이죠. 어쨌든 여러분들을 태우게 되었으니까, 제 예감(豫感)도 어지간히 맞은 셈이죠!」

하고 운전기사는 자못 유쾌한 듯, 큰 소리로 웃는 것이었다. 어쩐지 풀이 죽어 있는 박훈의 얼굴을 보면서, 내가 싱글싱글 웃었던 것은 물론이었다.

이날, 무교동(武橋洞) 근처에서 차에서 내린 우리들 일행은 어느 맥주 홀을 찾아 들어갔다.

나는 평소에 술을 전혀 않는 편인데, 이날은 상당한 분량의 술을 마셨다. 그러나 조금도 취하지를 않는 것이었다.

「정말 이상한 일이로군, 자네가 술을 전혀 들지 않는다는 것을 알고 있는데 언제부터 그렇게 술이 세어졌나 그래?」

하고 박훈은 고개를 갸우뚱거리는 것이었다.

「이것도 하나의 도술(道術)이라네. 술을 아무리 마셔도 위장에서 흡수하지 않고 그대로 소변으로 내보내는 걸세. 알겠나, 무슨 말인지?」

「따우 그렇군요? 이것도 도술이라, 배우고 싶은 도술인데요?」

하고 박훈의 친구는 사뭇 감탄하는 것이었다.

술집에서 우리가 나온 것은 밤 아홉시 가까운 시간이었다. 지금도 그렇지만, 이 시간은 럿쉬아워 여서 빈 택시를 잡는다는 것은 굉장히 힘이 드는 터였다.

그런데 나는 대담하게도 이렇게 말했던 것이었다.

「여기 택시 정류장에서 5분만 기다려주게. 정확하게 5분 뒤에 다섯대의 빈 택시가 와서 멈추게 될 걸세.」

박훈과 그의 친구는 믿지 못하겠다는 표정이었다. 그런데 5분이 지난 순간이었다. 맞은 편 붉은 신호등(信號燈)이 푸

른빛으로 바뀐 순간, 다섯대의 빈 택시가 연달아 우리들 앞
에 와 닿는 것이었다.

이날 밤, 나는 여러가지 현상(現象)을 보여 주어서, 〈테레
파시 능력〉이 실재(實在)하는 것임을 증명해 보인 셈이었지
만, 그들을 완전히 믿게 만들지는 못했던 것이 아닌가 한다.

박훈은 내가 아는 한, 지금도 여전히 철저한 무신론자(無
神論者)인 것이다.


## 5. 家出 처녀를 歸家 시키다

잘 개인 가을 하늘이 유난히 드높아 보이던 어느 날 일이
었다.

강원도(江原道) 춘천시(春川市)에서 일부러 중년부부(中年
夫婦)가 심각한 얼굴로 나의 연구원을 찾아온 일이 있었다.

첫 대면의 인사가 끝나자, 그들 부부는 나의 앞에 한장의
처녀 사진을 꺼내 놓는것이었다.

「이것은 저의 딸애의 사진입니다만, 며칠 전에 가출(家出)
을 했읍니다. 올해 고등학교 3학년 생인데, 본인(本人)은
대학에 진학(進學)하고 싶다고 말하고 있읍니다만, 저희
집 사정이 그런 여유가 없는 것입니다. 또 저로서는 딸은
시골에서 고등학교까지 졸업시켰으면 충분하다고 생각하고
있은 것도 사실이고, 그보다는 외아들인 동생을 어떻게 해
서든 대학까지 진학을 시켜야겠다고 생각하고 있는 처지입
니다. 집안 사정이 동시에 두명씩 대학에 보낼 형편이 아
니라고 그 사실을 분명히 말했더니 가출(家出)을 하고 만
것입니다. 안원장선생(安院長先生)은 여러가지 이상한 신
통력(神通力)을 갖고 계셔서, 사진만 보고도 모든 것을 아
신다고 들었기 때문에 이렇게 서둘러 쫓아 온 것입니다.
어떻게 해서든, 딸을 집으로 돌아오게 해 주십시오.」

하고 가출 처녀의 어머니는 눈물을 흘리면서 호소하는 것이었다.

　나는 와들와들 떨고 있는 모친의 손에서 사진을 받아들고 물끄러미 지켜 보았다.

　어느덧, 나의 마음은 방심상태(放心狀態)가 되어, 사진의 주인공인 여자 고등학생의 영파(靈波)의 파장(波長)과 동조(同調)를 하고 있었다.

　「아주머니, 따님은 왼쪽 신장(腎臟)을 앓은 적이 있지요?」

　「네, 그렇습니다. 인프렌자를 앓은 끝에 신장염을 앓은 적이 있답니다. 그 때문에 학교도 한달 가깝게 쉰 일이 있읍니다.」

　다음 순간이었다.

　나는 가출한 처녀 자신으로 변신(變身)한 것 같은 기분을 느꼈다.

　어딘지 다방(茶房) 같은 곳인 모양이었다. 쟁반 위에 찻잔을 올려놓고 손님들 앞으로 갖고 가는 정경(情景)이 생생하게 눈 앞에 떠오르는 것이었다. 장소는 서울 시내(市內) 동대문(東大門) 근처에 있는 어느 다방 같은 느낌이었다.

　좌석(座席)이 20개 가량 되는 조그마한 다방인데, 구석진 곳에 앉아 있는 불량배(不良輩) 같은 미남(美男) 타이프의 젊은이가 자꾸만 가출 처녀를 유혹하고 있는 것과 같은 느낌이었다.

　「따님의 친구 가운데 서울시 동대문 근처에 있는 다방에서 일하고 있는 처녀가 있지 않습니까?」

　하고 나는 물어 보았던 것이었다.

　「네, 그런 친구가 있읍니다. 그러지 않아도 그 친구를 믿고 가출을 한 모양입니다. 그런데 저희에게는 그 친구의 주소도 전화번호도 몰라서 연락해 볼 길이 없는 것입니다. 고등학교 여학생이면서 연애사건을 일으켜서 퇴교(退校)당한 불량소녀 입니다. 그 아이와 함께 있다면 제 딸의 장래가 염려됩니다. 어떻게 하든 집으로 돌아오게 해 주십시오!」
하고 말하면서 처녀의 어머니는 흐느껴 우는 것이었다.

「따님을 앞으로 일주일 안에 집으로 돌아오게 하는 방법이 꼭 하나 있기는 합니다만, 이것은 부모(父母)의 동의(同意) 없이는 쓸 수 없는 방법입니다.」

「어떤 방법이든 좋습니다. 저희들이 선생님을 믿고 의지하고 찾아온 이상 모든 것을 맡기겠읍니다.」
하고 비로소, 지금까지 말이 없던 아버지가 두 손을 모으면서 이렇게 말했던 것이었다.

「그 방법은, 지금부터 2~3일 안에 따님에게 신장염을 재발(再發)시키는 것입니다. 그렇게 되면 본인도 마음이 약해질 뿐 아니라, 따님을 돌보고 있는 친구도 당황해서 댁에다 연락을 해 줄 것입니다. 우선 따님의 사진을 저에게 맡겨 놓고 가십시오!」
하고 나는 말했던 것이었다.

이날, 그들 부부를 돌려보낸 뒤, 나는 다시 한번 가출한 처녀의 영파(靈波)에 동조(同調)를 해서 신장염이 재발(再發)했다는 강한 암시(暗示)를 보냈던 것이었다.

2~3일에 걸쳐서 3~4 회 같은 테레파시 송신(送信)을 했던 바, 일주 일째 되던 날, 가출 처녀의 부모로부터 딸이 급성 신장염을 일으켜서 쓰러졌다는 연락이 왔다는 전화가 있었다.

그래서 병원에 입원시켰더니 뜻밖에도 빨리 좋아져서 집으로 데리고 돌아갔다는 연락이 왔던 것이었다.

이런 보고가 있은 지 며칠이 지난 뒤였다. 그들 중년부부는 딸을 앞장 세우고 나의 연구원을 찾아왔던 것이었다.

이때, 나는 이 처녀에게 대학(大學)에 진학(進學)하는 길만이 인생(人生)의 행복(幸福)을 추구하는 길이 아님을 차근차근 타일렀음은 물론이다.

이런 예에서 보듯이, 테레파시 능력은 때에 따라서는 파괴

적인 효과를 가져 올 수도 있는 것이지만, 좋은 목적을 위해
서 당사자들의 동의(同意)를 얻어서 쓰지 않으면 안됨은 물
론인 것이다.


## 6。 미국(美國)에 있는 사람을 불러오다

인천시(仁川市)에 살고 있는 초로(初老)에 접어든 실업가
(實業家)라는 분이 몇 년 전에 나를 찾아온 일이 있었다.

처음 본 인상(印象)으로는 초로에 접어든 분인 줄 알았는
데, 이야기를 듣고 보니 이미 환갑을 넘긴 분이었다.

몇 년 전에 지극히 사랑하던 부인을 잃고, 2년 전에 후처
(後妻)를 맞은 일이 있다고 했다.

이 후처는 전 남편이 유명한 의사였고, 외아들은 지금 미
국내의 어느 종합병원에서 과장으로 일하고 있다고 했다.

처음에는 아들네 식구들과 함께 미국에서 살았었는데 외국
생활이 익숙하지 못했던지 여러가지로 불편을 느낀 나머지
어머니만 한국으로 돌아와서 어떤 사람의 소개로 이 강씨(姜
氏)와 재혼(再婚)했다는 것이었다.

재혼한 강씨의 입장에서 볼 때, 부인은 전처(前妻) 이상으
로 좋은 성품이어서 상당히 행복했던 모양이다. 그런데 함께
살게 되기 시작한지, 1년쯤 지났을 무렵, 미국에서 소식이 왔
다는 것이었다.

며느리가 두번째 아이를 낳게 되어 해산(解産) 구원을 해
달라고 요청을 해왔다는 것이다.

그래서 강씨의 동의(同意)를 얻고 도미(渡美)를 한 부인이
그 뒤 1년이 지났건만 영 돌아올 생각을 하지 않게 되었다는
이야기였다.

부인은 자기자신이 돌아오지 않을 뿐만 아니라, 남편인 강
씨에게도 미국에 와서 영주(永住)하라고 권유를 해 왔다는

것이었다.

그러나 강씨는 실업가(實業家)로서 인천시에 빌딩도 갖고 있고, 사업을 하고 있어서, 일을 정리하고 미국에 갈 입장이 아니라는 이야기였다.

또한 국내(國內)에는 출가한 아들 딸들도 모두 안정(安定)된 생활을 하고 있는 처지라, 부인 한 사람만을 의지하여 미국에 가서 살 생각은 전혀 없다는 이야기였다.

「원장선생님, 이렇게 부탁 드립니다. 어떻게 해서든 제 처(妻)를 한국으로 돌아오게 해 주십시오!」

하고 눈물을 흘리면서 두손 모아 합장(合掌)하는 것이었다.

「방법이 아주 없는 것은 아닙니다. 우선 당신과 부인이 함께 찍은 사진을 한장 갖다 주십시오. 그리고 당신 자신이 열심히 〈옴 진동수〉를 마시도록 하십시오. 사진을 저에게 맡긴 뒤 100일쯤 지나면 무엇인가 좋은 소식이 있으리라고 생각됩니다.」

하하고 말하여 돌려 보냈던 것이었다. 이런 일이 있은 뒤, 6개월쯤 지났을 무렵, 그는 다시 나를 찾아왔다.

「어떻게 되었죠?」

「돌아왔읍니다. 제가 〈옴 진동수〉를 열심히 마시기 시작한 지 꼭 100일째 되던 날 저녁 때였읍니다. 미국에서 장거리 전화가 걸려온 것이었읍니다. 이상하게도 100일쯤 전부터 한국으로 돌아가고 싶다는 생각이 들기 시작해서, 100일 가깝게 되자 더 이상 참을 수가 없게 되어서 비행기표를 샀다는 이야기였읍니다.」

「잘 되었군요!」

「곧 원장 선생님께 연락을 드리는 게 도리인 줄 알면서 여지껏 늦어져서 죄송합니다.」

하고 그는 정중하게 사과하는 것이었다.

이날, 나는 강씨의 초대를 받아서 연구원 근처에 있는 어느 중국요리 집에 가서 함께 저녁식사를 들었다.

식사가 끝난 뒤였다.

중국요리집 사환아이가 차(茶)를 갖다 주었다.

나는 무심히 찻잔을 들었다. 그런데 강씨는 눈이 둥그래져서 나를 바라다 볼 뿐 차를 마시려고 하지를 않는 것이었다.

「원장 선생님도 차를 마십니까?」

「그야 그렇죠. 차를 마셔서 안 될 까닭이 없지 않아요.」

「아니, 저는 마시지 않겠읍니다. 목은 마르지만 저는 인천에 가서 〈옴 진동수〉를 마실 생각입니다.」

「이건 제가 한대 얻어맞았군요!」

해서 우리는 크게 웃었다.

흔히 제 아내에게 듣는 이야기지만,

「당신보다도 준회원(準會員) 되시는 여러분들이 더 열심히 〈옴 진동수〉를 마시고 계신 거예요.」

라는 이야기는 틀림 없는 사실인 것이다.

## 7。 백일몽(白日夢)을 보다

그때, 나는 서울 시내(市內)에 있는 어느 극장에서 임진왜란(壬辰倭亂) 당시 나라를 일본의 침략군(侵略軍)으로부터 지킨 이순신장군(李舜臣將軍)의 전기영화(傳記映畫)를 구경하고 있었다.

그런데 갑자기 눈 앞에 짙은 안개가 낀 것처럼 희미해지더니, 나는 어딘지도 모르는 곳에 와 있는 것이었다.

그 때의 나는 육체(肉體)를 갖지 않은 사념(思念)만의 존재인 것 같았다.

국련(國連)의 대회장(大會場)같이 넓은 곳에 많은 나라들의 대표들이 앉아 있는 것을 확인할 수가 있었다.

중앙(中央)의 연단(演壇) 위에서는 누군가가 연설(演說)을 하고 있었다.

「1980년 대(代)로부터 20년동안, 그 동안 우리들은 우발적

(偶發的)으로 일어난 악성(惡性)의 병원체(病原體) 바이루스에 의한 인류 멸망(人類滅亡)의 위기(危機)와, 지구적(地球的)인 광범한 범위에 걸친 지각변동(地殼變動)에 의한 대재해(大災害)로 말미암아 틀림없이 멸망(滅亡)되는 것이 아닌가 생각되었던 것이 사실이었읍니다. 그러나 다행스럽게도 그 위기(危機)를 넘기어, 지금 전세계(全世界)의 인류(人類)는 6억명, 그 가운데서 4억명은 종래의 인간들과는 틀리는 능력(能力)을 지닌 〈별개의 것〉입니다만, 어쨌든 우리는 무사히 살아 남았읍니다. 이 지구상(地球上)에는 지난 수천년 동안 계속되었던 국경(國境)도 없어지고, 바야흐로 이 세계는 하나가 되었읍니다. 완전(完全)한 세계연방(世界聯邦)이 성립된 것입니다. 〈노스트라다무스〉가 예언(豫言)한 1999년의 7월 초에 세계연방이 성립되어, 지금 우리들은 그 때문에 여기 모인 것입니다. 〈옴 진동수〉의 세계적(世界的)인 보급(普及)에 의하여, 우리 인류(人類)는 똑같은 우주의식(宇宙意識)을 가진 〈별개의 것〉으로 진화(進化)된 것입니다. 하나 하나의 개인(個人)으로부터 집단의식 생명체(集團意識生命體)로 진화 발전된 것입니다. 지난 날, 인류는 몇번씩이나 거의 멸망할 뻔했던 것이 사실입니다만 앞으로는 다시는 그런 과오(過誤)를 범(犯)하는 일은 없으리라고 생각됩니다. 인류는 이제 완전한 깨달음을 가진 어른이 된 셈입니다. 그런 뜻에서 세계연방(世界聯邦)이 성립된 오늘은 우리 인류의 성년식(成年式)에 해당되는 셈인 것이며, 아득한 옛날부터 인류의 소망이며 꿈이었던 지상낙원(地上樂園)의 건설(建設)은 오로지 이제부터 우리들의 노력 여하에 달려 있는 것입니다.」

그때, 어디선지 세발의 총성(銃聲)이 울리고 그와 동시에 연단 위에 서 있던 연사(演士)는 총탄에 맞은 듯, 힘없이 쓰러졌던 것이었다.

순간, 장내(場內)는 물을 끼얹은 것처럼 조용해졌다.

몇천년 만에 인류가 가지가지 위기를 무사히 넘기고, 지상 낙원(地上樂園)을 바라다 보고 세계연방(世界聯邦)이 성립되었다는데, 어째서 또다시 낡아 빠진 암살사건(暗殺事件)이 일어났단 말인가?

이래서는 아직 길은 멀다고 나는 생각했던 것이었다.

그런데 다음 순간, 아주 이상스러운 현상(現象)이 일어난 것이었다.

피를 흘리고 쓰러진 연사(演士)의 시체(屍體)가 갑자기 눈부신 빛을 발하기 시작한 것이었다.

바닥에 쓰러진 몸 전체가 눈부시게 빛나기 시작하는가 싶더니, 무엇인가 사람 모양을 한 빛나는 것이 머리 끝에서 나오기 시작하여, 완전한 사람의 형태로 변한 것이었다.

그 눈부시게 빛나는 존재는 성큼성큼 연단(演壇) 위로 올라 갔다.

마이크로부터는 조금 전과는 비교가 되지 않을 만큼 보름이 있는 장엄한 목소리가 울려나오기 시작한 것이었다.

「여러분, 조금 전 여기 서서 축사(祝詞)를 말하던 저는, 누군가에 의하여 총에 맞아 쓰러졌읍니다. 그러나 저는 죽은 것은 아니었읍니다. 다만 저의 마음을 가두고 있던 육체(肉體)가 망가진 것 뿐입니다. 저는 마침내 자유스러워진 것입니다. 지금부터 12000년 전 옛날, 특수한 사명(使命)을 띠고 저는 푸레디아스 성단(星團)으로부터 이 지구(地球)에 파견이 되었던 것입니다만, 그동안 몇백번, 몇천번에 걸쳐서 재생(再生)을 거듭하면서, 어린 우리 인류를 어른이 되도록 여러가지로 돕지 않으면 안되었던 것이었읍니다. 물론, 저는 이와같은 큰 일을 저 혼자의 힘으로 해냈다고 주장할 생각은 터럭만큼도 없는 게 사실입니다. 많은 선의(善意)의 우주인(宇宙人)들과 많은 지구인류(地球人類)의 형제(兄弟)들이 서로 힘을 합해서 일을 해왔던 것 입니다. 그러나 한 때는 절망(絶望)했던 적도 있었읍니다. 지구인

(地球人)들의 완고함 앞에서, 속수무책이 되었던 적도 결코 한 두번은 아니었읍니다. 편재(偏在)하는 우주의식(宇宙意識)과 하나가 되어, 끝없는 사랑과 지혜(智惠)와 힘의 파동(波動)에 온 몸을 맡기는 것을 이토록 오랜 세월(歲月)에 걸쳐서 거부해온 인류는 이 우주에는 달리 없었기 때문입니다. 그러나 〈옴 진동수〉 보급 덕분에, 마침내 우리 인류의 형제(兄弟)들도 〈옴〉의 진동에 동조(同調)하는, 집단의식생명체(集團意識生命體)로서의 진화(進化)의 길에 접어든 것입니다. 조금 전에 일어난 암살사건(暗殺事件) 때문에 여러분들이 절망(絶望)을 느낄 필요는 조금도 없다고 생각합니다. 우리들에게 있어서는, 나쁜 것도 좋은 일, 좋은 일은 좋은 결과와 연결이 되기 있기 때문입니다. 우리들〈옴 진동수〉 복용(服用) 가족들은, 인간의 본질(本質)은 육체(肉體)에 있는 것이 아니며, 〈전자파(電磁波) 에너지 생명체(生命體)〉인 영혼(靈魂) 그 자체가 본질이며, 이 영혼은 시작도 끝도 없는 불생불멸(不生不滅)의 존재이신 우주신(宇宙神)의 분신(分身)에 지나지 않는다는 사실을 누구나 알고 있고, 또한 믿고 있기 때문입니다. 이제, 저는 오래고 오랜 일에서 해방(解放)된 증거로서, 영광(榮光)에 가득찬 육체(肉體)의 죽음을 맞이한 것입니다. 저는 몇억 명이나 되는 다른 많은 동포(同胞)들 속에서 선택을 받은 바 되어, 실제로 지금까지 우리들이 믿어 왔던 것이 현실(現實)이라는 사실을 여러분들 앞에서 증명할 수 있는 기회를 갖게 된 것입니다. 저는 저에게 이 영광스러운 기회를 마련해 준, 총(銃)을 가진 자(者)를 용서합니다. 아니, 용서할 뿐만 아니라, 그에게 축복(祝福)을 보내는 바입니다.」

그 순간이었다.

어디선지부터 장엄(莊嚴)한 성가(聖歌)의 합창(合唱)이 들려오기 시작한 것이었다.

천사(天使)들의 합창이라고밖에 표현할 수 없는 거룩한 노래소리였다. 장내(場內)는 끝없이 조용했고, 어디선지 카메라 돌아가는 소리만이 들려오는 듯했다.

잠시 뒤, 천사들의 합창은 길게 꼬리를 끌면서 사라졌다.

「여러분, 이제야말로 여러분들은 깨닫게 되었으리라고 생각합니다. 저는 다만, 오랜 수련(修鍊) 끝에 유체(幽體)가 여러분들 눈으로도 볼 수 있는 빛나는 존재(存在)로 발달된 것뿐이며, 여러분들도 본질적(本質的)으로는 저와 똑같은 유체(幽體)를 갖고 계신 것입니다. 여러분들은 이제 더 이상, 죽음을 두려워할 필요가 없어진 것입니다. 이제부터의 여러분들은, 과거의 인류와는 달리, 길고 영광에 가득 찬 일생(一生)들을 보내게 될 것입니다. 그러나 그 어느날엔가, 여러분들도 육체(肉體)의 껍질을 벗고 신(神)의 세계(世界)로 돌아가지 않으면 안 될 때가 올 것입니다. 조금도 걱정할 필요는 없는 것입니다. 그러면 여러분, 저는 오랜 근무를 끝내고, 저의 고향인 다른 별 나라로 돌아가야 할 때가 왔읍니다. 마지막 저의 소임으로서, 여러분들에게 인간의 본질(本質)이 무엇인가를 보여 줄 수 있도록 도와준 총을 가진 자를 다시 한번 축복합니다.」

다음 순간, 연단에 서 있는 빛나는 사람의 손가락 끝에서 한줄기 눈부신 빛이 발사(發射)되었다.

바닥에 쓰러져 있던 시체(屍體)는 다음 순간, 흔적도 없이 연기처럼 사라져 버렸다.

천사(天使)들의 합창과 함께, 눈부시게 빛나던 존재는, 커다란 불덩어리가 되어 장내를 하늘 높이 세번 돌더니 그대로 사라져 버렸다.

다음 순간 나의 마음은 어느덧 극장의 좌석에 앉아 있는 육체 속에 돌아와 있었다.

「인간이 저와 같은 최후를 맞이할 수 있다면, 그 얼마나 영광스러운 죽음일까!」

하고 나는 생각했다.

인류(人類)가 멸망하지 않고, 영광에 가득찬 다음 세대(世代)를 맞이했다는 사실이 진실로 고맙게 느껴진 순간이기도 했다.

지금, 나는 그때 본 백일몽(白一夢)이, 어느 날엔가 실제로 일어날 사건(事件)인지, 단순한 꿈에 지나지 않는 것인지 확실히 증명할 수 있는 길은 없다고 생각하는 것은 사실이다.

그러나 이것만은 분명하다고 생각한다.

단순한 꿈에 그치느냐, 사실이 되느냐는, 인제부터 우리들이 어떻게 살아가느냐에 따라서 정해질 것이라고 나는 생각하는 것이다.

# 第 5 章 원인과 결과

## 1. 도벽이 고쳐진 소년

술을 지나치게 마신다든가, 놀음을 좋아한다든가 도벽이 있다든가 하는 나쁜 습관 때문에 본인은 말할 것도 없고 가족들까지도 몹시 고통을 받고 있는 예가 많다.

그 중에서도 도벽, 즉 남의 물건을 훔친다는 것, 그것도 경제적인 어려움 때문에 도둑질을 하는게 아니고 오직 도둑질 하고 싶은 어쩔 수 없는 충동 때문에 경제적으로 유복한 집안의 자식이 이런 악습을 갖고 있는 예를 우리는 주위에서 더러 보는 예가 많다.

제주도에 사는 어떤 중학생이 이런 악습(惡習)을 갖고 있어서 그 이모 되시 는 분이 나의 연구원으로 데리고 온 일이 있었다.

소년은 우선 방안에 들어와서 나의 얼굴을 마주 바라다 보지를 못했다.

내가 영사(靈査)를 해보니 여러가지 동물령들이 빙의되어서 소년에게 도둑질하고 싶은 욕망을 일으키고 있음이 드러났다.
「혹시 그전에 뱀이라든가 그밖의 다른 동물을 죽인 일이 없는가.」
「제가 벼랑 위에서 소를 잘못 다루어서 바다에 빠져 죽은 일이 있고 또 큰 뱀이 풀밭 위를 지나가는 것을 보고 큰 돌로 쳐 죽인 일이 있읍니다.」
「뱀이 학생을 해(害)치려고 해서 죽인 것인가?」
「아닙니다. 오히려 저를 피해서 달아나는 것을 쫓아가서 죽였읍니다.」
「그럼 말이다. 학생이 그 소나 뱀의 입장이라면 학생에게 복수를 하고 싶다고 생각하겠지.」
「그야 그렇지요.」
「그 동물의 영혼들이 죽는 순간에 학생의 몸에 붙어서 학생에게 자꾸만 나쁜 짓을 하게 해서 처벌을 받게 하자는 거예요. 그러니까 여지껏 도둑질을 한 것은 학생이 한 짓이 아니고 그 원한을 가진 동물령들이 한 짓인거예요.」
나는 학생의 이모되시는 분에게 다시 이야기를 계속했다.
「조카되는 학생은 원한을 가진 동물령에게 빙의되어서 그 피해를 입고 있었던 것입니다. 이 학생에게는 도벽이라는 나쁜 습성은 없는 것입니다.」
그러자 소년이 입을 열었다.
「선생님의 말씀을 듣고 보니 생각이 나는데요. 그 동물들을 죽이기 전에는 저는 그런 악습이 없었어요. 하지만 지금은 그렇지가 않아요. 도둑질하는게 나쁘다는 것을 알면서도 어쩔 수가 없었어요.」
소년은 진심으로 회개하는 태도였다.
이틀동안 〈체질개선〉의 시술을 받고 사흘째 되는 날 〈제령〉을 했다.
제령을 하는 순간, 그때까지 소년의 얼굴에 서려 있던 어두운 그림자가 깨끗이 거치는 듯했다.

　　나를 정면에서 바라다보는 눈도 또렷또렷하고 총명해 보였다.

　　이뒤 얼마가 지난 뒤에 도벽을 지닌 소년을 나에게 안내해 왔던 이모가 연구원을 찾아와 보고를 했다.

　　인제는 도벽도 완전히 사라졌을 뿐만 아니라 성격도 좋아져서 학교에서도 모범생이 되었다는 이야기였다.

　　아무리 설득을 해도 고쳐지지 않는 도벽을 가진 사람은 〈악령〉이나 〈동물령〉의 빙의된 것이 그 원인이 아닌가 한번 의심해볼 필요가 있다고 본다.


## 2. 뱀의 원령(怨靈)


　　예부터 뱀과 인간에 대한 전설(傳說)은 많다. 어떤 처녀가 어느 남자를 사모하다가 죽은 뒤 뱀이 되어서 그 남자를 칭칭 감아서 죽인 이야기라든가, 터주대감인 구렁이를 모르고 잡아 죽였더니 그 집이 망했다든가, 폐병으로 죽어가던 사람이 뱀을 잡아먹고 기적적으로 회복했다든가 그 밖에도 뱀과 인간에 대한 이야기는 헤아리기 어려울 정도로 많다.

　　서양의 역사는 아담이 뱀의 꼬임에 넘어가 금단의 열매를 먹은 결과 인간이 하나님의 노여움을 사서 에덴 동산에서 쫓겨났고 이것이 인간이 질머지고 있는 원죄(原罪)라는 것이 서양인의 기본적인 사고방식임은 누구나 다 알고 있는 사실이다.

　　결국 뱀에 얽힌 여러가지 전설과 설화(說話)를 보면 한결같이 뱀은 사악(邪惡)한 것, 냉혹한 것, 교활한 것, 집념(執念)이 강한 존재로 그려져 있음을 알 수가 있다.

　　하여튼 이상하리만큼 인간의 뱀 종류에 대한 인상이 좋지 않은 것만은 사실이다.

　　어느 역사 학자는 말하기를, 이것은 아득한 태고(太古)시

절에 인간이 파충류들에게 늘 잡아 먹혔던 기억 때문이라고
한 이도 있었다.

인간이 문명해지면서 어느덧 뱀은 우리 주위에서 자취를
감추어 가고 있다.

원시시대에는 우리하고 밀접한 관계를 가졌던 뱀들이 인제
는 우리와는 별다른 관계가 없는 존재가 되어가는 듯한 느낌
이라고나 할까!

그러나 현실을 밑바닥을 캐고 보면 아직도 우리네 인간과
뱀은 깊은 인연을 맺고 있음을 알 수가 있다.

나의 연구원을 찾아온 많은 난치병 환자들 가운데에는 자
기가 알게 모르게 죽인 동물령 때문에 고생하고 있는 이들이
많은데, 그 대부분이 뱀과 개의 원령들이 원흉(元凶)인 경우
가 많았다.

## A. 갑자기 파산한 사나이

1975년도 늦은 가을이었다고 기억된다.

초라한 모습의 한 중년남자가 나를 찾아온 일이 있었다.

커다란 술집을 경영했었는데 갖은 노력을 했음에도 불구하
고, 정신을 차려보니 알거지나 다름없는 신세가 되어 버렸다
는 이야기였다.

나는 그의 두 눈을 가볍게 눌러보면서 〈옴〉진동을 일으켰
다.

「무엇이 보입니까?」

「네, 수백마리의 뱀들이 서로 얼켜서 꿈틀거리고 있는 것
과 같은 모습이 보입니다.」

「뱀을 잡아먹은 일이 있읍니까?」

「네, 뱀이야 수십마리를 잡아 먹었지요. 몸에 좋다고 해서
요. 하지만 뱀을 먹은 뒤에 신경통은 더 심해지고 더구나
뜻하지 않은 파산까지 하게 되었읍니다.」

「선생에게는 지금 뱀의 원한령들이 수없이 빙의되어 있읍

니다. 신경통은 보이지 않는 뱀이 관절 마디마디를 칭칭 휘어감고 있기 때문에 생긴 병이고 사업이 실패로 돌아간 것은 선생으로 하여금 망할 일을 골라서 하게 만든 탓이라고 생각됩니다.」

「그럼 어떻게 하지요. 지금도 뱀술 담가놓은 것을 마당 여기 저기에 묻어 놓았는데요.」

「아까운 생각이 들더라도 모두 땅 위에 쏟아버리십시오. 그리고 진동수를 한달 가량 마신 뒤에 다시 저를 찾아오세요.」

「그럼 그 다음에는 어떻게 되는 거지요.」

「그때는 〈제령〉을 해드리겠읍니다. 지금은 힘듭니다. 선생이 잡아 먹은 뱀들에게 대해서 사과하는 마음을 가져야 합니다. 진동수로 어느 정도 몸을 깨끗하게 한 뒤에 오십시오.」

그 뒤 한달동안 이 사람은 전화를 통해서 열심히 진동수를 만들어 마신 모양이었다.

한달이 지난 뒤에 찾아온 것을 보니 얼굴빛도 좋아지고 밝은 인상이 되어 있었다.

이날 내가 뱀의 원령들을 깨끗이 제령을 시켜서 무사히 유계(幽界)로 이탈을 시켰다.

제령을 하고 나니 그의 얼굴은 더욱 밝아진 듯했다.

고맙다고 인사를 하고 돌아간 뒤 꽤 여러달 동안 그에게서는 아무런 소식이 없었다.

워낙 바쁜 일과(日課)에 쫓기다보니 어쩌다 한두번 와서 체질개선 시술을 받고 간 사람들을 전부 기억할 수는 없는 일이어서 어느덧 나의 머리에서는 그에게 대한 기억은 희미해갔다.

내가 그런 사람이 다녀갔다는 사실을 기억에서 잃고 말았을 무렵, 그는 다시 나를 찾아왔다.

그는 나를 보고 반색을 했으나 나는 얼른 그가 누군지 생각이 나지 않았다.

한참만에야 비로소 그가 어떤 일로 찾아왔던 사람인지 기억에 되살아났다.

「그래 요즘은 어떻게 지내고 있읍니까?」

「네, 저는 인제 완전히 살아나게 되었읍니다. 선생님을 찾아왔을 때는 사실 생계(生計)도 막연했었읍니다. 친구의 도움으로 운전수 식사 전문인 작은 식당을 하고 있었는데 그때는 하루에 고작 열다섯명 가량의 손님밖에 없었읍니다. 그런데 제령을 하고 난 뒤로 갑자기 손님이 늘기 시작했읍니다. 지금은 매일 삼백명 가량 손님이 찾아와서 모두가 단골이 되다시피 했기 때문에 생활문제는 완전히 해결되었을 뿐 아니라 빚도 갚아나갈 수 있게 되었읍니다. 모두가 안 선생님의 덕인 줄 알고 감사하고 있읍니다.」

처음에 찾아왔을 때의 침울하던 표정과는 달리 밝은 표정으로 이렇게 말하는 사람을 대할 때처럼 삶의 보람을 느끼는 일은 없다.

뱀의 원령에서 해방되어서 새로운 인생(人生)을 출발한 분의 소개로 나의 연구원을 찾아온 사람은 십여명에 이르렀고, 그들은 그들대로 모두 기적적인 좋은 성과를 거둔바 있다.

어둠 속에서 헤매는 사람들을 밝은 곳으로 인도해준 식당 주인은 앞으로 더욱 번성하리라고 생각된다.

## B. 땅꾼소년과 뱀과 여인

벌써 십사년째 아주 이상한 질병을 앓고 있는 부인이 있었다.

하루에도 몇번씩 정신이 아득해지고 얼마동안 전혀 기억이 나지 않는 시간이 계속되는 병이었다.

그러니까 정신이 아득해진 뒤 다음 정신이 들 때까지는 무슨 짓을 했는지 전혀 기억이 나지 않는 것이었다.

정신을 차려보면 남의 집 대문을 두드리고 있거나 아니면

길거리에 누워 있어서 사람들이 주위에 가득 모여 있곤 하는
것이라고 했다.

병원에서는 일종의 간질이라는 판단을 내려서 간질치료제
를 벌써 14년째 쓰고 있는데 인제는 약을 매일 먹는 것도 지
겹고, 또 어쩌다 잊고 약을 먹지 않았을 때는 전에 없던 진
짜 간질증세까지 나온다는 이야기였다.

내가 영사를 해보니 다음과 같은 사실들이 밝혀졌다.

「아주머니 혹시 이 병이 생길 무렵에 강물에서 수영한 일
이 없었읍니까?」

「네, 제 고향이 강가여서 수영은 자주 하곤 했읍니다만…
…아 참 그렇군요. 그해 제가 열일곱살 되던 여름이었다고
기억합니다. 강에 가서 수영을 하다가 왼쪽 귀에 물이 들
어간 일이 있었읍니다. 그 뒤로는 물에 들어가는 것이 싫
어졌고 또 지금의 이 병이 생긴 것 같습니다.」

「그 강 기슭에서 조금 하류(下流)로 내려간 곳에 소용돌이
치는 곳이 있지 않습니까?」

「네, 있읍니다.」

「수영하다가 그곳 소용돌이에 말려 들어가 죽은 사람이 많
을 텐데요.」

「그것은 사실입니다. 여러명이, 그것도 수영 잘하는 이들이
소용돌이에 끌려 들어가 죽은 일이 있다고 들었읍니다. 그
래서 그곳에는 물귀신이 있다고들 하더군요. 무서워서 그
근처에는 가지를 못하지요.」

「어느해 여름 땅군소년이 강에서 수영을 하다가 죽은 일이
있었읍니다. 한편 장마때 큰 나무토막을 타고 떠내려오던
굉장히 큰 뱀이 그 소용돌이에 말려 들어가 죽었는데 그
뱀의 영혼이 소년을 감아서 소용돌이로 끌고 들어간 것입
니다. 소용돌이 밑에는 큰 바위가 두개가 있는데 그 바위
사이에는 이곳에 빨려 들어가 죽은 시체들이 끼어 있읍니
다.」

「소용돌이에 말려 들어간 사람은 시체가 떠오르지 않는다고 들었읍니다. 또 시골이라 잠수부를 동원할 생각을 할 수 없는게 사실이고 해서 한번 소용돌이에 끌려들어가면 수신제(水神祭)나 지내는 것이 고작이지요.」

「그런데 그 소용돌이에 끌려 들어가 죽은 땅군소년과 큰 뱀의 영혼이 아주머니에게 기생(寄生)해서 생명력(生命力)을 앗아가고 있기 때문에 그런 병이 생긴게 분명합니다.」

「왜 하필이면 저에게 빙의가 되었을까요?」

「그것은 전생(前生)에서 이 땅군소년과는 모자(母子) 사이가 아니었던가 합니다. 의지해서 들어온 것이지요.」

이틀 시술을 하고 사흘째 제령을 했다.

제령을 하는 동안, 환자에게 발작(發作)이 일어났다.

「아 어둡다. 춥다. 제발 나를 여기서 해방시켜 줘요.」

땅 속으로 꺼져 들어가는 것과 같은 소년의 목소리였다.

뱀이 제령될 때는 큰 구렁이가 몸 밖으로 나가는 시늉을 했다.

몸이 앞으로 쓰러지면서 땅을 기어가는 형태를 해보인 것이었다.

한참만에 부인은 제정신이 돌아왔다. 조금 전에 있었던 일을 전혀 기억하고 있지 않았다.

「마치 해산하고 난 뒤같이 허전하군요.」

한참만에 부인이 한 말이었다.

다음날 부인이 또 찾아왔다.

이번에는 소용돌이에 빠져 죽은 다른 작은 동물들의 영혼들이 집단으로 이탈을 해야만 했다.

이뒤 이 환자는 완전히 건강을 되찾았다고 한다.

현대 의학으로서는 도저히 이해가 가지 않는 일이지만 집단영장(集團靈障)을 해소시킨 결과 난치병으로 오랜 세월 고생하던 환자가 거의 기적적으로 회복한 예는 이밖에도 헤아릴 수 없을 정도로 많다.

## 3. 어느 불면증 환자 이야기

소설가이신 김태영씨가 나를 찾아온 일이 있었다.

십여년에 걸친 아주 완고한 불면증과 위장질환 때문에 몹시 고생을 하고 있노라고 했다.

〈제령〉을 읽고 아무래도 영사(靈査)를 받았으면 해서 찾아왔노라고 했다.

영사를 해보니 다음과 같은 사실들이 드러났다.

김태영씨는 전생(前生)이 중국의 도인(道人)이었다.

말하자면 선도연구가(仙道硏究家)였다고나 할까.

그의 문하(門下)에는 많은 제자들이 있었는데 그중에 마음씨 고약한 사나이가 있었다.

그는 자기가 터득한 신통력(神通力)을 악용해서 여러 사람들을 괴롭혔다.

그의 행패에 견디다 못한 사람들은 계략을 꾸며서 그를 초대해서 술을 진탕 마시게 한 뒤, 모두 달려들어 몽둥이로 때려서 개처럼 잡아 버린 것이었다.

뒤늦게 이 자리에 나타난 선생인 도인(道人)은 한탄을 했다.

「모두가 내가 덕이 없어서 잘못 가르친 탓이다. 정말 미안하구나. 너는 생전에 도인답게 살지 못하고 짐승과 같은 생활을 했고 마지막에는 개처럼 맞아 죽었으니 다음 생(生)에는 아마도 개로 태어나기 쉬울 테니 큰 일이로구나. 그때 내가 다시 너를 만난다면 구해주리라.」

이런 한탄과 함께 도인은 마을 사람들이 지켜보는 가운데 연기처럼 자취를 감추고 말았다.

「그럼 그때의 도인이 저란 말씀입니까?」

하고 김태영씨는 어안이 벙벙해진 얼굴로 두눈을 크게 뜨면서 반문을 했다.

나는 말없이 고개를 끄덕였다.

이윽고 한참만에 나는 입을 열었다.

「선생은 불면증이 생기기 얼마전에 분명히 개고기를 먹은 일이 있을 겁니다. 잘 생각해 보세요.」

김태영씨는 한동안 생각에 잠겨 있더니 고개를 끄덕였다.

「그래요. 개를 잡아 먹은 일이 있읍니다. 그때 시골에 있을 때였는데 위장이 좋지 않아서 고생을 한다고 하니까 개를 먹어보라고 누가 권유한 일이 있었읍니다. 그런데 막상 개를 보니 왜 그런지 불쌍한 생각이 들어서 이 개를 잡아 먹었다가는 오히려 병이 더할 것 같아서 잡지 말라고 했는데 그만 이야기 전달이 늦어져서 개를 잡아 죽인 뒤였읍니다. 한편 그 개의 주인인 마을 소년이 다시 개를 찾으러 와서 벌써 죽었다는 말을 듣고 풀이 죽어서 돌아가지도 못하고 원망스러운 얼굴로 아무 말없이 내 얼굴을 지켜보던 것이 지금도 기억에 생생합니다.」

「그 개가 누구였는지 아십니까? 바로 김태영선생의 전생의 제자가 환생(還生)한 모습이었던 것입니다.」

「그래요.」

아연실색한 표정이었다.

「사람이 동물로 환생을 하면 전생의 기억을 간직하는 법입니다. 동물이 인간으로 승격하여 환생했을 때는 동물이었던 시절의 기억은 없읍니다. 다만 어쩐지 낯선 곳에 와 있다는 소외감을 느끼게 되고 그리고 남다른 강한 영감의 소유자가 될 뿐이죠.」

이날〈제령〉을 했다.

제령을 할 때 몹시 누린내가 풍겼다. 흡사 개털 타는 듯한 고약한 냄새였다.

이날로 김태영씨의 불면증은 씻은 듯이 사라졌다.

본래 개는 밤에 자지 않는 짐승이다. 개의 혼이 나갔으니까 그 당연한 결과로 그렇게도 고질이어서 어떤 치료법에도 끄덕하지 않던 완고한 불면증이 씻은 듯이 사라진 것이었다.

요즘도 김태영 씨를 만나서 〈전생의 제자〉가 환생한 개를 잡아 먹었다고 하면 아주 질색을 한다.

제발 그 이야기만은 여러 사람들 앞에서 하지 말아 달라는 것이다.

## 4。 개로 재생된 어느 프랑스 여인

이것은 내가 〈체질개선 연구원〉을 운영하기 전, 동민문화사(東民文化社)라는 출판사를 경영하고 있었던 시절의 이야기이다.

출판사의 수금관계 일로 영업부장이었던 김봉룡 씨(金奉龍氏)와 함께 부산 출장을 간 일이 있었다.

이때 우리는 〈한국 아동문학선집〉을 출간할 계획을 세우고 있었다.

책을 내기 전에 외판관계 일을 매듭짓기 위하여 부산에 이름난 외판센터인 H의 박사장을 만났다.

박사장과 다방에서 만나서 여러가지 이야기를 나눈 끝에 시간이 있으면 자기 집에 함께 가지 않겠느냐는 권유를 받았다.

마침 저녁때이기도 했고 술한잔 집에서 대접하겠다는 박사장의 모처럼의 친절한 청을 물리칠 아무런 이유도 없었다. 더구나 박사장하고의 사전 교섭을 위해서 부산까지 내려온게 사실이고 보면 오히려 내 편에서 한턱을 내야 할 처지인데서랴.

우리들 일행은 박사장을 따라서 대신동에 있는 그의 집을 찾았다.

벨을 누르니까 개 짖는 소리가 요란스럽게 들렸다. 짖는 소리가 앙칼진 것으로 미루어 보아 스피쓰 종류의 개가 아닌가 했다.

문을 여니 아니나 다를까 흰 스피쓰 한마리가 쏜살같이 달려나와 박사장에게 안겼다.

자리가 정해지고 술상이 나오고 한 뒤였다.

이야기가 어쩌다가 전생(前生)에 대한 화제로 바뀌자 박사장이 갑자기 뚫어지게 나의 얼굴을 보았다.

「안사장께서는 사람의 전생을 알 수 있다고 하셨는데 동물에도 전생이 있다고 보나요.」

「글쎄요. 아직 경험은 별로 없지만 인간이 때에 따라서는 동물로 환생하는 경우도 있고 또 그 반대인 경우도 있는 법이니까 동물에게도 전생이 있다고 보아야겠죠.」

「그렇다면 우리 포리(스피쓰의 이름이었다), 전생이 무엇이었는지 이야기해 주실 수 없을까요.」

「좋습니다. 노력해 보지요.」

내가 박사장 곁에 앉아 있는 스피쓰를 바라다보니 거침없이 한폭의 그림이 떠올랐다.

「이 개의 어미가 어느 고관부인이 구라파에서 돌아올 때 데리고 온 것이고 아빠는 한국에서 태어난 스피쓰가 아니었던가요.」

나의 입에서 이 말이 떨어지자 박사장의 두 눈이 휘둥그래졌다.

「어떻게 그걸 아시죠. 그건 사실인데요.」

「이 개는 전생이 사람이었읍니다. 그것도 루이 16세의 궁전에서 일하던 궁녀(宮女)였어요. 그런데 평생에 개를 지나치게 사랑하여 개와 더불어 성생활(性生活)을 했고 사람하고는 관계한 일이 없었읍니다. 그러니까 스스로의 인격을 모욕하고 짐승과 같이 자신을 다루었기 때문에 재생하는 과정에서 개가 된 것입니다.」

　나의 입에서 이 말이 떨어진 순간, 스피쓰는 갑자기 꼬리를 말고 얼굴을 숙이며 와들와들 떨기 시작했다.
　「저것 보세요. 부끄럽고 무서워서 떠는게 분명합니다.」
　방안에 앉은 사람들은 모두 어안이 벙벙해서 와들와들 떠는 스피쓰와 나의 얼굴을 번갈아 쳐다볼 뿐, 방안에는 한동안 숨이 막힐 것 같은 침묵만이 흘렀다.
　「이 개가 틀림없이 전생이 프랑스 여자였다는 증거를 보여드리죠.」
　나는 풀이 죽어 있는 스피쓰를 보고,
　「라·브와라·브네·이씨(자아 이리 온).」
하고 말한 순간 스피쓰는 마치 쇠사슬에 끌린 것처럼 내 앞으로 걸어왔다.
　「아쎄브·실·브프레(자아 앉아라).」
　스피쓰는 얌전하게 앉았다.
　「도르메(누워라).」
　그러자 스피쓰는 나의 곁에 놓인 베개를 베고 모로 눕는게 아닌가.
　「어떻습니까? 한국에서 태어난 개가 프랑스말을 알아듣는걸 보십시오.」
　박사장은 고개를 끄덕이며,
　「그러니까 이 녀석이 여자였구나, 그래서 나를 그렇게 따르는군 그래.」
하고 웃음을 터뜨리었다.
　부인은 무시무시하다는 표정으로 포리에게 바깥으로 나가라고 했다.
　풀이 죽어서 꼬리를 말고 밖으로 나가는 스피쓰의 모습이 왜 그렇게 처량했던지, 우주를 지배하는 인과(因果)의 법칙이 얼마나 준엄하다는 것을 모두 뼈저리게 깨닫는 순간이기도 했다.

# 5. 어느 남편의 전생(前生)을 본다

사람이 스스로의 존엄한 인격(人格)을 손상시키고 짐승의 위치로 타락시킬 때, 다음번에는 동물로 재생한다는 이야기를 들었거니와 이번에는 그 반대되는 보기를 들어볼까 한다.

S기업의 김동환(가명임) 사장하면 모르는 사람이 없을만큼 건설업계에서는 널리 알려진 인물이다.

국내뿐만 아니라 해외(海外)에서 보다 활발한 활동을 하고 있는 이 S기업 사장의 부인이 지난해 나를 찾아온 일이 있었다.

중년부인들이 대개 그러하듯 신장기능이 좋지 않고 저혈압인 그런 환자였다.

몇 번의 체질개선 시술로 김씨 부인은 몰라보게 건강해졌을 뿐만 아니라 젊어지기까지 했다.

경제적으로 다시없이 유복한 생활을 하고 있는 이 부인에게도 고민은 있었다.

슬하에 오직 하나 외아들이 있을 뿐인데 현재 미국에서 살고 있고 이번에 그 자부(子婦)의 출산을 돕기 위해 미국으로 떠날 준비를 서두르고 있노라고 했다.

자부의 출산을 돕기 위하여 외국을 간다는 것은 우리네 서민층으로서는 감히 바랄 수도 없는 일이지만, 이 부인에게는 남편이 밖에서 낳아 데려온 여덟살 먹은 어린 딸이 딸려 있어 그것이 여러 가지로 정신적인 고통을 주는 원인인 듯했다.

「제가 남편이 원하는 만큼 자식을 낳아 바치지 못한 몸이라 아무 소리 못하고 죽어 지내긴 합니다만 남편의 바람은 손자를 보게 된 지금까지도 멎지를 않는군요. 더구나 당뇨병까지 앓고 있으면서 말입니다.」

하고 부인은 길게 한숨을 몰아 쉬었다.

「한번 모시고 오십시오. 당뇨병 환자도 체질개선해서 좋아진 예가 많으니까요.」

부인은 한참 생각에 잠겨 있더니,

「글쎄 권유는 해보겠지만 오실까 모르겠어요. 저의 남편은 철저한 상식인이어서 현대의학 외는 믿지 않으니까요.」

「그러시겠죠, 하지만 저하고 인연이 있으면 한두번은 오실 겁니다.」

그 뒤 부인이 건강을 되찾은데 감명을 받았음인지 S기업의 김사장이 부인의 안내로 나의 연구원을 찾아왔다.

만나 보니 아주 특이한 인상을 지닌 사람이었다.

한 마디로 말해서 말이 인간으로 재생한게 분명했다.

머리 모양도 아주 특수하고 특히 하반신이 잘 발달된 몸이었다.

이틀인가 시술을 받은 뒤, 대개 이런 경우 그러하듯 바쁘다는 것을 핑계로 그는 다시는 나를 찾지 않았다.

자기의 건강을 위해서 나를 찾은게 아니라 부인의 성화에 못이겨서 마지 못해 찾아 왔던게 분명했다.

「그래도 그이가 두 번이나 온 것은 기적입니다. 조금 피로가 덜하다는가 보더군요.」

「진동수나 댁에서 마시게 하세요.」

「밤낮 해외출장이니 어디 그것이 마음대로 됩니까?」

하고 부인은 한숨을 몰아쉬더니,

「참 저의 남편의 전생(前生)은 알아보셨나요. 저하고는 무슨 인연으로 만나서 이렇게 속을 썩히게 하는 것일까요.」

하고 다그쳐 묻는 것이었다.

「말입니다. 말이 인간으로 환생을 한 것입니다.」

「네?」

부인은 두 눈이 둥그래져서 나의 얼굴을 바라다 보았다.

「부인은 전생이 청(淸)나라 왕실(王室)의 공주(公主)였던 것 같습니다. 굉장히 아끼던 애마(愛馬)가 있었읍니다. 이 말은 공주가 죽을 뻔한 것을 세 번이나 구해준 일이 있었고, 부마가 죽었을 때도 울지 않았던 공주가 애마가 죽자 목을 놓아서 울었읍니다. 남편 이상으로 사랑했던 때문이지요. 그 때문에 그때의 공주가 사랑하던 말이 인간으로 재생을 해서 부인의 지금 남편이 된 것이라고 생각됩니다. 전생(前生)에서 부인을 등에 태우고 편안히 모셨듯이 지금도 부인에게 경제적인 부유한 생활을 보증해주고 있는 것이지요. 말이었기에 또 사방 분주하게 돌아다니는 것이기도 하구요.」

나의 이야기가 끝나는 순간, 부인은 크게 웃음을 터뜨렸다. 눈물을 흘리기까지 하면서 정말로 통쾌하기 이를데 없는 웃음이었다.

항상 내성적(內省的)이고 침울하기만 하던 부인의 얼굴에서 이런 밝은 표정을 보기는 처음이었다.

「말이라니……정말 그렇군요. 생긴 것도 말 같지만 성격도 그래요. 그러니까 제가 전생에서 크게 은혜를 입었군요.」

「네, 그것도 세번씩이나요.」

「그러니까 남편의 잘못이 있어도 적어도 세번은 용서해 주어야겠군요. 또 말이 인간이 되었다면 그이가 인간으로서 다소 모자라는 점이 있어도 제가 너그럽게 보아 주어야죠. 더구나 그이가 제 남편이 된 것은 제가 전생에서 사랑했기 때문이었으니까요. 남편이 죽어도 안울었던 제가 통곡을 했다니……정말 선생님의 말씀을 듣고 보니 속이 후련해지는군요.」

남편의 전생이 말이라는 이야기를 해서 화를 낼 줄 알았더니 그 반응은 정반대였다. 아니 이 이야기를 듣고 부인의 남편에 대한 태도는 아주 관대해진게 분명했다.

S기업의 김사장이 이 이야기를 들으면 노발대발 할는지 모르지만 하여튼 나의 영사(靈査) 결과는 그렇게 나왔으니 할 수 없는 일이고, 또 현실면에서 부인이 관대해짐으로써 김사장의 고충이 덜어진 것은 분명하니까 오히려 나에게 고맙다

는 치하를 해야 될 경우가 아닌가 생각한다.


## 6. 다람쥐가 되었던 조부(祖父)의 재생 (再生)

옛날부터 내려오는 우리 나라 속담에 문둥병과 간질병은 하늘이 내린 천형병(天刑病)이라는 이야기가 있다.

그만큼 이 병들은 예전에는 어려웠던 질병이었고 오늘날 의학의 발달로 많이 줄어들기는 했으나 아직도 이 병을 앓고 있는 당사자나 그 가족들에게는 〈이 무슨 하늘이 내린 형벌인가?〉 하는 탄식이 절로 나오게 된다는 점은 예전이나 하나도 다를바 없지 않나 한다.

문둥병은 그래도 바이러스에 의한 병이라는 것이 밝혀졌기 때문에 이제는 현대의학으로 어느 정도 완치시킬 수 있는 방법이 발견이 된 셈이지만 간질병은 아직도 그 원인이 분명히 밝혀지지 않은게 사실이고 또 원인도 외상(外傷)에서 비롯되는 경우도 있지만 뇌파 검사를 해보아도 아무런 이상(異常)이 없는데도 간질발작은 여전히 일어나는 경우도 많기 때문에 결국 현대의학에서 완치시킬 수 있는 테두리 밖에 놓인 병인게 사실이 아닌가 한다.

나는 그동안 15년에 걸쳐서 많은 간질환자를 취급한바 있고, 그중에는 아주 짧은 시일 안에 완치(完治)된 예도 있고 그런가 하면 나로서는 갖은 방법을 다했지만 성공을 하지 못한 예도 있는게 사실이다.

죽은 사람이나 동물의 영혼이 빙의되어서 생기는 간질, 그것이 이승에서 일어난 일일 경우에는 〈제령〉을 통해서 쉽사리 해결이 되지만, 전생(前生)에서 엄청나게 집단살인(集團殺人)을 해서 그 영장(靈障)으로 말미암아 생긴 간질의 경우는 〈제령〉이 결코 쉽지 않다는 것, 그러니까 태내(胎內)에서 뇌구조 자체에 이상이 생겨서 태어난 선천성(先天性) 간질이라는 것을 알게 되었다.

그러니까 한마디로 간질이라고 해도 그 원인도 전부 다르고 종류도 여러가지 있다는 이야기이다.

지금 여기에 소개하려는 이야기는 아주 색다른 것이기에 독자 여러분들의 깊은 관심을 끌 수 있으리라고 생각된다.

하루는 저녁때가 다 되어서 의정부에서 한 가족들이 나의 연구원을 찾아온 일이 있었다.

여섯살 먹은 아들이 태어날 때부터 간질을 앓고 있으며 하루에도 수십번 발작을 일으키곤 해서 좋다는 치료법은 모두 써보았으나 그야말로 백약이 무효였다는 이야기였다.

그러던 중 나에게서 시술을 받고 간질이 치유된 사람의 소개를 받고 찾아 왔노라고 했다.

그런데 이 아이의 증세가 아주 이상했다.

잠시 한눈을 팔면 똑바로 앞을 향해 쏜살같이 내닫는다는 것이었다.

이 때문에 교통사고도 여러번 당할 뻔했고 벼랑으로 떨어진 일도 있었는데 이상하게도 상처 하나 입은 일이 없었노라고 했다.

「그러면 하루종일 아드님을 붙잡고 있어야겠군요.」

「그러니 죽을 노릇이죠. 사람이 하나 항상 붙들고 있어야 하니 집안 식구들이 정말 죽을 노릇입니다. 제발 덕분에 선생님께서 고쳐주십시오.」

하고 환자의 어머니는 사뭇 애원을 하다시피 한다.

그러자 바로 그 순간이었다.

아이에게 발작이 일어났다.

온몸을 뒤틀고 야단을 치면서 손과 발에 경련이 일어났다.

이윽고 아이의 얼굴은 무엇으로 목을 조인 것처럼 푸르팅팅하게 부어 오르더니 〈찍—〉하는 소리를 내며 고개를 옆으로 돌리더니 그만 의식(意識)을 잃고 말았다.

그 〈찍〉하는 소리가 아주 인상적이었다. 쥐나 다람쥐 종류가 죽을 때 내는 소리와 아주 흡사했다.

의식을 잃은 꼬마를 앞에 놓고 영사(靈査)를 했다.

그러자 다음과 같은 사실을 알아낼 수가 있었다.

「혹시 이 아이를 임신했을 때 아기 아버지가 다람쥐를 죽인 일이 없읍니까.」

그러자 꼬마의 아버지의 얼굴이 창백하게 변하였다.

「네, 그런 일이 있었읍니다.  다람쥐를 잡아서 철사로 엮은 장속에 넣어 두었었는데 먹이를 주려고 문을 연 순간 다람쥐가 도망치려고 뛰어나오다가 철사구멍에 목이 조여서 죽은 일이 있었읍니다. 제가 양심에 가책을 받는다면 바로 이 일이죠. 저는 평생 그 밖에는 살생(殺生)이라고는 해본 일이 없읍니다.」

「그리고 말입니다. 선생의 조부님이 혹시 유명한 사냥꾼이 아니셨던가요.」

「네, 그렇습니다만!」

「조부님은 사냥을 즐기셨는데 그 분은 살생하는 것 자체가 취미가 아니었던가 싶습니다. 죽일 이유가 하나도 없는 다람쥐 같은 것도 눈에 띄면 총으로 쏘아 죽이고 자신의 사격솜씨를 자랑했던 것이 아닌가 싶군요.」

「거기까지는 자세히 모릅니다만 아마 그러시기가 쉬웠을 겁니다. 사냥광이라고 할 정도였다니까요.」

「그 조부님은 돌아가신 뒤 다람쥐로 재생(再生)을 한 것입니다. 인간이 동물로 환생을 했을 때는 앞서 생애의 기억을 간직하고 있게 마련입니다. 그렇지 않다면 자기의 과오로 동물로 태어난 뜻이 없어지거든요. 만일 전생을 기억하지 못한다면 처벌의 뜻이 없어지거든요. 그런데 그 다람쥐가 선생의 손에 붙잡힌 것입니다. 〈나는 다람쥐가 아니다〉라고 아무리 외쳐보아야 소용이 없읍니다. 결국 죄없는 목숨을 함부로 죽이고 아무런 반성이 없었던 사람은 자기가 그 자리에 서보아야 비로소 깨닫게 되는 것이죠. 목숨을 건지기 위하여 도망치다가 다람쥐가 된 조부님은 철사에 목이 걸려서 죽었읍니다. 숨이 넘어간 순간, 다람쥐의 몸에서 탈출한 조부님의 영혼은 그때 임신 초기였던 선생 부인의 몸으로 들어가 이 아이가 된 것이지요. 이 아이는 지금 인간이라는 의식이 없읍니다. 전생에서 다람쥐로서 죽었던 순간의 공포심이 너무나 강했기 때문에 이 아이는 그저 똑바로 도망칠 생각밖에 없는 것이죠, 그리고는 하루에도 몇 번씩 다람쥐로서 목이 졸려서 죽던 장면을 되풀이해 보이는 것이, 우리가 보기에는 간질로 나타난 것입니다.」

「그러면 어떻게 하면 좋겠읍니까.」

하고 아이의 아버지는 혼수상태에 놓여 누워 있는 아들의 얼굴을 내려다보았다.

「방법은 하나, 이 아이의 심층심리(深層心理) 속에 들어 있는 다람쥐로서의 죽는 순간의 기억을 지워버리는 것입니다. 동시에 그것은 이 아이가 선생의 조부로서 저지른 갖가지 살생(殺生)의 기억도 지워버리는 것이 됩니다. 이 우주는 인과율(因果律), 즉 언제든지 원인은 결과가 되어서 나타난다는 법칙을 선생 내외가 깊이 이해하고 그 인과율을 뛰어넘는 법은 사랑의 정신밖에 없다는 사실을 깨닫게 되면 이 아이의 전생의 업장(業障)은 소멸이 됩니다. 그 결과 자연히 간질 증상은 없어지게 될 것입니다.」

나의 조용한 이야기에 그들 부부는 깊이 깨달은 바가 있는 듯했다.

잠들어 있는 어린이에게 체질개선의 시술을 하여 전생의 기억을 지워버리는 동안 아이는 정신없이 자고 있었다.

「발작이 있은 뒤 이렇게 오래 자본 일은 없었는데 참으로 이상한 일입니다.」

하고 아이의 아버지는 감탄을 했다.

다음날 그에게서 전화가 걸려왔다.

「어제 처음으로 발작이 일어나지 않았읍니다. 그리고 가만히 두어도 앞으로 정신없이 뛰어 도망가려는 증세도 없어졌읍니다.」

멀리서 들려오는 전화 속의 목소리는 사뭇 들떠 있는 듯했다.

이뒤 이 아이의 부모는 다시 나를 찾지 않았다.

아마 완쾌가 된게 아닌가 싶다.

이럴 경우, 편지 한통도 낼 줄 모르는 우리 한국인들의 기질을 너무나 잘 알고 있는 나는 별로 서운할 것도 없었다.

〈변소 갈 때 마음 다르고 나올 때 마음 다르다.〉

〈무소식이 희소식〉

이런 속담이 만고(萬古)의 진리임을 새삼 느끼곤 한다.

환자가 완쾌되면 다른 많은 환자들을 소개하겠느니, 사례를 하겠느니 호들갑을 떠는 사람 쳐놓고 병이 완쾌되면 나를 다시 찾아온 사람은 거의 없었으니까 말이다.


# 7. 닭을 무서워하는 소년

고등학교 다니는 남학생이 이상한 노이로제 증상 때문에 그 어머니와 함께 나의 연구원을 찾은 일이 있었다.

6척이 가까운 늠름한 체격의 학생이었는데 그의 노이로제 증상은 아주 특이한데가 있었다.

「이 아이는 키가 너무 크다는 것, 자기의 얼굴이 아주 흉악하게 생겼다고 그것이 고민이군요.」

「전부터 그런 증상이 있었나요.」

「아아뇨. 전에는 그런 일이 없다가 몇달 전 그런 소리를 하면서 성격이 거칠어졌으니까 문제가 된 거죠.」

알고 보니 이 학생의 아버지는 상당히 유명한 아동문학가(兒童文學家)였다.

「혹시 이런 증상이 일어나기 얼마 전에 설악산 같은 곳에 가서 캠핑을 한 일은 없었던가요.」

「네, 있었읍니다. 그러고 보니 그때 몹시 수척해서 돌아왔던 일이 기억이 나는군요.」

「고려말(高麗末)에 살았던 사람으로서 고역사(高力士)라는 별명을 가진 수도승(修道僧)이 설악산에서 수도하다가 죽은 일이 있는데 그가 죽어서 지박령(地縛靈)이 되어 있다가 아드님에게 빙의한게 분명합니다. 제가 보기에도 지금의 아드님의 얼굴은 본래의 얼굴의 인상이 아닌 것 같습니다. 고역사의 얼굴인 것이 분명합니다.」

「그렇다면 이 아이의 고민이 전혀 근거없는 것이 아니란 말씀이신가요?」

「그렇습니다. 아드님의 수상(手相)을 보니까 영능력자가 될 수 있는 특수체질인 것이 분명합니다. 그래서 전생에 산에서 수도하다가 지박령이 된 역사(力士)의 혼백이 빙의된 것이고 아드님의 눈에는 자기 얼굴이 빙의된 영혼의 얼굴로 보이기 때문에 고민하게 된 것입니다.」

나의 자세한 설명을 듣고 학생의 어머니는 어느 정도 납득이 되는 눈치였다.

이런 경우 늘 그러하듯이, 이틀동안 체질개선의 시술을 받고 사흘째 되는 아침에는 공복으로 오게 해서 〈제령〉을 했다.

빙의되었던 영혼이 이탈하자 학생의 얼굴은 그 인상이 온화해졌다.

사납고 거칠어서 흉칙스럽기까지 했던 얼굴은 안개 사라지듯 없어졌다. 거울을 보여주니까 학생은 비로소 안도의 한숨을 쉬었다.

이로써 노이로제 증상은 깨끗이 소멸된 셈이었다.

「그런데 이 애는 몸집이 이렇게 큰데 닭을 굉장히 무서워하는데 저는 아무래도 그 이유를 알 수가 없읍니다. 혹시 이 애의 전생과 무슨 관계가 있을까요?」

하고 어머니가 물었다.

나는 학생을 자세히 영사(靈査)를 했다. 그랬더니 아주 놀라운 사실이 발견이 되었다.

아득한 옛날, 나라와 시대는 확실치 않다. 조정에서 권세를 잡은 어느 간악한 신하가 옥사를 일으켜서 충신들을 몰살을 시킨 일이 있었다.

죄명은 〈역적 모의〉였으나 물론 전혀 근거가 없는 일이었다.

그는 살아서는 부귀와 영화를 누렸으나 죽어서 재생하는 과정에서는 큰 지네가 되었다.

지난 날 인간이었다는 기억을 지닌 채 태어난 지네였다.

지네로서 돌틈에 끼어서 살아야 하는 생활은 비참했다.

한약재로서 지네를 채취하는 산사람들 눈에 띄는 날이면 목숨은 없어지게 마련이었다.

그러나 인간의 의식(意識)을 가진 지네는 죽는게 두렵지 않았다.

죽는 것만이 재생(再生)과 연결됨을 알고 있었기 때문이었다.

자기의 지난 죄를 속죄하기 위해서도 더러운 벌레의 몸이 약재의 일부로서 쓰인다면 다행이라고 생각했다.

일부러 산사람들이 다니는 길목에 나와 있다가 번번이 잡히곤 했다.

몇 백번이나 그런 일이 되풀이 되었을까?

이번에는 틀림없이 사람이 되겠지 하면서 정신을 차려보면 변함없는 지네의 몸이곤 했다.

인제는 인간이었다는 기억도 아리숭해졌다. 아득한 옛날부터 지네였고 다만 인간이었다는 꿈을 꾼 것이 아니었던가 하는 생각이 들기도 했다.

지네는 괴로웠다.

지네라는 의식과 인간이었다는 의식이 한데 뒤섞인 생활은 그 자체가 하나의 지옥의 고통이기도 했다.

차라리 인간이었다는 의식을 완전히 떨어버릴 수 있다면 오히려 좋을 것 같았다.

어차피 인간세계로 돌아올 수 없을 바에야 순수한 지네가 되기를 원하기까지 했다.

그러던 어느, 달 밝은 밤이었다.

돌틈에서 먹이를 찾아 나왔던 커다란 왕지네는 길가 큰 나뭇가지에 방(榜)이 붙은 것을 보았다.

이 고을 사또께서 원인모를 중병(重病)을 앓고 계신데 명의가 이르기를 한자가 넘는 큰 왕지네가 든 약재가 필요한데 그런 왕지네를 구해주는 이에게는 상금으로 열냥을 내린다는 내용의 글이었다.

지네는 자기의 몸이 한 자가 넘는다는 사실을 확인하고 이번에야말로 좋은 기회라고 생각했다.

지네는 밤을 도와서 마을로 내려갔다.

동구에 이르렀을 때는 날은 이미 밝아 있었다.

지네는 가까운 농가를 향해 기어갔다. 그러나 사람의 눈에 띄기 전에 닭이 먼저 알아보고 달려왔다.

〈안된다. 나는 사또의 목숨을 구해야 한다.〉하고 소리쳤으나 아무 소용이 없었다.

닭의 날카로운 주둥이에 찢겨서 한 자가 넘는 지네의 몸은 세 토막이 났다.

격렬한 고통이었다.

의식이 희미해지는 가운데 자기 쪽을 향해 달려오는 사람의 발자국 소리가 들렸다.

닭이 소동을 치는 소리를 듣고 달려나온 농부는 자기 집 장닭이 한 자가 넘는 지네를 미처 다 삼키지 못해 눈을 휘번덕거리며 괴로워하는 것을 발견했다.

방을 읽은 농부는 닭을 잡아 죽여서 지네를 다시 토하게 했다.

　농부가 갖다 바친 왕지네 덕분인지 이 고을 사또는 무사히 사경(死境)을 넘기고 회생(回生)을 했다.

　그 다음에 지네가 다시 정신을 차려보니 그는 어린 아이가 되어 있었다. 그는 기쁘기 이를데 없었다.

　그는 그저 기뻐서 울기만 했다.

　다시 벌레가 될 행동을 해서는 안되겠다고 다짐을 했다.

　어린 아이가 공연히 까닭없이 눈물을 흘리는 것을 보고 어머니는 안질을 앓는 것이 아닌가 의심을 했을 정도였다.

　「그럼 우리 아들이 지네였었단 말인가요?」

　「꼭 그렇다는 것은 아닙니다. 다만 그런 장면이 아드님과 관련해서 떠올랐을 뿐이고, 그것이 사실임을 증명할 길은 물론 없읍니다. 아드님이 닭을 무서워하는 것은 닭에게 잡아 먹힘으로써 모처럼 좋은 일 할 수 있는 기회를 놓침으로써 또다시 지네로 태어나게 될까봐 두려워한 때문이 아니었을까요?」

　「동화 같은 이야기군요. 어쨌든 이 애가 노이로제 상태에서 풀려났으니 감사합니다.」

하고 학생의 어머니는 치하를 했다.

　그 뒤 얼마가 지난 뒤, 이 학생이 완전히 그전과 같이 되어서 학교에 나가게 되었다는 소식을 들었다.

　우주를 지배하는 인과율(因果律)이 얼마나 엄격한 것인가 하는 것을 알려주는 좋은 본보기가 아닌가 한다.

# 第 6 章 체질개선(體質改善)의 원리

## 1. 〈옴 진동(振動)〉의 비밀

인간이란 누구나 알고 있듯이, 육체와 영혼을 갖고 있는 존재이다.

내가 지금까지 심령과학자로서 추구(追求)해 온 〈행복〉이란 어디까지나 마음에 속하는 문제인 것이며, 몸(육체)에 관한 문제는 아니었다고 할 수 있다.

그러나, 건강한 몸에 건강한 마음이 깃들인다는 속담(俗談)과 같이, 몸이 병약(病弱)해서는 인간은 결코 〈행복〉해질 수는 없는 법이다.

몸이 굉장히 건강하게 되면 마음이 행복해질 수 있는 가능성(可能性)은 좀더 커지는 것이다.

그래서 이번에는 몸을 깨끗이 하고, 유체(幽體)와 영체(靈體)와 상념체(想念體)를 깨끗이 함으로써 〈행복〉해질 수 있는 또다른 방법을 여러분들에게 알려줄까 한다.

그 때문에, 나는 여러 해에 걸쳐서 연구해온 바 있는 〈옴 진동수(振動水)〉의 효용(效用)에 대하여 설명하고져 한다.

지금까지 〈행복〉을 추구(追求)해 온 것과는 조금 접근방법이 달라진 셈이다.

지금까지는 마음의 상태를 어떻게 유지하느냐에 따라서 〈행복〉이 당신 것이 될 수 있다는 것을 설명해 온 셈이지만, 이번에는 내가 직접 그 원리(原理)를 발견(發見)하여 창조(創造)한 〈옴 진동수〉를 마심으로써 몸과 의식(意識) 양쪽에 행복을 가져오는 새로운 방법을 밝혀보려는 것이다.

인도(印度)의 요가의 경전(經典)을 연구하여 깨닫게 된 것은, 창조주(創造主)이신 하나님께서 천지(天地)를 만드시고 우주(宇宙)를 창조하셨을 때, 제일 처음에 언령(言靈)으로서 발(發)하신 것이 다름아닌 〈옴진동〉이었다는 것이다.

따라서 〈옴〉은 창조주이신 하나님의 이름이라는 설(說)도 있고, 또한 우리의 지구(地球)가 회전하면서 내는 우리들의 귀에는 전혀 들리지 않는 소리도 〈옴 진동〉이며, 온갖 물질(物質)은 기본적(基本的)으로는 진동하는 입자(粒子)로 구성되어져 있는데, 그 중심은 〈옴진동〉이라고 한다. 〈옴〉은 그리스도교에서는 〈아아멘〉, 회교(回敎)에서는 〈아아민〉으로 변성(變聲)이 되었다는 학설도 있는게 사실이다.

갓난애가 이 세상에 태어나서 처음 말을 배울 때, 먼저 입에 담는 말도 〈옴〉이 변형된 〈엄마〉이며, 한국에서는 이것은 유아어(幼兒語)로 어머니라는 뜻으로 쓰여지고 있는 터이다.

서양(西洋)의 고대유적(古代遺跡)에서도 〈옴〉의 표시(表示)는 수없이 발견이 되었지만, 그 말이 나타내는 참 뜻이 무엇인지 오늘날까지 수수께끼가 되어온 터이라고 한다.

불교(佛敎)의 경전(經典)을 보면, 〈옴〉은 진언(眞言) 가운데 최고의 진언이라고 말해지고 있으나, 일반 대중들은 그 뜻을 잘 모르고 있는게 아닌가 생각된다.

〈옴〉진언(眞言)의 참 뜻이 무엇인가를 바르게 깨닫고, 정확한 〈옴〉진동음을 발성(發聲)하게 되면 그 진동음을 쪼인 생수(生水)는 그 순간부터 생명자기(生命磁氣)를 띤 중수(重

水)인 생명수(生命水)로 변하여, 그 〈옴 진동수〉를 매일 일정한 분량을 일정한 기간 계속해서 마시게 되면, 거의 모든 병(病)이 완쾌(完快)될 뿐만 아니라, 깨달은 인간이 된다는 기록을 나는 요가의 경전에서 찾아내었던 것이다. 그리하여 과거 18년 가깝게, 실험 연구해 본 결과, 경전에 기록된 말씀들이 하나도 거짓말이 아니라는 사실을 굳게 믿기에 이른 것이다.

우리가 살고 있는 이 물질우주(物質宇宙)의 기본원소(基本元素)는 수소(水素)이며, 온갖 지구(地球)의 생명체(生命體)에게 있어서 물은 그 체액(體液)의 기본을 이루고 있으며, 물 없이는 잠시도 목숨을 지탱할 수 없음은 누구나 다 잘 알고 있는 사실이다. 그러니까 몸안의 수분(水分)이 항상 생명수(生命水)로 가득 채워져 있다면 그 결과가 어떻게 될 것인가는 명백한 일이 아닌가 한다.

그러면 여기에서 또다른 각도에서 이 문제를 생각해 보도록 하자.

온갖 물질은 원자(原子)로서 이루어져 있고, 그 원자는 원자핵(原子核)과 그 원자핵 속에 있는 양자(陽子), 핵 바깥을 돌고 있는 전자(電子)(그밖에 중성자(中性子)도 있지만 여기서는 약한다)에 의하여 구성되어 있다. 또한 원칙적으로는 양자(陽子)와 전자(電子)의 수효는 같다고 한다.

그런데, 양자는 프라스 전기를 띠우고 있고 전자는 마이너스 전기를 띠우고 있다.

양자의 수효는 언제나 변화가 없지만, 전자는 경우에 따라서, 그 수효가 느는 경우도 있고 주는 경우도 있다. 원자핵(原子核)의 바깥을 돌고 있는 전자(電子)의 수효가 늘면, 그 물질은 음전기(陰電氣)를 띠우게 되고, 전자의 수효가 원자핵 안에 갇혀 있는 양자보다 적어지면 그 물질은 프라스전기을 띠게 된다고 한다.

온갖 에너지 활동은, 마이너스 전기를 띠운 전자가 소멸되는 과정에서 얻어지는 것이라고 한다. 이 말은 곧 건강한 사람은 체액(體液)이 약한 알카리성(性)을 띠고 있으므로 음전자가 많은 원자(原子)로써 이루어져 있는 것이며, 이와 반대로 몸 안에 유독(有毒)개스(즉 음전자가 적은 원자로 구성된 입자(粒子))가 가득 차서 체액이 오염(汚染)되어, 이른바 산성체질(酸性體質)이 되어 있을 때는, 음전자가 적은 원자(原子)에 의하여 몸이 구성되어 있는 상태인 것이다.

이와 같은 기본원리(基本原理)를 안 뒤에, 〈옴진동〉을 쪼인 물이 어떻게 변하는가 조사해 보기로 하자!

1976년 12월 27일 한국국립보건연구원에서 내가 발견한 〈옴 진동수〉를 분석해 보았던바, PH 7.4(약한 알카리성(性)이며, 대장균이 하나도 없음이 밝혀진 것이었다. 물론 나는 이때 발급된「수질증명서(水質證明書)」를 보관하고 있는 터이다.

나의 과거 18년 동안에 걸친 약 4만명 이상의 시험자료(試驗資料)에 의하면, 〈옴 진동수〉가 지니고 있는 물리적(物理的)인 성질과 그 효과는 다음과 같다.

첫째, 〈옴 진동수〉는 보통 물보다 차겁고, 섭씨(攝氏) 0도에서는 절대로 얼지 않는다. 영하(零下) 3도에서 5도 이하가 되면 비로소 얼기 시작하는 것이다.

또한 보통 생수(生水)보다 약간 무거운 느낌이 있다. 이것은, 이른바 중수소(重水素)로 구성된 중수(重水)로 변하기 때문이 아닌가 생각된다. 인공적(人工的)인 방법으로 중수(重水)를 만드는데는 막대한 경비와 복잡한 시설이 필요한 법인데, 단순히 〈옴 진동〉을 쪼였을 뿐으로 중수소(重水素)로 구성된 중수를 아주 간단하게 만들 수 있다고 한다면, 과학적으로 보아서 그것만도 대단한 일이라고 생각된다.

어떤 한국의 환자가 시험한 바에 의하면 3000그램의 물이 〈옴 진동〉을 쪼인 뒤에 30그램 가량 무거워졌다는 보고가 있다. 이것은 내가 입회하여 확인한 것은 아니며, 또한 어떤 중량계기(重量計器)를 썼는지 분명하지 않지만, 이 밖에도 〈옴 진동수〉의 무게를 잰 사람들은 많은 것으로 알고 있다. 그들 가운데에는 이름있는 시험소에서 테스트한 사람들도 있고, 〈옴진동〉을 몇번이고 되풀이 함으로써, 물은 더욱 더 무거워 졌다는 보고도 있다. 내가 경영하는 연구원의 준회원이 되는 사람들 가운데에는, 호기심(好奇心)이 강한 분들이 많고, 또한 반신반의(半信半疑)의 마음으로 준회원이 된 분들도 많은 게 사실이다. 이와 같은 사람들은, 물의 무게가 변하는 것을 직접 확인한 뒤에, 안심하고 〈옴 진동수〉를 마시게 되었다고 보고하고 있다.

그러나 또한 이와는 반대로, 〈옴 진동수〉를 만드는 사람이 강력(強力)한 염력(念力)의 주인공(主人公)으로서, 부정적 (否定的)인 상념(想念)을 갖고 실험했을 때에는 무게에는 아무런 변화도 일어나지 않았고, 또한 물은 약한 알카리성질도 띠지 않았다고 했다. 〈옴 진동수〉가 지닌 특성(特性)이 하나도 없는 보통 생수(生水)였으나, 긍정적(肯定的)인 상념(想念)을 갖고 만들었던바, 분명히 〈옴 진동수〉로 바뀌었다는 보고도 있는게 사실이다.

이와 같은 현상(現象)을 볼 때 〈옴 진동수〉는 염력(念力)과 깊은 상관관계(相關關係)가 있는게 아닌가 생각된다.

또한 〈옴 진동수〉는 유독(有毒)개스와 결합하는 힘, 즉 유독개스를 흡수하는 성질이 보통의 생수(生水)하고는 전혀 다르다는게 확인된 것이다.

자살(自殺)하려고 쥐약인 액체로 된 독약(毒藥)을 다량으로 마셔서, 병원에서는 도저히 살릴 수 없다고 단정을 내린 여인(女人)이 (네시간 안에 죽는다고 했던 터였다) 〈옴 진동수〉를 다량으로 마심으로써 구조된 예가 있는 것이다. 또한 술을 많이 마신 뒤에 농약(農藥)을 다량으로 마셔서 다 죽게 된 사람이 〈옴 진동수〉 복용에 의하여 목숨을 건졌을 뿐만 아니라, 그 뒤 아무런 부작용도 없었다는 보고예도 있는 터이다.

어느 전기상회(電氣商會)의 종업원이 커다란 양은 주전자에 〈옴 진동수〉를 만들어 놓고 뚜껑을 닫지 않은 채 외출을 했다가 저녁 때 돌아와서 보았더니, 〈옴 진동수〉는 그대로 황산수(黃酸水)로 변해 있었다는 보고도 있는 터이다. 그가 일하고 있는 곳은 하루 종일 자동차가 많이 다니는 큰 길가여서 많은 자동차에서 배출되는 아황산(亞黃酸) 개스가 강력하게 흡수된 결과, 이와 같은 현상이 일어난 것이 아닌가 나는 생각한다.

공기가 오염된 곳에서 〈옴 진동수〉를 장시간에 걸쳐서 공기에 노출시켰던 바, 이와 같은 변화가 일어난 반면, 〈옴 진동수〉를 유리병 속에 넣고 뚜껑을 닫아 두었더니, 여름철이었는데도 불구하고 두달 동안 썩지를 않았다는 보고예도 있는 터이다.

〈옴 진동수〉는 처음에는 내가 직접 만들었거니와(물론 돈은 받지 않았다) 2년이 지나자, 〈옴 진동수〉를 받으러 오는 사람들을 접대하느라고 하루 종일 아무 일도 못하게 되었던 것이었다.

그래서, 이것이 단순한 물리적(物理的)인 진동음(振動音)이 아닌, 영적(靈的) 4차원적인 힘이 깃들인 진동이라면, 카셋트·테이프에 녹음해서, 전화를 통하여 보내주어도 좋지 않은가 하는 터무니없는 생각이 떠올라서 그대로 해보았더니 큰 성공을 거두었던 것이었다.

그 뒤, 약 1년 반에 걸쳐서 전화를 통하여 〈옴진동〉을 보내주었던바, 약 5000명 가까운 사람들이 저마다 불치(不治)의 병(病)에서 기적적으로 회복을 했던 것이었다.

그런데 2년 가깝게 되었을 때, 시외전화국(市外電話局)의 어느 교환수가 사직 당국(司直當局)에게 나를 이상한 진동음을 전화를 통하여 전국 각지에 보내고 있는 북한(北韓)의 간첩 같다는 고발을 하였으므로, 나는 사직 당국으로부터 엄격한 취조를 받고, 그 결과 전화를 써서 실험(實驗)하는 것은 중단이 되고 말았던 것이었다.

나는 이 두가지 실험의 결과, 〈옴 진동음(振動音)〉이 생수(生水)에게 미치는 효과에 대하여 확신을 얻게 되었기에, 그 뒤로는 카셋트·테이프에 〈옴 진동음〉을 녹음해서 준회원(準會員)이 된 여러분들에게 보급하기 시작한 터이다.

〈옴 진동수〉를 어른이 하루에 약 1.8 리터 정도 장기간에 걸쳐서 마실 때, 공통되게 일어나는 반응(反應)을 조사해 보았던 바, 〈방귀〉가 수없이 많이 나온다는 것. (어느 여교사(女敎師)는 세시간 동안 계속해서 방귀가 나와서 수업에 들어가지 못한 예(例)도 있다), 수면제를 마신 것처럼 졸려서 못견딘다는 것. (어느 정신병환자는 18년 동안 앓았던 분으로 완치(完治)는 불가능하다고 병원에서 선고를 받았던 사람인데 72시간 동안 계속해서 잠을 잔 뒤, 그 뒤 깨어났을 때는 완전히 정상인(正常人)이 되었고, 그 뒤 재발(再發)하지 않은 예도 있는 터이다), 몸이 뚱뚱해서 고민하던 사람들의 경우는, 거의 예외(例外)없이 한달 동안 아무런 괴로움도 없이 10킬로 이상 살이 빠진 예가 많다는 것, 이것은 나의 경우가 가장 좋은 예라고 생각된다.

73킬로에서 57킬로로 체중(體重)이 가벼워졌고, 그 뒤 7년 이상, 오늘에 이르기까지 그 몸무게를 유지하고 있는 터이다.

〈옴 진동수〉를 마시면 전혀 공복감(空腹感)을 느끼지 않고, 하루에 한끼만 먹고도 전혀 피곤함을 느끼지 않고 일을 할 수가 있는 것이다. 알콜 중독자(中毒者)들은 중독증상(中毒症狀)이 심한 사람일수록, 술을 전혀 마실 수 없는 체질(體質)로 바뀌는 것이다. (반대로 술이 굉장히 약했던 사람은 일시적으로 술이 강해지는 경향이 있는 것도 사실이다.)

간장(肝臟)에 이상(異常)이 있는 사람들은 온 몸에 붉은 반점(斑點)이 돋아나게 마련인데, 이와 같은 현상은 결코 오래 계속되지 않을 뿐더러, 반점이 사라진 뒤에 병원에서 검사를 받게 했던바, 거의 한 사람도 예외없이 병이 회복되어 있었던 것이었다.

중증(重症)인 간경화증(肝硬化症)으로 복수(腹水)가 차서 병원에서는 회복이 불가능하다는 선고를 받고 20일 안에 틀림없이 죽으리라고 했던 환자가 열심히 〈옴 진동수〉를 마신 결과, 만 두달만에 완전히 정상인(正常人)이 된 예도 있는 터이다.

많지는 않지만, 간암(肝癌)이 좋아진 예도 있고, 중증(重症)인 백혈병(白血病)을 완치(完治)시킨 예도 있는 터이다.

자궁암·위암·뇌암 그밖의 온갖 암에 대하여, 수술을 하지 않은 상태에서 아주 늦지만 않았다면 좋은 결과를 얻을 수 있는게 아닌가 한다. 또한 최악의 경우에도 암 말기(末期)의 환자의 경우, 〈옴 진동수〉를 복용시키고, 옴 진동시술을 하면 고통을 덜어주어서, 이른바 안락사(安樂死)를 하게 된 경우는 꽤 많은 것으로 알고 있다.

위장계통(胃腸系統)이 좋지 않은 사람들은, 〈옴 진동수〉를 마시게 하면 완치될 사람은 반드시 설사가 일어나게 마련이며(이와 같은 경우에도 놀라지 말고 계속 〈옴 진동수〉를 복용하면 결코 탈수현상(脫水現象)은 일어나지 않게 마련이다), 빠르면 2~3일, 길어도 1주일 가량 지나면 설사는 자연스럽게 멎게 되고, 그렇게도 고질이었던 위장병은 완전히 좋아지게 마련인 것이다.

또한 완고한 신경통·류머티즘 관절염을 앓고 있는 사람들은(편두통(偏頭痛)도 같다) 반드시 짧으면 2~3일, 길면 약 1주일에 걸쳐서 일시적으로 병세(病勢)가 악화되게 마련이어서 굉장한 고통을 받게 되지만, 이 기간만 무사히 통과하면 거짓말처럼 병은 완쾌되는 것이다.

또한 사람들에 따라서는 〈옴 진동수〉 복용중, 몸에서 굉장한 악취(惡臭)가 나는 사람들도 있다. (중풍(中風)·뇌성마비·소아결핵환자는 거의 모두가 이 예에 해당되는 듯하다)

신경이 마비된 환자도 통증(痛症)을 느끼게 되면, 머지않아 마비는 풀리게 마련이다.

여기에서 소개된 여러가지 예를 종합하여 볼 때, 〈옴 진동수〉는 몸 안에 축적된 온갖 유독물질(有毒物質)과 유독개스를 가장 효과적으로 몸 바깥으로 배설해주는 작용을 하는게 아닌가 생각된다.

체액(體液)이 완전히 깨끗해져서 체질(體質)이 개선(改善)되면, 온갖 질병은 누구나 지니고 있는 자연치유 능력에 의하여 완쾌되게 마련인 것이다.

## 2。 육체(肉體)와 상념(想念)을 맑게 해주는 〈옴 진동수〉의 원리(原理)

그런데 여기에 더욱 놀랄 만한 일이 있는 것이다.

〈옴 진동수〉를 장기간에 걸쳐서 일정한 분량을 마시고 있노라면, 그 사람의 성격(性格)과 상념(想念) 자체에 커다란 변화가 일어난다는 사실이다.

편협했던 사람의 마음이 너그러워지고, 어리석었던 어린이가 똑똑해지고, 뇌성마비(결핵성 뇌막염을 앓은 뒤)로 말도 하지 못하고 걷는 것도 불가능했던 아이가 병을 앓기 전처럼 똑똑해지고 아무런 부자유없이 걷게 된 예도 있는 터이다.

시각신경마비(視覺神經痲痺)(고혈압으로 해서 뇌출혈(腦出血)을 한 때문이었다)였던 중년(中年)의 환자가 갑자기 눈이 보이게 되었을 때는, 내자신도 소스라치게 놀랐던 것이었다.

여기에서 특기할 것은, 호색한(好色漢)으로서 외입장이였던 사람들이 어느날 갑자기 그 이상(異常)에 가까웠던 강한 성욕이 갑자기 담백해져서 자기 아내 외의 여성에게 그다지 관심을 갖지 않게 된 예가 많다는 사실이다.

이것은 정말 놀랄 만한 현상이라고 생각한다.

다만, 이 경우에도 성욕이 담백해졌을 뿐이지, 성교능력(性交能力)은 오히려 좋아져서 긴 시간을 즐길 수가 있게 되었음을 알려주는 바다.

이러한 여러가지 실험임상예(實驗臨床例)로 볼 때, 〈옴 진동수〉의 복용은 몸에 해(害)로운 일체의 식품에 대하여 아레르기성 체질로 바꾸어 줄 뿐만 아니라, 심령적(心靈的)으로 좋지 않은 일에 대해서도 거부반응(拒否反應)을 일으키게 하는 체질로 바꾸어 놓는게 확실하지 않나 생각이 된다.

바로 이혼하기 직전이었던 어떤 부부가 약 100일 동안 〈옴 진동수〉를 마신 뒤에는 완전히 인격들이 바뀌어서 지금은 아주 의좋은 부부로 변신(變身)하게 된 예도 많은 터이다.

이것은 몸 안을 흐르는 체액(體液)이 똑같은 〈옴〉 진동에 동조(同調)된 결과, 마음이 같은 파장(波長)을 갖게 된 때문이 아닌가 한다.

지금 내가 살고 있는 한국과 일본·미국·중동지방(中東地方)(註:중동지방에서 일하고 있는 한국인의 경우를 말함) 그밖의 나라에서는 약 40000세대(世帶) 가까운 사람들이 〈옴 진동수〉 복용 가족이 되어 있는 셈인데, 이 결과 나는 날로 젊어지고 있고, 쉰여덟살이(1988년도 현재) 되었는데도 40대의 모습과 30대의 체력(體力)을 지니게 되었고, 한편〈옴〉 진동음(振動音)을 내는 영능력(靈能力)도 또는 초능력(超能力)도 한층 강력해지고 있음을 느끼고 있는 터이다.

또한 이것은 나에게만 일어나고 있는 현상(現象)은 아닌 것이며, 열렬한 〈옴 진동수〉 복용 가족에게는 모두 같은 현상이 일어나고 있는 터이다.

똑같은 〈옴 진동수〉를 마시는 것으로서 영적(靈的)으로, 우주의식(宇宙意識)에 동조됨으로써 일어나는 현상이 아닌가 한다.

체질(體質)이 정상(正常)이 되면 성격(性格)도 정상인(正常人)이 된다는 수 많은 예(例)를 관찰해 볼 때, 인간의 마음이 몸에게 영향을 끼치듯이 몸도 마음에 커다란 영향을 줄 수 있음을 알 수 있지 않나 한다.

이것은 바로 육체(肉體)를 깨끗이하면 상념(想念)도 깨끗해진다는 뜻이 아닐까?

당뇨병(糖尿病)(이 병이 가장 좋은 효과를 얻는 것 같다)·고혈압(高血壓)·저혈압(低血壓)·재생불능성빈혈(再生不能性貧血)·백혈병(白血病) 각종의 암(癌)·자율신경실조증(自律神經失調症)·중풍(中風)·통풍(痛風)·완고한 견비통(肩臂痛)·각종 신경통(神經痛) 그밖의 여러가지 종류의 마비성 환자(痲痺性患者)가 완쾌(完快)된 예(例), 노이로제 환자를 비롯한 완고한 정신분열증(精神分裂症)·자폐증(自閉症)(이 병은 대부분의 경우, 빙의령(憑依靈)에 의한 질병이기 때문에 〈옴 진동수〉를 마시는 것만으로는 미흡하며, 〈옴진동〉시술, 그밖에 나로부터 직접 제령시술(除靈施術)을 받을 필요가 있다고 생각된다. 물론 〈옴진동〉 복용과 진동시술을 스스로 100일 동안 계속한 뒤의 이야기이다.)이 완쾌된 예는 헤아리기 어려울 정도로 많은게 사실이다.

현대의학(現代醫學)이 수많은 질병을 완치(完治)시킬 수 있는 것은 거짓없는 사실이지만 환자(患者)의 그때까지 정상이 아니었던 성격을 몰라보게 개조(改造)시켰다든가, 저능아(低能兒)를 어느 정도 정상인(正常人)이 되게 하였다든가 하는 이야기는 여지껏 들어보지 못한게 사실이다.

나는 이상 말해온 것과 같은 뚜렷한 결과를 직접 스스로의 눈으로 확인을 하고, 우리들 인류(人類)에게는 분명히 밝은 미래(未來)가 있음을 믿게 된 것이며, 과거 수천년에 걸친, 수많은 종교인(宗敎人)들의 끝없는 노력에도 불구하고, 또한 오늘날 넓게 교육(敎育)이 보급되었음에도 불구하고, 오늘날에 이르기까지 해결되지 못했던 인간의 정신과 육체를 완성(完成)시킨다는 매우 어려운 문제가 해결될 가능성이 있다고 굳게 믿게 되었던 것이었다.

특히 〈옴 진동수〉는 〈옴〉진동 테이프에 의하여 만들 수가 있다는 것이 이미 증명이 된 터이며, 또한 공장(工場)에서 대량으로 생산하는 방법도 이미 연구된 터이다. 어느날엔가 공장에서의 대량생산도 가능하지 않은가 나는 생각하는 터이다.

또한 이것은 또다른 이야기지만, 공장에서의 〈옴 진동수〉 제조과정에는 특수한 공정(工程)이 있는 셈인데, 그 이론과 실제는 이미 확인된 터이나, 여기에서는 구체적으로 밝힐 수 없음은 매우 유감스러운 일이라고 생각한다. 왜냐하면, 나는 가까운 장래에 특허(特許)를 신청할 생각이기 때문이다. 공지사항(公知事項)은 특허의 대상에서 제외되기 때문에 여기서는 밝힐 수 없다는 이야기이다.

어쨌든, 4차원적인 힘, 즉 영적(靈的)인 힘을 현대의 공업기술을 구사하여 활용(活用)할 수 있다는 것은 바로 하늘이 내려준 복음(福音)인 것이며, 실로 놀랄 만한 일이 아닌가 생각된다.

내가 한국 안에 있는 모음파연구소(某音波硏究所)에서 시험한 바에 의하면, 보통 사람들이 이야기할 때의 음파(音波)는 대체로 4·5 전후인데 비하여 〈옴 진동음〉은 12·5라는 데이타가 나왔고, 또한 오시로그라프라는 기계를 써서 측정(測定)한 바에 의하면 〈옴진동〉은 800싸이클, 3000싸이클, 8000싸이클, 그밖의 측정이 불가능(不可能)한 X싸이클, 이 네가지 파장(波長)으로 이루어져 있는 것이 밝혀진 것이었다.

이 실험(實驗)을 맡아주신 분은 음파연구(音波硏究)를 하기 위하여 미국까지 유학간 분이기 때문에 그의 말을 믿을 수밖에 달리 설명을 할 수 없다고 보는데, 권총의 발사음(發射音)까지도 완전히 흡수되도록 특수장치가 되어 있는 방 안에서도, 〈옴 진동음〉은 전혀 소리가 흡수되지 않고 보통 환경 조건에서 내는 것과 똑같은 강력한 진동음(振動音)을 낸다는 것을 직접 확인한 뒤에, 혹시 어쩌면 〈옴 진동음〉 속에는 보통 사람 귀로는 전혀 들을 수 없는 무엇인가 4차원적인 영적인(일종의 초음파) 것이 포함되어 있는게 아닐까 했던 것이었다.

〈옴 진동수〉는 앞에서도 이야기한 것처럼, 어른의 경우에는 대체로 하루 평균 1.8 리터 정도의 〈옴 진동수〉를 열번 정도 나누어서 마실 것을 권유하는 바다. 한꺼번에 1.8 리터를 마신다는 것은, 굉장히 위험하다는 것. (폐(肺) 속에 물이 고여서 수술(手術)로서 간신히 목숨을 건진 예도 있다.) 특히 신장염을 앓고 있는 사람은 소량의 〈옴 진동수〉를 하루에 20회 이상 나누어서 마실 것을 권유한다.

또한 〈옴 진동수〉를 아무래도 마실 수 없는 사람은, 진한 보리차를 만들어서 식힌 뒤에 〈옴 진동수〉와 섞은 뒤에, 다시 한번 〈옴진동〉을 쪼여서 마시면 좋을 줄 안다.

어린이의 경우에는, 15세 이하는 대체로 어른들의 3분의 2, 10세 이하는 어른의 반 이하로도 좋지 않나 한다.

그런데 〈옴 진동수〉를 마시기 시작하면 앞서 이야기한 것처럼 방귀가 자주 나온다든가, 졸려서 못견디게 된다든가, 몸에서 이상스러운 악취(惡臭)가 나온다든가 그밖에도 여러가지 증상(症狀)이 나오게 마련이다.

예전에 앓았던 병으로, 자기는 인제 완치(完治)되었다고 생각했던 신경통(神經痛)이 갑자기 재발(再發)하여, 그 때문에 놀라서 〈옴 진동수〉의 복용(服用)을 중단하게 되는 예도 많은 터이다.

이런 증상이 일어나는 까닭은 아직도 질병의 뿌리가 완전히 제거되지 않았던 것이 〈옴 진동수〉 복용에 의하여 표면에 나타난 때문이라고 할 수 있다. 물론, 참고 계속해서 〈옴 진동수〉를 마시고 있노라면 어느덧 몸은 정상(正常)으로 돌아가게 마련이다.

망령(亡靈)이 빙의되었던 사람으로 한번 발병(發病)하여 정신병원(精神病院)에서 장기간 치료를 받고 표면상으로는 병이 완쾌되었던 사람이 〈옴 진동수〉를 마시기 시작하자 갑자기 병이 악화(惡化)되어서, 〈옴 진동수〉에는 마귀가 붙어 있다고 큰 소동을 일으킨 예도 있다.

이것은 환자의 몸에 붙어 있는 망령(亡靈)이 괴로워져서 어떻게 해서든 〈옴 진동수〉를 마시지 않게 하려고 해서 일으키는 현상이라고 할 수가 있다. 이러한 때, 중단시키면 제령(除靈)은 영원히 불가능해지고 마는 것임을 알아야 한다.

환자 자신은 여러가지 증상이 나와서 괴로움을 호소하지만, 얼굴빛도 좋아지고 기운이 난 듯한 모습이 보이면, 〈옴 진동수〉가 정상으로 몸 속에서 작용하기 시작했다고 보아도 좋다.

한편, 〈옴 진동수〉 장기복용(長期服用)과 준회원(準會員)이 된 분들에게 보내주는 엑쓰트라·스피커에 의한 옴 진동 치료를 한다면, 대부분의 중병은 100일에서 150일 사이에 좋아지게 마련이 아닌가 한다.

간질병 환자의 경우에는 발작(發作)이 좀더 자주 일어나게 되나, 그 발작시간이 점점 짧아지게 되면, 완쾌(完快)될 가능성이 있다고 보아도 된다.

각종(各種)의 뇌성마비(腦性痲痺)와 중풍(中風)을 맞아서 반신불수라든가 온몸이 마비가 된 사람들은 거의 예외없이 심한 변비(便祕)가 있게 마련인데, 우 선 〈옴 진동수〉 복용과 더불어 변비가 없어지게 되면, 장(腸)의 신경이 되살아나게 된 증거이니, 오래지 않아서 마비가 풀릴 좋은 징조라고 볼 수 있다. 다음에는 온 몸에 가려운 증상이 나오게 되기가 쉽다. 이럴 때는 목욕물을 따뜻하게 덥혀서 〈옴진동〉을 쪼인 뒤에 목욕을 해주기 바란다. 그러면 가려운 증세도 없어지게 마련이다. 온 몸의 마비가 풀리기 전에 피부의 감각이 먼저 살아나야만 하고, 이때 필연적으로 일어나는 것이 가려운 증상이니 안심하기 바란다.

〈옴진동〉을 쪼인 따뜻한 물로 목욕을 하면, 피부의 땀구멍을 통하여 그때까지 몸 안에 고였던 나쁜 개스가 몸 밖으로 나오게 되니 좋은 일이 아닐 수 없다.

한편 사람에 따라서는 마치 시체(屍體)에서 나오는 것과 같은 고약한 냄새가 며칠이고 계속해서 나오는 수가 있는데, 이것은 빙의되었던 망령(亡靈)이 자연이탈(自然離脫)할 때 일어나는 현상이다.

어쨌든 지금까지 18년 동안(1988년도 현재), 몇만명에 이르는 많은 중병 환자들을 취급한 임상경험에 의하면 〈옴 진동수〉 복용에서 가장 좋은 효과를 얻은 것은, 첫째가 당뇨병·폐결핵(肺結核)·각종의 위장병·신경통·두통·변비 등이었다.

당뇨병의 경우를 예를 들면 27년 동안이나 앓아온 중증(重症)의 74세 된 여의사(女醫師)(註:이분은 어렸을 때 나의 담당의사이었던 분이었다)님이 150일 복용으로 완치(完治)되어서 현역(現役)에 복귀하여 건강하게 일하게 된 극단의 예도 있는 터이다. (본인의 명예를 위하여 여기서 그 본명(本名)을 밝힐 수는 없으나 그 이름을 대면 서울태생이면 누구나 아는 유명한 여의사로서 우리나라 초창기에 의학을 전공한 몇분 안되는 여의사 가운데 한분이시다. 이것은 몇년 전 일이었으니까, 지금은 80세도 넘었으리라고 생각된다.)

재생불능성빈혈(再生不能性貧血)이라든가, 백혈병(白血病) 같은 난치병도 기적적(奇蹟的)으로 완쾌(完快)된 일이 있으며, 암(癌)도 수술을 받지 않은 경우에는, 비교적 중병환자(重病患者)의 경우에도 완쾌된 예가 많음을 알려드리는 바다.

특히 위암(胃癌)이라든가 자궁암(子宮癌)의 경우에는 비교적 어렵지가 않은 것이다. 간장암도 복수(腹水)가 빠지지 않고 중태(重態)였던 환자가 〈옴 진동수〉 복용과 스피커를 이용한 〈옴진동〉 치료를 받음으로써 완쾌(完快)하여 그 뒤 2년 동안 자주 해외여행(海外旅行)을 하여 건강하게 사회활동을 했었는데, 너무나 바빴기에 〈옴 진동수〉를 마시는 것을 그만둔지 6개월 후 다시 병(病)이 재발(再發)하게 된 예도 있다.

　　이러한 예를 보면, 암 환자를 비롯한 이른바 난치병 환자
로서 〈옴 진동수〉 복용에 의하여 건강해진 사람은 일생 동안,
〈옴 진동수〉를 마셔야 한다고 생각한다.

　　왜냐하면 난치병(難治病)에 걸리게 되는 체질(體質)을 갖
고 있는데다가 잘못된 식생활(食生活) 그밖의 나쁜 습관을
고치지 않은 채 〈옴 진동수〉를 복용하는 것을 그만두게 되면,
다시 본래의 체질로 되돌아가기 때문이다.


## 3。〈옴 진동수〉 장기복용(長期服用)에 의하여 육체와 유체(幽體), 영체(靈體), 상념체(想念體)의 정화(淨化)를 꾀함과 동시에 의식혁명(意識革命)이 가능하다

　　〈옴 진동수〉를 오랜 기간에 걸쳐서 열심히 마시게 되면,
육체·유체·영체가 정화(淨化)되어 발달되게 되고, 그 결과
로서 상념체(想念體)[이른바 마음의 본체(本體)]도 정화되게
되어서, 어느덧 자기도 모르는 사이에 우주의식(宇宙意識)과
동조(同調)될 수 있게 되는게 아닌가 한다.

　　그 가장 가까운 예가 내자신의 경우이다.

　　우주의식(宇宙意識)이 콤퓨터의 정보(情報) 뱅크라고 한다
면, 나는 그 단말기(端末機)에 해당되는 존재가 아닌가 한다.

　　내가 스스로의 마음에 질문을 던지면 거의 순간적으로 그
에 대한 정확한 대답이 돌아오게 되기 때문이다.

　　나의 경우는 생각할 필요가 없을 뿐더러, 오히려 생각을
집중하게 되면 보통 인간으로 되돌아오고 말기 때문에 곤란
한 터이다.

　　지금까지 전혀 모르고 있던 비전문(非專門) 분야(分野)에
대해서 거의 순간적으로 나는 정확한 대답을 얻게 되곤 한다.

　　이것은 굉장히 편리한 일이라고 생각된다.

책을 쓰는 경우만 해도 그렇다.

우선 가까운 예로서 지금, 내자신이 쓰고 있는 〈행복의 발상〉도(註:이 책은 원래 일본어로 쓰여진 것이었음을 밝혀둔다) 4월 1일 아침, 우주의식(宇宙意識)과 동조(同調)한 순간, 목차(目次)가 저절로 쓰여졌던 것이며, 불과 13일 동안에 200자 원고지 500매를 써 넘긴 것이었다.

책상에 앉으면 누군가가 머리 속에서 읽어주는 것처럼 글이 떠오르는 것이다.

그 떠오른 글을 손으로 옮겨 쓸 뿐이다.

때로는 붓끝이 따라가기가 어려울 지경이다. 우주의식과 언제든지 동조할 수가 있게 되면, 멀리 떨어져 있는 사람들의 정신상태 또는 육체 상태에 대해서도 정확하게 알 수 있게 되어서, 그것을 전화로서 확인할 수가 있는 터이다.

바로 자가용(自家用)인 거대한 콤퓨터를 갖고 있는 것과 같으며, 어떤 의미에서는 전혀 비용이 들지 않는 사설방송국(私設放送局) 또는 무전국(無電局)을 갖고 있는 것과 다름이 없지 않나 한다.

나는 본래 이러한 초능력(超能力)이 없었던 사람이었다.

어느 의미에서는 굉장히 편리하기도 하지만, 어느 의미에서는 24시간에 걸쳐서 하나님으로부터 감시를 받고 있는 것 같아서 절대로 나쁜 것은 할 수가 없는 것도 사실이다.

좋은 면도 있지만, 개인(個人)의 프라이버시라는 면에서는 약간의 문제가 있는 것도 사실이다.

그러나 하나님으로부터 보호를 받고 있다는 느낌은 굉장히 행복한 것임도 사실이다.

내 자신이 우주(宇宙)의 법칙을 어기는 행동을 하지 않는 한, 남에게 좋은 일을 하는 한, 절대로 나쁜 일은 일어날 수 없다는 느낌이다.

분명히 〈옴 진동수〉를 장기간 마시게 되면 육체의 회로(回路)가 옳게 조정되어서 우선 건강해지게 되고, 그 다음에는 유체(幽體)·영체(靈體)·상념체(想念體)가 굉장히 발달이 되는게 분명하다.

요가 철학(哲學)책을 보면, 유체(幽體)가 발달하기 시작하면 중년 남자의 경우에는 정액(精液)이 나오지 않게 되어서 성욕(性欲)으로부터 해방이 되어서 어린이와 같은 체질(體質)로 변하게 된다고 쓰여 있는데, 바로 그와 같은 현상이 내자신의 몸에 일어난 것이었다.

어린이는 병(病)은 앓지만, 이른바 노화현상(老化現象)은 없다고 한다.

인간은 누구나 생식능력(生殖能力)이 생김과 동시에 노화도 시작된다고 한다.

이것은 곧 자손을 만들 수 있는 생식작용(生殖作用)이 시작됨과 동시에 개체(個體)인 육체는 늙기 시작한다는 이론(理論)이다.

그러기에 인간이 언제까지나 젊음을 유지하려고 한다면 생식능력이 발휘되기 전의 육체의 상태로 고정(固定)시키면 된다는 의학상(醫學上)의 이론도 있다는 이야기이다.

나의 경우는 쉰살이 되던 해부터 갑자기 정액(精液)이 전혀 나오지 않게 됨과 동시에 성욕이 거의 없어진 것이었다. 그러나 성교능력(性交能力)이 없어진 것은 아니다. 오히려 성교 지속능력은 조루증(早漏症) 증세가 심했던 젊었던 시절에 비하면 비교가 되지 않을만큼 좋아진 셈이었다.

간단하게 말해서 자유자재(自由自在)의 경지(境地)에 들어간 것이라고 할 수 있다. 그러나 성욕은 거의 없어졌기 때문에 마음은 언제나 편안해졌고 초조한 기분이 된다든가 화를 낸다든가 하는 감정이 거의 자취를 감추게 된 것이었다.

몇번이나 쓴 일이지만, 나는 중년(中年)에 이르기까지 너무나도 왕성한 성욕 때문에 상당히 괴로움을 겪곤 했던게 사실이었다.

그 때문에 강한 성죄악감(性罪惡感)을 갖게 되었고, 언제나 이런 자기자신이 싫었던 것이었다.

성욕(性欲)으로부터 해방된다는 것은 정말 좋은 일이라고 생각한다. 그러나 성교능력은 그전과는 비교가 되지 않을 만큼 좋아졌으니 이 이상 좋은 일이 더 어디 있겠는가?

마음이 항상 평화(平和)스럽고 사랑에 가득 차 있기 위해서는 우선 격렬한 성욕으로부터 해방이 될 필요가 있다고 나는 믿는 터이다.

〈바구안슈리·라지니시〉가 주장하고 있는 성초월(性超越)의 경지를 가리키는 것이다.

〈옴 진동수〉의 장기간에 걸친 복용에 의하여 육체·유체가 정화됨과 동시에 의식혁명(意識革命)이 가능하다는 것은 정말 대단한 일이라고 생각한다.

모든 사람들이 우주의식(宇宙意識)과 인류애(人類愛)에 눈을 뜬다면 지상낙원(地上樂園)의 건설이 절대로 가능해지기 때문이다.


# 4. 2억 년의 진화(進化)를 가능하게 하는 방법

인류과학(人類科學)을 연구하고 있는 학자들의 의견에 의하면, 지금의 인류는 진화(進化)가 정지된 종족(種族)이라고 한다. 아니 생물(生物)로서 진화되는 과정이 멎었을 뿐만 아니라 반대로 퇴행(退行)하고 있다는 이야기이다. 세계적으로 많은 미숙아(未熟兒)·기형아(畸形兒)·뇌성마비에 걸린 어린이의 출산(出産)이 그 좋은 예라고 했다.

이것이 사실이라면 정말 큰 일이 아닐 수 없다. 우리네 인류가 멸망을 향해 달려가고 있음이 분명해지기 때문이다.

그러나, 나 자신은 이와 같은 주장을 하는 인류학자들과는 오히려 반대의 생각을 갖고 있는 터이다.

오히려 이제부터 우리네 인류는 〈별개의 것〉으로서, 이른바 집단의식 생명체(集團意識生命體)로서, 지금까지의 인류와는 종류가 다른 초인(超人)으로서의 새로운 길이 열려져 있다고 믿기 때문이다.

생물학자들의 생각에 의하면, 지금의 인류가 자연(自然) 그대로의 상태에서 보다 지능(知能)이 높은 생물로 진화되기 위해서는 지정학적(地政學的)으로 적어도 2억년의 세월이 필요하다고 한다.

그런데 우리네 인류에게 주어진 시간은 2억년은 커녕, 앞으로 100년도 없다고 한다.

인류는 하나의 생물(生物)로서 근본적으로 그 사고방식(思考方式)을 고치지 않는 한, 지금 형태의 문명(文明)을 유지하는 한, 20세기를 넘기기 어렵다는 것이 대부분의 학자들의 공통된 생각이 아닌가 한다.

나도 동감이다. 한편 아직 일반인들은 잘 모르는 이야기지만, 시간이란 중력장(重力場)과 깊은 관계가 있는 것이며, 지구 위에서의 시간의 경과와 다른 별, 또는 우주공간(宇宙空間)에 있어서의 시간의 경과는 결코 동일한 것이 아니라고 한다. 〈옴 진동수〉를 장기간 복용하게 되면, 그 사람의 육체를 지배(支配)하는 시간의 단위(單位)가 달라지게 되는 것이다. 몸의 오염이 제거됨으로써 육체는 몇년 전, 심한 경우에는 10년 이상 전의 육체의 상태로 되돌아가게 하는 것이 가능한 것이라고 생각한다. 〈옴 진동수〉 장기복용에 의하여 뇌(腦)의 구피질(舊皮質)이 무서운 속도로 진화가 되는 것이다. 대체로 2년 동안 마시면, 객관적으로 본 2억년에 가까운 진화(進化)가 가능하지 않는가 한다.

# 終章 사람은 왜 병들게 되나?

## 1. 사람이 난치병, 불치병(不治病)을 앓게 되는 원인은 무엇인가?

사람들이 앓게 되는 난치병, 불치병의 대부분은 이른바 빙의령(憑依靈) 때문에 일어나는 경우가 많다.

인간의 육체가 완전한 모습으로 활동을 하고 있는 것은 신계(神界) 또는 영계(靈界)로부터 보내지고 있는 〈생명 에너지〉가 도중에 아무런 방해를 받지 않고 그대로 작용하고 있는 상태인데, 흔히 말하는 난치병이나 불치병, 또는 재앙은 조물주에게서 보내져오는 생명 에너지가 우선 유계(幽界)에서 그 사람의 나쁜 생각(또는 나쁜 인연)의 집적(集積) 때문에 오염이 되어서 그 오염된 에너지가 도달하기 때문에 일어나는 현상이라고 볼 수가 있다.

그러나 이 질문에서 말하는 것과 같은 난치병들은, 그 사람의 나쁜 상념(想念) 탓이라고 하기 보다는 그 사람의 조상이나 또는 인연이 있는 영혼들 가운데 아직도 깨닫지 못하고 있는 영혼(예를 들면, 앓다가 이미 죽어서 육체(肉體)가 없어졌는데도 계속 아프다고 생각하고 있는 영혼이 환자에게

빙의되어 있는 경우가 바로 그 좋은 예라고 할 수 있다. 이
들이 보내는 그릇된 염파(念波)가 조물주에게서 오는 〈생명
에너지〉 광선을 가로 막아서 그 사람의 육체를 부자유한 상
태로 만들어 버린 것이라고 본다.

생명의 〈빛 에너지〉가 100촉 가량이면 완전하게 살 수 있
는데, 10촉광(燭光)도 안비치는 정도가 된다면 육체가 부자
유스럽게 될 것은 너무나도 당연한 일이라고 할 수가 있다.

그러니까 이런 질병을 고치려면 환자의 생명력(生命力)을
약하게 만들고 있는 외부로부터의 원인(原因)을 제거(除去)
해 주는게 아주 중요하다.

환자의 두뇌와 몸을 차지하고 있는 빙의령들을 올바르게
타일러서 이탈을 시키고 제도(濟度)를 시켜줌으로써 환자의
난치병은 반쯤 고쳐질 수가 있으나, 또한 잊어서는 안될 것
은 환자의 정신상태가 조화(調和)를 이루지 못함으로써 같은
염파(念波)를 가진 빙의령들이 빙의된 것인만큼 환자의 마음
도 깨닫게 해주어야만 한다. 또한 한번 빙의되었던 환자의
몸은 체질(體質)이 바뀌어 있기 때문에 또다시 다른 빙의령
들이 빙의되기 쉽게 되어 있으므로 환자의 심신(心身)을 아
울러 정화(淨化)시켜주는 것이 절대로 필요하다고 생각한다.

〈옴진동〉을 넣은 특수한 조각(註 : 옴·마니·반메, 홈의 6
字大明王眞言)을 한 은반지를 만들어서 환자의 왼쪽 손의 약
지에 끼워줌으로써 빙의령들의 재침범(再侵犯)을 효과적으로
막아줄 수 있다는 사실을 발견한 나는 〈제령〉받을 때, 이 은
반지를 미리 준비했다가 끼워주곤 하는데 그렇게 한 경우 90
퍼센트 이상 질병(疾病)이 재발(再發)이 되지 않음을 알게
되었다.

장기간에 걸쳐서 〈옴 진동수〉를 복용하고, 이어서 직접 〈
체질 개선 시술〉을 받고 〈제령〉까지 받은 환자들은 대뇌의
기능이 점차 개발되어서 개인의식(個人意識)에서 인류의식
(人類意識)내지는 우주의식(宇宙意識)과 동조(同調)되는 방

향으로 뇌(腦)의 기능의 범위가 넓어지게 됨으로써 여러가지 난치병과 불치병에서 해방(解放)되게 된다는 사실을 나는 수 없이 경험한 바가 있다.

무엇이나 내자신의 몸과 마음이 허술할 때, 남이 침범하는 것이지, 내 몸과 마음이 단단하게 무장이 되어 있고 생명력 (生命力)이 왕성하다면 어떤 빙의령도 절대로 침범할 수 없 는게 아닌가 나는 생각한다.

또한 어린이가 여러가지 난치병을 앓고 있을 경우 환자와 내가 아무리 노력을 해도 부모들의 마음이 착하지 못하고 감 사하는 마음이 없을 때는 병(病)은 완쾌(完快)하기 어렵다는 사실을 밝혀 두고져 한다.

또한 열살 미만(이것은 정신연령도 포함해서 한 말이다)의 어린이는 그 어머니와 유체(幽體)가 연결이 되어 있기 때문 에 어머니의 협조 여부가 굉장히 중요한 비중을 차지한다.

고통을 받을 때는 반드시 그럴 만한 까닭이 있게 마련이다.

정상이 하도 딱해서 가끔 나는 무기한으로 무료시술을 해 주는 경우가 있는데, 이런 경우에도 부모들이 무관심하거나 믿지 않거나 감사하는 마음이 전혀 없을 때는 그 자녀들의 질병은 완쾌하기가 매우 어렵다는 사실을 거듭 밝혀두고져 한다.

## 2. 심령적(心靈的)인 원인(原因) 때문에 병(病)들게 되는 경우도 있는가?

고혈압, 저혈압, 중풍(中風), 소아마비, 각종 뇌성마비, 각 종 암 환자들, 당뇨병, 아무리 약을 써도 더 좋아지지도 않고 나빠지지도 않는 수십년 된 위장병 등은 거의 80퍼센트 이상 이 심령적인 원인에서 비롯된 것이라고 보아도 무방하다.

　단순한 생리적(生理的)으로 생긴 질병은 오늘날의 현대 의학과 한방 의학으로 거의 전부 치유가 가능하지 않나 한다.
　유체(幽體)나 영체(靈體)에 원인이 있는 병도 그 원인이 전생(前生)의 업장(業障) 때문에 생긴 것, 이를테면 어머니 배속에서부터 빙의가 되어서 태어난 사람들은 후천적(後天的)으로 빙의가 되어서 생긴 질병보다도 훨씬 완쾌되기가 어려운게 사실이다.
　올바르게 〈라이프·리이딩〉을 해서 장기간 〈옴 진동수〉를 마시게 한 뒤 직접 체질개선시술을 받게 하고 정식으로 〈제령〉을 해서 빙의된 영혼들을 깨닫게 해서 유계(幽界)로 보내주기 전에는 완쾌가 힘든 경우이다.

## 3. 생활태도가 나빠서 병(病)들게 되는 경우도 있는가?

　물론이다. 현대의학으로 치유될 수 있는 대부분의 질병은 환자의 잘못된 생활 태도에서 생겨난 것들이다. 자기자신의 체력(體力)도 생각지 않고 너무 과음하는 생활을 해서 여러 가지 간장질환을 일으키는 경우(만성 간장염에서 간경화, 간 암에 이르기까지)라든가 너무 여색(女色)을 밝힌 나머지 취장을 혹사해서 당뇨병에 걸린다든가 하는 것이 그 좋은 예라고 할 수 있다. 이밖에도 너무 자극성이 강한 음식을 항상 과식해서 생기는 위장 장해라든가, 힘에 겨운 일을 너무 많이 한다든가, 항상 지나치게 신경을 긴장시키는 일을 함으로써 심장기능에 이상이 생긴다든가 하는 것도 좋은 예라고 할 수 있다.
　육체는 항상 균형있게 사용해야 하며 어느 내장의 기관에 너무 부담이 많이 걸리는 생활을 계속하면 그곳에 무리가 가서 질병은 생기게 마련이다. 그러기 때문에 어떤 종류의 병은 생활태도와 습관을 바꾸어주는 것만으로도 치유가 되는 경우가 있다. 앞으로 구체적으로 하나하나 설명해 보고져 한다.

## 4。 간장(肝臟) 장해(障害)는 왜 생기나?

간장 장해는 세가지 원인이 있다고 본다. 우선 첫째는 간장병을 앓다가 죽은 사람의 혼(魂)이 빙의되어 가지고 생기는 경우를 들 수가 있다. 다음은 지나친 과음과 항상 신경을 곤두세우고 화를 잘 내는 그런 생활 태도에서 생기는 경우가 있다.

다음 세번째는 복잡한 인간관계에서 비롯되는 경우를 들 수가 있다.

부인하고 사이가 나쁘고 자식들 때문에 늘 속이 상하는 마음을 술로 달래다 보면 간장 장해는 생기게 마련이다.

가족들을 아무 거리낌 없이 사랑하고 또 가족들로부터 사랑받는 그런 생활을 하는 사람은 여간해서 간장기능이 나빠지는 일이 없다. 흔히 이런 말이 있다.

화를 크게 낸다는 것은 마치 몽둥이로 간장을 때리는 것과 같다는 이야기가 있다.

또한 화가 나는 것을 너무 참기만 해도 간장은 나빠지게 마련이다.

생활 태도를 바꾸어 남을 용서하고 내자신도 용서하는 너그러운 마음을 가질 때 간장의 기능은 좋아지게 마련이다.

## 5。 위장병은 왜 생기나?

위(胃)는 예민하게 노여움을 반영시키고 마음의 고통을 그대로 반사를 한다.

위장병은 그래서 흔히 직업병이라는 말도 있다. 이를테면 택시 운전사라든가 단골 손님들 자택을 자주 방문해야 하는 판매원, 영업부원 등에게서 많이 찾아볼 수 있는 질병이다. 항상 마음이 초조하고 남에게 대해서 신경을 쓰고, 또 불만을 말해 보았자 소용이 없는 일이기 때문에 비위가 틀리는 것도 꾹 참고 있는, 그런 직업에 종사할 때 위장장해는 생겨나게 마련이다. 또한 자기는 가족들에게 사랑을 받고 있지 못하다고 느끼는 그런 사람들은 항상 마음이 굶주려 있기 때문에 육체적으로도 배고픈 상태가 되어 있고 그 결과 위산과다가 되기가 쉽다. 항상 노력하는 것만큼 보답을 받지 못하고 있다고 현실에 불만을 느끼는 사람들도 위장장해를 일으키게 마련이다. 대범하게 인생을 살아가고 자기에게 불리한 생각은 되도록 하지 말고 불만이 있더라도 쏟아놓고 잊어버리고 말면 위장병은 어느덧 좋아지게 마련이다.

## ⑥。 신경통(神經痛)은 왜 생기나?

신경통이나 류마티즘을 앓게 되는 근원은 〈슬픔〉이 아닌가 한다. 슬픈 사람, 더욱이 그 슬픔을 솔직하게 털어놓을 수 없었던 사람들에게서 많이 발생하는 병이 아닌가 생각된다.

슬픈 상태에 놓인 사람은 울고 눈물을 흘려 버리면 어느 정도는 마음이 후련해지겠지만 울지 못하는 성질의 사람, 울 수 없는 입장에 놓여 있는 사람은 그 슬픔이 고이고 고여서 질병의 원인이 되는 것이다.

슬픔을 발산하지 못하면 피는 산성(酸性)이 되게 마련이다. 남에게 배신만 당한 사람들을 보면 거의 예외 없이 신경통이나 류마티즘을 앓고 있다.

그래서 중년(中年)이 넘은 가정부인에게 많이 찾아볼 수 있는게 신경통이고, 또한 사업에 실패해서 쓸쓸하게 노년(老年)을 보내고 있는 전직 사업가에게서도 신경통은 많이 찾아볼 수가 있는게 아닌가 한다.

〈옴 진동수〉를 열심히 마셔서 피가 정화되면 대개의 신경통은 완쾌되게 마련이다. 또한 슬픔을 마음에 간직하지 않도록 노력하는 게 좋다.

## 7. 소아마비는 왜 생기나?

선천성(先天性) 뇌성마비에 의한 소아마비의 경우를 보면 아이의 부모에게 반드시 문제가 있게 마련이다.

남편이 여성적(女性的)인데 비하여 부인의 성질이 아주 사나워서 일주일이 멀다하고 무섭게 싸우는 부부, 남편을 전혀 존경하지 않는 아내, 이런 사이에서 태어난 아이에 선천성 소아마비가 많은 것을 볼 수가 있다.

특히 임신한 부인이 자주 남편과 싸운다는 것은 소아마비 뿐만 아니라 뇌성마비의 어린이를 낳기 쉬운 요인이 된다. 부부 사이의 이그러진 상태, 남편을 집안의 기둥으로 세워주지 않는 부인의 마음이 이런 아이로서 나타나는 것이 아닌가 한다. 그러기 때문에 부부가 마음으로 굳게 뭉쳐서 서로 아끼고 아이를 고치기 위하여 온가족이 열심히 1년 이상 진동수를 마시니까 기적적으로 회복이 된 예가 많다.

질서가 없는 부부관계를 바로잡고 사랑을 키워가면 부부 사이는 정상이 되고 따라서 아이의 상태도 차차 좋아지게 되는 것이라고 할 수 있다.

## 8. 요통(腰痛)은 왜 생기나?

요통(腰痛)은 한마디로 말해서 남녀의 부정(不正)한 성관계(性關係)에서 비롯되는 게 아닌가 생각된다.

사랑해서는 안될 유부남(有婦男)을 사랑한다든가, 또는 그 반대의 경우에도 요통은 생기게 마련이다. 허리는 성생활에서 중요한 구실을 하기 때문에 부정한 성생활을 할 때 허리에 아픔이 오게 마련인 것이다. 또한 정식으로 맺어진 부부 사이에서도 부정한 관계는 있을 수 있다. 남편 말고 마음 속으로 그리워하는 사람이 있어서 그 사람을 생각하면서 남편과 성행위를 하는 경우—이것도 부정한 성관계라고 할 수 있다. 또한 마음 속으로는 남편을 싫어하면서 육체만 서로 맺어지는 경우 이것도 부정한 성관계라고 할 수 있다. 자기는 전혀 원하지 않는데 남편이 원하니까 마지못해 성관계를 할 경우 부인은 불감증(不感症)이 생길 뿐 아니라 심한 요통을 앓게 된다. 그러면 남편과의 성생활이 점점 더 무거운 부담으로 느껴지게 되고 요통은 영 치료가 되지 않게 마련이다.

## ⑨. 콧병은 왜 생기나?

콧병이 생기는 정신적인 원인은 거역하는 마음, 곧 반항심이다.

내 자신의 경우를 보아도 어려서 아버지에 대해서 몹시 반항심을 가졌었는데 줄곧 완고한 콧병을 앓아왔고 아버지하고의 사이가 원만해지면서 그처럼 오랫동안 앓아오던 콧병이 별로 치료를 받지도 않은 상태에서 어느덧 완쾌했던 것이었다.

코는 얼굴의 중심을 차지하고 있을 뿐더러 또한 제일 높은 곳이기도 하다.

또한 코는 태어난 뒤 죽을 때까지 잠시도 쉬지 않고 활동을 하고 있다.

잠자는 동안에도 코는 숨을 쉰다.

숨이 끊어지는 순간, 사람은 죽게 마련이다. 어느 목사님이 마음 속에서 자기의 불우한 처지에 대하여 항상 하나님께 불만을 갖고 있었는데, 그는 완고한 축농증 환자였었고, 하루 아침에 깨닫고 하나님께 대해서 감사하는 마음을 갖게 된 순간, 그 완고하던 축농증에서 해방된 일이 있다. 콧병 때문에 고민하는 사람은 윗사람에 대해서 거역하는 마음 자세를 고치면 그것만으로도 좋아진 예가 많다.

## 10. 눈병은 왜 생기나?

근시(近視)는 왜 생기나 하는 것부터 우선 밝혀 보고져 한다.

집안 환경이 점점 어려워지고 부모가 서로 다투는 일이 많아지면 예민한 마음을 가진 자녀(子女)들은 자기네들이 놓여져 있는 현실을 외면하려는 마음이 생긴다. 이때 생기는 게 바로 근시가 아닌가 한다. 내자신의 예를 보더라도 어려서 부모가 몹시 서로 사이가 나빴고 거의 매일과 같이 다투지 않는 날이라곤 없었다. 또한 자기자신이 이 집안에서 필요없는 존재라는 사실을 자주 느끼게 되자, 그때까지 좋았던 눈이 갑자기 근시가 되어 평생 안경 쓰는 신세가 되었고, 아들 역시 내가 출판사가 파산하고 아주 말못하게 어려운 환경에 놓이게 되자 갑자기 좋던 눈이 근시가 된 것이었다. 대학교 입학 시험 치루던 해에도 밤낮없이 손님들이 밀려오는 바람에 집안이 공부할 수 있는 환경과는 아주 먼 상태였었다. 한편 먼 곳, 먼 앞날을 생각지 못하고 너무 소견이 좁을 때도 근시가 되는 게 아닌가 싶다.

## 11. 귓병은 왜 생기나?

김순덕이라는 처녀가 만성중이염(慢性中耳炎)을 앓고 있어서 보청기를 끼고 나를 찾아온 일이 있었다. 그녀는 거의 듣지를 못했고 말도 발음(發音)이 시원치 않았다.

병원에서는 거의 치료가 불가능하다는 판단을 내렸다고 했다.

그런데 함께 온 어머니의 이야기를 들어보니까 아버지가 말못할 술꾼이어서 술이 취해 들어와서는 밤늦게까지 듣기 싫은 잔소리를 매일같이 늘어 놓는다고 했다.

하도 시끄러워서 공부를 할 수 없다고 하면 마구 때리기 때문에 무슨 말도 할 수가 없노라고 했다.

아버지의 술주정을 듣고 싶지 않은 마음이 뭉쳐서 이 처녀는 귀가 안들리게 된게 분명했다. 말을 잘못하는 것도 같은 이유에서였다.

그런데 이들이 모두 〈옴 진동수〉 가족이 되어서 아버지가 술을 끊고 화목한 집안이 된 뒤에 김순덕은 귀가 좋아졌고 그전에는 무슨 말인지 알아들을 수 없었던 발음이 아주 또렷해진 것이었다. 이밖에도 이런 예는 아주 많은 것으로 기억한다.


## 12. 노이로제는 왜 생기나?

광장히 극성스러운 어머니 밑에서 자란 아이들이 자기의 능력 이상의 노력을 하다하다가 지친 경우 대개 빠져드는게 〈노이로제〉 증상이다.

〈노이로제〉가 되면 그전처럼 밤잠을 자지 않고 공부를 하지 않아도 된다는 것, 부모들이 자기를 극진히 위해준다는 것에 맛을 들이게 되면 그는 조금만 어려운 일이 눈앞에 닥쳐도 〈노이로제〉나 자폐증(自閉症) 증세 속으로 피신을 하게 된다.

영어도 잘못하는 학생이 갑자기 미국에 이민(移民)을 가서 치과대학에 들어가자 환경에 적응을 할 수가 없게 되었다. 본래 미국에서 태어난 동생들은 언어에 대해서 아무런 부자유를 느끼지 않지만 20대초까지 한국에서 자란 큰 아들은 도저히 학교공부를 계속할 수가 없었다.

결국 심한 〈노이로제〉에 걸려서 한국으로 송환이 되어 왔다.

그는 한국으로 돌아온지 얼마 뒤에 정상이 되었지만, 조금만 어려운 일만 생기면 또다시 〈노이로제〉 증상을 나타내곤 했다.

노이로제는 어느 의미에서 자신감(自信感)을 완전히 상실한 경우에도 생긴다. 싫어하는 공부를 부모가 지나치게 강요할 때, 그는 마음 속으로 부모가 무서워지게 마련이다. 한번 〈노이로제〉가 되어서 자기만의 작은 세계 속에 틀어 박히게 된 사람은 좀처럼 그곳에서 빠져나오려고 하지를 않는다.

이런 경우, 누군가가 따뜻한 마음으로 대해주고 자신감을 자꾸 북돋워 줌으로써 다른 사람들이 모두 두려운 존재라는 관념을 깨뜨려 줄 때 환자는 노이로제에서 구제가 될 수 있다.

〈옴 진동수〉를 장기간 마시게 해서 체액의 진동이 우주의 진동과 같게 해주면 마음에 안정감이 생기게 된다. 자기의 현실을 똑바로 보게 되고, 사람들의 선의(善意)를 믿게 되고, 잃었던 자신감(自信感)을 되찾게 되면 〈노이로제〉는 좋아지게 마련이다.

그런데 또한 여기서 잊어서는 안되는 것은 많은 노이로제는 자신을 잃고 자살한 영혼이 빙의되어서 생기는 경우도 많다는 것이다.

그러기 때문에 우선 장기간 〈옴 진동수〉를 복용시킨 뒤 직접 체질개선 시술과 〈제령〉을 해야 될 경우가 가장 많은게 또한 노이로제 환자인 것이다.

# 13. 자폐증(自閉症)은 왜 생기나?

요즘 이른바 자폐증에 걸린 어린이들이 많다고 한다.

자폐증에 걸린 어린이들은 우선 말을 하지 않는다. 남과 눈길을 마주치려고 하지를 않는다. 대소변(大小便)도 대부분의 경우, 가리지 않는다.

많은 가정에서는 자기의 자식이 자폐증에 걸린 것을 거의 모르고 있다가 진학할 나이가 가까워져도 말을 하지 않고 행동이 정상(正常)이 아니기에 놀라서 정신병원을 찾는 이들이 많다.

부모의 자식에 대한, 관심의 결여, 사랑의 부족이 결정적으로 자폐증을 만드는 요인(要因)이라고 한다.

맞벌이를 하는 부부가 갓난애를, 또는 어린이를 아파트 방속에 가둬두고 종일 바깥에 있다가 돌아온다.

갓난이는 대소변을 보고도 울고, 배가 고파도 운다. 그러나 이에 대하여 반응을 보이는 사람이 주위에 없을 때, 마음에 큰 상처를 받게 된다. 모든 사람들을 믿지 않게 되고, 스스로의 마음 속에 숨어 버리고 만다.

이렇게 자폐증에 걸리게 되면 여간해서 그 어린이는 마음의 문을 여는 일이 없다. 대소변을 가리지 않는 것도, 나에게 무관심한 부모에게 무관심해진 탓이라고 볼 수 있다.

이런 어린이에게는 남에게 피해를 준다는 의식이 없는게 특징이다.

맞벌이도 좋지만, 그 자녀(子女)가 자폐증에 걸리게 된다면 그 가정은 파탄한 것이나 다름이 없다고 생각한다.

부모가 나가서 활동하는 동안, 탁아소에 맡긴다든가 집안 어른들에게 아이를 맡긴다든가 하는 배려가 절대로 필요하다고 생각한다.

사랑이 넘쳐 흐르는 가정의 어린이는 절대로 자폐증에 걸리는 일이 없다는 것을 명심해 주기 바란다.

그런데 이렇게 한번 자폐증에 걸리게 되면 마음이 어두워지기 때문에 어두운 마음을 가진 영혼들이 달라 붙기가 쉽다. 그렇게 되면 난치(難治)에 속하는 자폐증이 되게 마련이다.

헌데 문제는 어른도 때로는 자폐증에 걸린다는 사실이다. 이 역시 원인은 주변 사람들의 사랑의 부족에서 그 원인은 찾아볼 수 있다고 생각한다.

사람이란 누구나 어렸을 때, 부모의 사랑을 필요로 한다. 세끼 음식 이상으로 어린이가 필요로 하는게 부모의 사랑이다. 그러기 때문에 성장기(成長期)에 부모의 사랑을 받지 못한 이들은 어른이 되어도, 그 부분의 마음은 사랑에 굶주린 어린이의 상태로 그대로 머물러 있게 마련이다. 자기만을 아는 사람, 자기만을 위해달라고 보채는 남편, 또 이런 사람에 한해서 스스로 남에게 사랑을 줄 줄을 모르게 마련이다.

왜냐하면 사랑이란 받아본 이만이 남에게 사랑을 베풀 수 있는 것이기 때문이다.

여기 한 가정이 있다고 하자.

남편은 고아로서 어려서부터 부모의 사랑을 모르고 자란 사람이었다. 어른이 되어 결혼을 하게 되고 직업을 갖게 되었다. 가족들을 위해 열심히 일해주지만, 그의 독특한 성격으로 해서 아무도 그를 사랑하지를 않는다.

어느날, 갑자기 그는 직장을 그만둔다.

자기가 가족들을 위해서 노력을 해도 아무도 알아주지 않고 당연한 것으로 받아들일 뿐 사랑해주는 이가 없다고 느껴질 때, 그는 까닭없이 직장을 그만두고 가족에게 얹혀 살게 된다.

극성스러운 아내가 대신 살림을 꾸려 가게 된다.

이번에는 모든 가족들은 적극적으로 자폐증에 걸린 환자를 미워하게 된다.

자기의 남편이 자폐증이라는 정신병에 걸렸다는 사실을 모

르기에 아내는 이상 성격자로만 생각할 뿐 정신과의사를 찾
으려고 하지 않는다.

10여년이 지난 뒤, 남편은 돌이킬 수 없는 자폐증환자로서
폐인이 되었다. 이런 남편을 이혼하겠다고 상담을 해온 여인
(女人)이 있었다.

나는 그녀의 남편이 자폐증임을 알려 주고 정신과 의사에
게 데려가 볼 것을 권유한 일이 있다.

그러나 부인은 내 말을 알아듣는 것 같지가 않았다.

이런 경우, 이 여인의 남편의 자폐증을 치유시킨다는 것은
거의 불가능에 가까운 일이라고 생각한다. 백가지 약 가운데
가장 명약이 사랑임을 명심해주기 바란다.


## 14. 정신분열증(精神分裂症)은 왜 생기나?

정신분열증이란 이른바 정신이 오락가락 하는 병(病)이다.
머리가 돌았다고도 흔히들 표현을 한다.

마음이 항상 같지 않고 정반대되는 성격이 교대로 나타나
는 것을 이중인격자(二重人格者)라고들 한다. 〈지킬 박사와
하이드씨〉의 이야기가 이 대표적인 예라고 할 수 있다.

그런데 이중인격이 아닌 다중인격(多重人格)이 될 때는 이
미 정신병의 범주에 속하게 된다.

정신병학자들이 주장하는 학설에 의하면 이 세상에 정신이
완전히 온전한 사람은 거의 없다고 했다. 다만 사회생활을
하는데 별로 지장이 없는 정도로 이상한 사람은 이상성격자
로 괴짜로 취급되고, 사회생활을 해나가기 어려운 성격이상자
는 정신병자로 취급할 따름이라고 했다.

그런데 정신이 자주 분열을 일으키는 사람들 가운데는 피
해망상과 과대망상을 겸한 이도 있게 마련이다. 누군가가 자

기를 감시하고 있다느니, 해(害)치려고 하고 있다느니, 또는
자기는 곧 대통령이 될 사람이라느니 하는 말을 하는 이는
과대망상에 사로잡힌 정신병자라고 볼 수 있다. 보통 때는
멀쩡하다가 어느 시기에만 이런 현상이 나타나는 이도 있다.
모두가 정신분열증의 범주에 속하는 사람들이다.

이런 병을 앓는 이들을 지난 18년 동안 수없이 나는 만나
보았다.

그래서 알게 된 것은 약물중독 또는 알콜 중독(中毒)으로
말미암아 생리적(生理的)으로 뇌신경(腦神經)에 고장이 생긴
경우와 영혼이 빙의되어서 인격이 자주 바뀌는 경우가 있음
을 알았다.

다같이 〈옴 진동수〉를 열심히 마시면 좋은 효과를 거둘 수
있다고 본다.

아시다시피 사람의 몸은 80% 이상이 수분(水分)으로 되어
있다. 우주의 생명력(生命力)이 들어 있는 〈옴 진동수〉의 장
기복용은 체액(體液)을 바꾸어 주게 마련이다.

뇌신경이 정상(正常)으로 작동(作動)하게 되면 분열증 증
상은 없어지게 된다. 또한 영혼이 빙의가 되어서 분열증 증
상을 일으키는 이는 100일 이상 〈옴 진동수〉를 복용시킨 뒤
에 제령(除靈)을 하면 좋아지게 마련이다.

나를 찾아오는 환자들의 80% 이상이 이런 분열증 환자인
데 80% 이상을 치유시킨 일이 있다.


## 15. 우울증은 왜 생기나?

시간적으로 오전에는 명랑하고 오후가 되면 우울해지는 사
람이 있다.

여름철이 되면 우울해지고 찬 바람이 불기 시작하면 명랑
해지는 사람도 있다. 이런 정도가 심해서 가정생활도 사회생

활도 하기가 어렵게 되면 이는 우울증, 또는 조울증에 걸린 환자라고 보아야 한다.

우리가 알기에 사회생활을 하는데 별다른 지장이 없는 범위 안에서 조울증 증상을 갖고 있는 이들은 상당히 많은 것으로 생각이 된다. 주변 사람들이 별로 눈치채지 못할 정도라면 그대로 방치(放置)해 두어도 좋다고 나는 생각한다.

그러나 조울증이 심한 경우에는 우선은 정신과 전문의의 진단을 받는게 현명하다.

우울증이 심해지면 자살충동이 일어나게 마련이고, 그리하여 스스로 목숨을 끊는 일도 더러 있기 때문이다.

우울증은 무엇인가 동기가 있게 마련이다. 애인에게 배신(背信)을 당했다든가, 사업에 실패(失敗)했다든가 해서 한동안 우울해졌던 것이 동기가 되는 수는 많다.

그러나 세월이 약이라는 말이 있듯이 대부분의 정상적인 사람들은 상처를 디디고 일어서게 마련이다.

우울하게 만들었던 일들도 차차 잊게 마련이다. 그러나 오랜 시간이 지났는데도 계속 우울증이 계속되면 이것은 이미 정신병에 걸린 것이라고 보아야 한다.

우울해져서 마음의 파장(波長)이 어두워졌을 때, 같은 파장을 가진 영혼들이 빙의되는 경우가 있다.

이렇게 되면 이 우울증은 영구적인 것이 되게 마련이다.

아이를 낳기 때문에 여자들은 대체로 남자들보다 유체(幽體)가 발달이 되어 있기에 영혼이 빙의되는 확률은 여자가 남자보다는 훨씬 높다고 생각이 된다. 따라서 우울증 환자는 대체로 여성이 많다고 생각이 된다.

이 경우도 〈옴 진동수〉 장기 복용으로 체질(體質)을 개선시키면 좋아진 예가 많다.

또한 영혼이 빙의되어 생긴 우울증은 〈옴 진동수〉를 100일 이상 마시게 한 뒤에 제령을 하면 좋아진 예가 많다는 것을 알려드리고 싶다.

# 16. 결핵은 왜 생기나?

결핵은 영양을 잘 취하지 못하는 상태에서 지나치게 과로를 할 경우, 신장(콩팥)에 무리가 생기게 되어 신장에서 발생한 유독(有毒)개스가 폐(肺)에 고이게 될 때 생기는 병이 아닌가 한다. 또한 정신적으로 항상 비관하여 슬픔을 항상 가슴 속에 간직할 때도 결핵은 발생한다.

〈내 슬픔은 없앨 수 없다. 무슨 일을 해도 소용없다.〉는 극도의 비관은 결핵을 앓게 만드는 것이다.

그러니까 누구 앞에서든 실컷 울어버리어 슬픔을 전부 개방시키고 자기 자신의 능력을 과소평가하는 생활 태도를 버릴 때 환자는 급속도로 좋아지게 마련이다. 마음을 편하게 갖게 되면 제일 잘 치유되는 것이 바로 결핵이 아닌가 한다.

〈옴 진동수〉를 열심히 마시고, 스피커를 이용하여 자기시술을 할 경우 3기 결핵환자도 거의 예외없이 3~4개월 이내에 완쾌되는 것을 수없이 보아왔다. 내가 연구한 〈진동수〉 복용과 체질개선 시술이 가장 효력을 나타내는 것이 바로 결핵이 아닌가 한다.

# 17. 기관지 천식은 왜 생기나?

기관지 천식은 내 자신이 30대에서 40대까지 10년 동안에 걸쳐서 앓은 질병이다. 이 병은 돈에 대한 집착, 뜻대로 일이 되지 않아서 답답한 심정(心情)이 지속될 때 생기는 병이 아닌가 한다. 본인 자신이 숨이 막힐 것 같은 환경에 놓여 있다고 항상 생각할 때, 기관지 천식은 생기게 마련이고 또 병원치료로서는 완쾌되기가 어려운 병이다.

중년(中年)에 들어서서 연달아 사업에 실패하고 집안에 들어앉게 된 사람들에게서 많이 찾아볼 수 있는 병이기도 하다. 그러니까 자기 환경에 만족하고, 남을 원망하는 마음을 버리고 명랑한 생활 태도를 갖게 되면 어느덧 기관지 천식은 증세가 가벼워지게 마련이다. 〈옴 진동수〉를 장기간 복용하고 스피커로 자기시술을 하게 되면, 가래가 무척 많이 나온다. 가래가 완전히 빠지면 넓어졌던 기관지확장증이 치유되고 그러면 자연히 천식증상은 없어진다. 물질에 대한 지나친 집착을 버리고 현실에 만족하여 마음을 편하게 갖게 되면 쉽게 좋아질 수 있는 병이다.

한편 완고한 기관지 천식의 경우 영혼이 빙의되어 생기는 경우도 있음을 알아야 한다.

사업에 실패했다든가 해서 답답한 심정이 되어, 그런 정신상태가 오래 지속되게 되면 같은 파장을 가진 영혼이 빙의되게 된다. 유산된 아기의 영혼이 답답한 마음으로 빙의될 때, 기관지천식이 생기는 경우가 있고, 커다란 연못이나 우물을 함부로 메웠을 경우, 그 곳에 있던 용신(龍神)이 흙속에 갇힌 상태가 될 때도 완고한 기관지 천식이 된 경우를 경험한 경우가 있다. 이런 경우에는 일정한 기간, 〈옴 진동수〉를 복용시키고 제령을 시켰더니 기적적으로 회복된 예가 있다.

## 18. 감기에 자주 걸리게 되는 원인은 무엇인가?

감기하면 이 역시 내가 거의 40년 동안 단골로 앓던 병이다.

1년내내 거의 감기를 앓지 않은 날이 없던 것이 과거의 내 자신의 경우였다. 나는 가난한 집안의 큰 아들로 태어났는데 선친(先親)은 중년 이후에 여러번에 걸쳐 파산(破産)을 했고, 게다가 술을 굉장히 많이 드시는 분이었다.

〈언제 아버지가 돌아가시게 될지도 모른다. 내가 이 집안을 꾸려나가게 되는게 아닌가?〉 하는 공포심에서 잠시도 헤어나지 못했던 것이 항상 감기를 앓게 된 원인이 아니었던가 생각된다.

무엇을 항상 두려워하면 마음이 움츠러 들게 마련이고, 혈액순환도 나빠져서 감기 바이러스가 침범하기 쉬운 체질이 되어버리게 마련이다.

심령과학자가 되어 자기자신의 삶에 대해서 보람을 느끼게 되고 자신있게 살게 된 뒤로는 1년내내 감기를 앓는 일은 없어지게 된게 사실이다. 또한 부모가 항상 공포심을 갖고 살면 아이들도 감기에 잘 걸리게 되는게 아닌가 한다.

항상 은행에서 부도가 날까봐 두려워하는 사업가도 늘 감기를 앓게 마련이다.

작은 사업체를 갖고 어려운 처지에 놓여 있어도 자신감을 갖고 노력하는 사업가는 건강하지만 큰 업체를 거느리고 있으면서 항상 무엇에 쫓기는 듯한 공포심을 못 버리는 사업가는 감기에서 영 해방이 되지 못하고 있는 예를 본 일이 있다.

자기의 앞날에 갑자기 불안과 공포심을 느끼게 되면 그는 그 순간부터 감기에 잘 걸리기 쉬운 체질로 변하게 마련이다.

감기는 누구나 앓기 쉬운 흔한 병이지만 요즘은 약으로도 잘 다스려지지 않는 병인 것도 또한 사실이다.

위장병과 감기가 만병(萬病)의 근원이라는 말도 있다.

소위 심령과학자라는 내자신도 몇년 전에 뜻하지 않게 고소를 당하여 한동안 불안하게 지낸 일이 있는데, 그때 감기에 걸린 것이 그 사건이 원만히 해결될 때까지 영 완쾌하지 못한 경험을 갖고 있다.

신(神)이 아닌 다음, 내일의 운명을 자신있게 판단할 수 있는 사람은 아무도 없다고 생각한다. 기왕이면 명랑한 기대감을 갖고 노력을 하면 감기하고는 인연이 없게 된다고 본다.

# 19. 아무런 이유없이 임신 못하는 여자 의 경우는 왜 그런가?

〈아이를 낳지를 못합니다.〉하고 나를 찾아오는 손님들도 많다. 이러한 부인들 가운데에는 월경이 전혀 없는 이를테면 난자(卵子)가 전혀 나오지 않는 부인이라든가, 정충(精蟲)이 죽어서 나오는 남편을 가진 경우가 있는데 이것은 대개 전생 (前生)에서 큰 잘못을 저지른 결과이기 때문에 치유하기가 힘들다.

이런 사람들도 1년 이상 〈옴 진동수〉를 가족들이 전부 마시고 체질개선 시술을 받고 〈제령〉까지 했을 경우에는 아주 드물지만 아이를 갖는 예가 아주 없는 것은 아니다.

여기서는 보통의 몸을 가진 사람, 그러니까 임신할 수 있 는 능력을 가졌음에도 불구하고 아이를 임신하지 못하는 사 람에 한해서 이야기를 해볼까 한다.

불임(不姙)일 경우, 많은 경우 여자 쪽에 결함이 있지 않 나 생각이 된다.

그녀의 정신상태에 문제가 있다고 보아야 한다. 그것은 어 떤 정신의 상태인가 하면 아이를 낳지 못할 때의 여성은 여 자답지가 않고 부드러운데가 없고 다정하지가 못하게 마련이 다.

아이의 영혼을 받아들일 수 있는 따뜻한 마음이 없을 때, 태어나려는 아이의 영혼이 찾아들 까닭이 없지 않겠는가?

또하나 이런 여성들이 생각하지 않으면 안되는 중요한 점 은 남편을 세워주는 정신이 부족하다는 점이다.

남자의 성기(性器)는 발기하는 것이고, 벌떡 일어선 것을 자랑스럽게 여기는 법이다. 이와 반대로 여성의 성기에는 항 상 습기가 있고 오목한 것이다.

따라서 그런 윤택한 상태에서 남편의 입장을 세워주는 정신을 부인이 갖게 되면 남성은 그 기능을 다하게 되는 법이다. 남편을 멸시하고 그 능력을 인정하지 않을 때, 남편은 자신(自信)을 잃게 되고 그 결과 아내와의 성생활(性生活)이 부담스럽게 느껴지게 된다. 아이가 생기지 않는 것은 당연한 일이라고 생각된다.

남녀의 부부생활이 원만하게 이루어질 때, 두 사람은 건강해지고 또한 마음은 안정감(安定感)을 갖게 된다. 이것은 〈생명 에너지〉의 균형이 이루어지기 때문이다. 음양(陰陽)이 완전히 조화를 이루고 있는 부부에게는 아이는 태어나게 마련이다. 또한 크게 싸운 상태에서 성교를 한다든가, 벼락치는 날 밤 같은 때는 부부생활은 삼가는게 좋다.

뇌성마비의 아이가 임신되기 쉽기 때문이다.

여기서 또 한가지 잊어서는 안될 것은 아이가 생기지 않는다고 해서 너무 초조해지거나, 필요 이상으로 자주 부부관계를 갖는 것도 좋지가 않다.

남편의 정충이 보통 사람보다 부족한 경우에는 좀 참았다가 배란일에 맞추어서 한번에 두번 이상 성관계를 갖는게 좋다. 그렇게 해서 임신한 예가 있다.

그리고 앞서도 잠깐 이야기했지만 남편을 정신적으로 받아드리지 않거나 몹시 미워할 경우, 여자의 자궁에서는 특수한 분비물이 생겨서 정충을 모두 죽임으로써 임신이 안되는 경우도 있다고 한다. 육체적으로는 서로 아무런 이상이 없으면서도 아이를 갖지 못하던 부부가 이혼을 하고, 부인이 사랑하는 남자와 재혼(再婚)을 했더니 곧 아기가 생긴 경우는 이런 예라고 할 수 있다.

서로 미워하는 부부 사이에는 아기의 영혼은 잘 깃들지 않는다는 것을 명심해주기 바란다.

# 20。 습관성 유산은 무엇이 원인인가?

여기서는 습관적인 유산을 말하기에 앞서서 병적(病的)인 입덧 때문에 괴로워하는 경우부터 살펴보기로 한다. 임신 4개월이 지났는데도 입덧은 점점 심해진다. 밤에는 잠을 자지 못하고 구역질도 심해진다.

이런 병적으로 입덧이 심한 경우는 사실은 임신을 기피하고 싶다는 잠재의식(潛在意識)에서 비롯된 것이라고 보아야 한다. 임신을 기피하고 싶다는 마음이 생기는 원인은 여러가지가 있지 않나 한다. 우선 임신에 대한 공포심 때문에 생기는 경우를 들 수가 있을 것이다. 아기를 출산할 때의 고통이 굉장히 크다는 이야기를 자주 들어서 임신을 기피하는 마음을 갖게 되는 경우도 꽤 많지 않나 한다. 또한 남편과의 사이에서 아이를 낳고 싶지 않다는 마음이 생길 때에도 입덧은 심해지게 마련이다. 한편 입으로는 아이를 얻고 싶다고 말하면서도 마음 속으로는 원하고 있지 않을 때도 습관성 유산은 생기게 마련이다.

아이를 가진 것을 강하게 후회할 때 습관성 유산이 되게 마련인 것이다. 또한 첫번째 임신했던 아이를 억지로 유산을 시키게 되면 그 뒤로는 정작 아이를 갖고 싶어도 계속 유산을 하게 되는게 아닌가 싶다.

첫번째 아이를 유산시켰다는 죄악감이 자기는 아이를 가질 수 없는 여자라는 자책심을 낳게 되고 그것이 습관성 유산의 원인이 되는 경우도 많지 않나 한다. 더욱이 그 첫번째 유산한 아기가 남편의 아이가 아니었을 경우, 그런 일이 있었다는 사실을 남편이 전혀 모르고 있을 경우에도 습관성 유산은 이루어지게 된다. 남편과 성생활을 하면서도 항상 헤어진 애인을 그리워하고 남편이 헤어진 애인이라고 마음 속으로 생각하면서 성교(性交)를 할 때에도 아이는 임신되기가 어려울 뿐 아니라 습관성 유산이 되기가 쉽다고 본다. 아이를 갖는다는 것이 떳떳하지 못하다는 감정은 산모(産母)에게나 아이에게나 모두 해(害)롭게 마련이다. 태어나지 않기를 바라면서 임신한 아이를 마지못해 낳을 경우 의레 그 아이에게는 결함이 생기게 마련이다. 뇌성마비 어린이가 그 좋은 예라고 할 수 있다. 임산부는 자기가 임신한 아기가 건강하게 태어나기를 바라고 또 자랑스럽게 생각해야 될 것으로 본다.

## 21. 갑상선(甲狀腺) 기능항진은 왜 생기나?

갑상선 기능 항진은 여성에게서 많이 찾아볼 수 있는 질병이다.

항상 긴장된 생활을 하고 마음 속에 울분을 축적시키고 있으면 갑상선 기능 항진이 된다. 목이 커지고 눈알이 튀어 나오고, 몸은 바싹 여위게 된다.

인격적으로는 도저히 존경할 수 없는 성격을 가진 사람들이 단지 시부모라는 이유로 복종과 존경을 강요할 때, 며느리는 마음 속으로는 상대편을 우습게 알면서도 겉으로는 울분을 나타내지 못한다. 그러면서도 가정을 원만하게 유지해 나가기 위해서는 항상 긴장된 생활을 해야만 한다. 항상 긴장을 하게 되면 간장에 부담이 가게 되고, 갑상선 홀몬의 분비가 많아지고, 정상보다 신진대사가 빨라진다. 이것이 갑상선 홀몬의 이상분비(異常分泌)에서 오는 기능항진증이다. 남자에게서는 아주 찾아보기 힘든 병이다. 번잡한 네거리에서 교통순경을 하는 사람이 갑상선 기능항진에 걸려서 나를 찾아온 예가 하나 있을 뿐이다. 마음의 긴장을 풀고 할 말은 하고 사는 두둑한 배짱을 가질 때, 이 병은 좋아지게 된다.

## 22. 비만증(肥満症)은 왜 생기나?

보통 의학적으로는 몸무게가 표준 몸무게보다 1할보다 더 무거운 사람을 비만자라고 부르고 있는게 아닌가 한다.

표준 몸무게라고 하는 것은 자기의 키를 센티로 잽 것에서 100을 빼고 이것을 0.9로 곱셈한 것이라고 말해지고 있다. 키가 164센티의 사람이라면 여기서 100을 뺀 64에 0.9를 곱셈하면 57.6이 되는데 이것이 표준 몸무게가 된다. 그런데 57.6에다가 1할을 보태면 63.3 따라서 63.3kg 이상이 되면 비만체에 들어가는 셈이 된다.

그러나 이런 수치(數值)로 나타낸 체중을 보고 비만증인가 아닌가를 따지는 것은 과히 의미가 없지 않나 한다.

문제는 뚱뚱해짐으로써 몸이 거북해진다든가 정신적으로 괴로운 사람이 비만증 환자라고 부를 수 있는 종류에 속하지 않나 한다.

비만증은 한마디로 말해서 마음이 커다랗게 욕구불만에 사로잡혀 있거나 애정에 굶주려 있는 사람들, 내지는 자기를 과장해서 보이고 싶어하는 허세를 가진 근본적으로는 열등감 때문에 괴로워하는 사람들에게서 찾아볼 수 있는 증세가 아닌가 한다. 마음이 무엇으로나 굶주리게 되면 육체적으로는 허기진 증세가 나타난다.

비만증인 사람일수록 언제든지 식사나 간식을 많이 하고 반대로 운동하는 것은 싫어하게 마련이다. 현실에 대해서 불만이 많고 마음이 토라진 상태이기 때문에 분주히 움직이는 것을 싫어하게 되는 것이다.

남자보다는 여자에게서 많이 찾아볼 수 있는 증세이고 특히 중년(中年) 이상의 부인에게서 많이 찾아볼 수 있는 현상이다.

남편은 사업에 바빠서 부인에게 등한하고 아이들은 모두

자라서 자기 생활에 바쁜 가정의 주부는 마음이 허전해지고 그 결과 비만증에 걸리게 되는 것이라고 할 수 있다.

또한 어린이 비만증을 보면 부모가 유한계급(有閑階級)에 속하는 사람들에게서 많이 찾아볼 수가 있다.

이런 사람들이 〈옴 진동수〉를 열심히 마시게 되면 우주의 파장(波長)과 몸의 파장이 같아짐으로써 정신에 안정이 오게 되고 그 결과 음식을 적게 들게 된다.

어른의 경우 3개월 이내에 10kg 이상 빠진 예는 굉장히 많다.

## 23. 야뇨증(夜尿症)은 왜 생기나?

아이들은 누구나 어려서는 밤에 오줌을 싸게 마련이다. 그런데 국민학교 상급반, 또는 중학생이나 고등학교 학생이 밤마다 오줌을 싸게 되면 이것은 야뇨증(夜尿症)이라고 해서 병(病)으로 치게 된다.

나도 체질개선(體質改善)과 성격개선(性格改善)을 통해서 이런 야뇨증 때문에 고통받고 있는 환자들을 여러명 치유시킨 경험이 있다. 첫째 야뇨증은 계집아이보다는 사내아이에게서 많이 찾아볼 수 있고, 어머니가 노상 아파서 아들에게 아주 등한한 경우, 완고한 야뇨증을 앓는 예를 볼 수가 있었다.

어린아이였을 때는 어머니가 관심을 가져주었었기에 어머니의 관심을 자기에게 돌리기 위한 무의식적인 행동이었음이 밝혀졌고, 또한 이 아이는 항상 외로웠고 쓸쓸해서 슬픔을 마음 속에 간직하고 있다가 밤에 잘 때 그 긴장이 해소되면 눈물이 변형된 형태인 오줌을 싼다는 것이 밝혀지게 되었었다.

「네가 자꾸 오줌을 싸면 오히려 어머니는 너를 사랑하지 않게 된다. 갓난 아이로 돌아갈 수는 없는 일이고 또 돌아

가려고 해서도 안된다.」하고 타이름으로써 좋아진 예가 있
다. 야뇨증은 정신적인 공허감에서 생긴 질병이다. 또한 이
야뇨증 역시 〈진동수〉를 장기간 복용시킴으로써 마음에 안정
감이 생기니까 어느덧 없어진 예도 있다. 고등학교 다니는
몸집은 어른이 다 된 여고생이 완고한 야뇨증 때문에 필자를
찾아 온 일이 있었다. 딸만 있던 집안에 아들이 태어나자 부
모들의 관심은 모두 아들에게만 쏠리게 되었다. 이 여학생은
어려서부터 항상 외로웠고 쓸쓸했다. 위의 두 딸들은 명랑하
고 대범한 성격이었지만 이 세째딸만큼은 유난히 신경이 예
민한 아이였다. 야뇨증은 밤에 마음 속에 축적되었던 외로운
감정과 슬픔이 방출될 때 생기는 증상임이 이 경우에도 증명
이 되었다. 〈진동수〉 장기복용으로 체질이 개선되고 명랑한
성격이 되자 야뇨증은 없어지고 말았던 것이었다. 야뇨증이
있다고 해서 부모가 구박을 하는 것은 증세를 더 악화시키게
마련이다. 아이가 열등의식이 강해지고 부모에 대해서 반항심
을 갖게 되기 때문이다.


## 24。 도벽(盜癖)은 왜 생기나?

도벽은 심령적(心靈的)인 것이 원인이 되어서 생기는 경우
와 또하나 애정 부족에서 마음이 항상 허전하여 그 허전함을
메우기 위해서 생기는 두가지 경우가 있지 않나 한다.

전생(前生)에서 살생(殺生)을 많이 한 사냥꾼이 재생(再生)
한 경우 그에게 죽임을 당한 많은 동물령들이 빙의가 되어서
악성(惡性)의 도벽을 갖게 하여 그로 말미암아 그의 일생을
망쳐주려는 의도를 성공시키려는 그런 경우가 있었다.

이런 경우는 일정한 기간 〈옴 진동수〉를 마시게 한 뒤 체
질개선 시술을 받게 하고 제령(除靈)을 했더니 그 도벽이 없
어진 예가 있다.

또한 애정(愛情)이 굉장히 부족한 환경에서 자란 아이들이 도벽을 갖는 경우는, 부족한 애정을 물건을 도둑질해 가짐으로써 마음의 허전함을 채우려는 무의식적인 행동인 경우가 많다. 이런 경우 부모가 진정한 사랑을 아이에게 쏟아줄 때 도벽은 없어지게 마련이다. 아이를 나무라고 멀어지면 멀어질수록 도벽을 고치기는 어렵다는 사실을 명심해 주기 바란다.

또한 도벽을 가진 아이에게도, 이런 악습(惡習)을 버리지 않으면 부모뿐 아니라 주위의 사람들로부터 사랑을 받을 수 없다는 사실을 잘 납득시켜 주어야 한다.

여지껏 잘못했다고 생각한 일들을 글로 써서 불태우게 하고 인제는 과거의 잘못된 생활과 완전히 결별했다는 자신을 심어주는 것도 좋은 일이다.

집에서 기르던 개를 잡아먹은 경우 그 개의 원령(怨靈)이 자녀(子女)에게 빙의되어 도벽을 갖게 한 예도 있다.

자기를 잡아먹은 부모들에게 괴로움을 주기 위해서 이보다 더 효과적인 방법이 어디 있겠는가?

집에서 기르던 개를 죽인다든가 잡아먹는 따위는 하루 바삐 시정되어야 할 만행이라고 생각한다.

개는 인간과 가장 가까운 위치에 있는 동물이고, 또 인간이 전생에서 큰 죄를 지어서 재생(再生)할 경우 개로서 환생(還生)하는 경우가 많다는 것을 우리 모두가 알아야 한다.

도벽은 그 원인만 정확하게 알아내게 되면 쉽게 고칠 수 있는 악습이다. 자녀의 도벽 때문에 괴로워하는 분들은 나를 찾아서 도움을 받게 되기를 바란다.

## 25. 신장(腎臟)병은 왜 생기나?

신장병도 심령적(心靈的)인데 원인이 있는 경우와 그렇지 않은 다른데 원인이 있는 경우가 있다.

죽은 사람의 혼(魂)이 빙의가 되게 되면 그 망령(亡靈)이 빙의된 육체에서 〈생명 에너지〉를 뺏어가고 대신 유독(有毒) 개스를 많이 내뿜게 되어서 피가 극도로 산성화(酸性化)되게 된다. 결국 산성화되었다는 것은 피 속에 다른 사람들보다 노폐물질이 많아졌다는 이야기이다. 신장은 피 속에서 노폐물로 나온 것을 걸러서 오줌으로 내어 보내는 작용을 하는 기관인데 감당하기 어렵게 되면 신장 자체에 고장이 생기게 된다. 오줌을 우선 저장하는 곳이 신우(腎盂)인데 이 신우에 물이 너무 많이 고이게 되면 이 때문에 비뇨기관 전체의 기능이 나빠지게 된다.

그래서 신장에 고장이 생긴 것을 흔히 신우염이라고 하고 만성 신장염이 되면 몸안의 수분이 잘 빠지지 않게 되어 붓게 된다.

증상이 악화되면 몸 안의 독소(毒素)가 전혀 배출이 안되어 뇨독증(尿毒症)을 일으키게 된다.

뇨독증 단계에 이르면 이미 신장의 기능은 전혀 작용하지 않게 된 상태이다.

인공신장기의 도움을 입게 되면 그 환자는 신장이식수술을 받지 않는 한 기한부 인생이 된 셈이다.

내가 경험한 바에 의하면 신장병은 중년부인들에게서 많이 찾아볼 수 있는 병이었다.

여자는 누구나 임신을 하게 마련이고 임신말기가 되면 태아의 배설물과 모체(母體)에서 발생하는 노폐물질을 다같이 처리하기 위하여 신장에는 많은 부담이 걸리게 마련이다. 그래서 임신 말기에는 몸이 붓고, 다소간에 뇨독증 증상이 오는 것이지만, 순산(順産)을 하고 조리를 잘하면 모체(母體)는 다시 건강해질 수가 있다.

그런데 아이를 낳고 나서 곧 활동을 하게 되면 몸 안에 축적된 유독물질을 미처 완전히 배설하기 전에 새로운 부담이 생기게 되어 만성 신장염이 되는 경우가 많다.

우리가 알고 있는 의학적인 지식에 의하면 신장병에는 필요 이상의 물을 마시는게 금물(禁物)이지만, 〈옴 진동수〉 복용은 그 예외에 속한다.

〈진동수〉는 몸안에 축적된 유독물질과 결합하여 신속하게 배설을 시켜주는 작용을 하기 때문에 〈진동수〉 복용만으로 악성의 신장병이 완쾌(完快)된 예는 많다.

소변이 잘 나오고 부기가 빠지게 되면 신장염은 좋아지게 마련이다.

한편 슬픔을 많이 축적해도 신장병에 걸리게 된다.

사람이 슬픈 감정을 계속해서 갖게 되면 피가 산성화(酸性化)되기 때문에, 피 속에 노폐물질이 많이 생기게 되는 것이다. 슬플 때는 그때 그때 남모르는 곳에서 실컷 울어버리는 것도 아주 좋은 방법이라고 생각한다.

남자들은 마음에 울분이 생기면 그때 그때 가까운 벗들과 술을 마셔서 울분을 털어버릴 수 있기 때문에 신장염에 잘 걸리지 않는 대신 간장병에 잘 걸리게 되지만 슬픔을 발산할 수 없는 부인들은 신장병에 잘 걸리게 되는게 아닌가 생각된다.

〈옴 진동수〉를 장기 복용해도 하나도 좋아지지 않는 신장병은 그 원인을 심령적인데서 찾아보아야 한다.

직접 체질개선 시술과 〈제령〉이 필요한 경우이다.

생활태도가 잘못되어서 생긴 신장병은 〈옴 진동수〉 복용과 집에서 스피커를 이용한 진동 시술을 함으로써 대개 완쾌될 수가 있다고 생각한다.


# 26。 각종 암 질환은 그 원인이 무엇인가?

한마디로 〈암〉이라고 해도 그 〈암조직〉이 생기는 부위에 따라서 수십가지가 된다. 〈암〉은 분명히 현대의 난치병 중에서 으뜸가는 질병이다.

이 〈암〉이 생기는 원인에 대해서 정확하게 대답한다는 것은 매우 어려운 일이 아닌가 한다. 우선 내가 알고 있는 암 원인에 대한 여러가지 학설(學說)들을 간추려서 소개해 볼까 한다. 첫째가 유전설(遺傳說)이 있다. 〈암〉으로 죽은 사람의 형제나 자녀(子女)에게 암이 많이 발생하는데서 주장하게 된 설이 아닌가 한다. 두번째가 각종 공해(公害)와 유해식품(有害食品)의 섭취가 암을 유발한다는 학설이 있다. 다음 세번째가 어떤 종류의 〈바이루스〉에 의하여 〈암〉이 유발된다는 학설이 있다.

네번째가 〈암〉으로 죽은 사람의 혼(魂)이 빙의되어서 암을 유발한다는 설이 있는데, 이것은 내가 주장하는 학설이기도 하다. 나는 생각한다. 암은 결코 단순한 한가지 원인에서 비롯되는 것은 아니며 이상 말한 네가지 원인의 어느 한가지만이 아니라, 이 네가지 원인이 한데 합쳐서도 발생할 수 있는 것이 암이 아닌가 한다. 정상적인 세포는 어느 일정한 크기 이상으로 성장하지 않는데 〈암〉세포는 끝없이 커지면서 주위의 세포들을 침식해 들어간다. 백혈병(白血病)은 혈액암이라고 볼 수 있는데, 본래는 외부로부터 들어오는 세균들을 퇴치하는 백혈구가 자체의 적혈구(赤血球)를 잡아 먹고 끝없이 번식하는게 백혈병이다. 이것은 조혈기구(造血機構)가 미친 탓이라고 볼 수 있다. 피가 극도로 산성화(酸性化)되거나 유독(有毒)개스로 해서 인체세포의 유전인자(遺傳因子)가 잘못되게 될 때 암은 발생하는게 아닌가 나는 생각한다. 백혈병, 뇌암, 폐암, 위암, 간장암, 자궁암, 골수암 등 많은 난치병 환자들이 〈옴 진동수〉를 열심히 마시고 스피커를 이용하여 〈옴 진동〉 시술을 함으로써 완전히 치유된 예가 많은 것을 보면 피를 깨끗하게 만드는 것이 암치료의 한가지 방법인 것만은 확실하다. 열명 가운데 6~7명은 〈옴 진동수〉 복용 기타 방법으로 완치된 예가 많다.

# 27. 당뇨병은 왜 생기나?

당뇨병은 현대인에게 많은 질병이고 또한 경제적으로 여유가 없는 사람들보다는 여유가 있는 미식(美食)을 즐기는 사람들에게서 많이 찾아볼 수 있는 난치병이다.

약물요법과 식이요법을 병행해서 더러는 치유가 된 예가 있기도 하나, 대체로 완치(完治)하기는 어렵다는 것이 일반의 견해이다.

우리 나라에도 70만명이 넘는 당뇨병 환자들이 있다는 설이 있다.

당뇨병은 빙의령에 의한 영병(靈病)인 경우가 많다.

진동수(振動水)를 열심히 마시기만 해서 완치(完治)된 예도 많다.

또한 당뇨병은 마음이 인색하고 의심이 많은 사람들에게 많이 발병하는게 아닌가 생각된다.

주위의 가족들을 마음으로 받아들이지 않을 때, 몸에서 필요로 하는 당분을 받아들이지 않는 당뇨병이 생기는게 아닌가 생각된다.

당뇨병에 걸린 뒤에 크게 심경(心境)의 변화를 일으키고 너그러운 생활태도로 바꿈으로써 단순한 식이요법만으로 중증(重症)인 당뇨병이 좋아진 예도 많이 보았다.

〈옴 진동수〉를 장기간(4개월 가량) 열심히 복용한 사람들은 거의 예외없이 당뇨병이 완치되었던게 사실이다.

당뇨병이 이렇게 진동수 복용으로 쉽게 완쾌될 수 있다는 것은 정말 놀라운 일이 아닐 수 없다고 생각한다.

작고(作故)하신 이선근 소아과(李先根小兒科)원장 선생의 미망인(未亡人)되시는 분은 본인의 말에 의하면 29년된 당뇨병을 앓고 계셨는데 진동수 장기 복용에 의하여 거의 완쾌하다시피 하여 현재 강원도의 모종합병원 소아과 과장으로 근무하고 계시며, 인슈린 주사도 맞지 않고 정상적인 식사를 하시고 하루에 20~30명 환자를 보고 계시다고 한다.

당뇨병은 일반적인 치료법에서는 물을 많이 마시치 말라고 하지만 진동수를 마심으로써 완쾌될 수 있다는 것을 차신있게 이야기할 수가 있다.

특히 당뇨병의 후유증으로 생기는 결핵이나 신경통 같은 질병도 진동수 장기 복용으로 완쾌될 수 있음을 여기에 다시 한번 강조하는 바다.

## 28. 고혈압은 왜 생기나?

남녀를 가릴 것 없이 현대인에게 가장 많은 질병 가운데 하나가 고혈압이다.

옛날에는 고혈압은 중년(中年) 이상 된 사람들에게서 많이 찾아볼 수 있는 질병이었지만 오늘날에는 반드시 그렇지만도 않다. 20대, 아니 10대에도 악성의 고혈압 때문에 괴로워하는 사람들이 많기 때문이다.

청상혈압이란 80~120이고, 70~90이 되면 저혈압이라고 하며 밑의 수치가 100을 넘고 위가 160을 넘으면 이미 고혈압으로 칸주된다. 그러나 예외도 아주 없는 것은 아니다. 120~200인데도 하나도 고혈압 증세가 없는 특이 체질도 있는 것 같다.

한마디로 말해서 고혈압은 혈관이 가늘어져서 생기는 병이다. 혈관 벽에 찌꺼기가 끼어서 피가 잘 흐르지 않게 되면 심장은 혈압을 올려주게 되고 그 결과 심장은 보통사람보다 비대해지게 된다.

심장에서 나오는 관상동맥에 이상이 생겨서 고혈압이 되는 경우도 있고 말초 모세혈관이 가느다랗게 되어서 생기는 고혈압도 있다.

신장(콩팥)이나 간장의 기능이 나빠져서 피를 정화(浄化)
시키는 작용이 둔화되면 피가 탁해지고 그 결과 혈관벽에 찌
꺼기가 끼게 되어 고혈압이 된다고 보기 때문에 고혈압은 신
장이나 간장이 병들게 된 결과로 오는 것이지 고혈압 자체는
병(病)이 아니라는 설도 있다.

고혈압을 예방하는 방법은 되도록 동물성 지방질이 많은
음식을 피하고 식물성 음식을 취하는 것이 아닌가 한다.

고혈압은 이밖에 심령적인 원인에서도 생긴다. 고혈압으로
앓다가 죽은 사람의 혼(魂)이 빙의가 되어도 갑자기 고혈압
이 되는 경우를 많이 보았다.

고혈압 환자는 〈진동수〉를 다량 일정한 기간 4개월 이상
복용하면 100이면 90명까지는 완전히 치유가 되게 마련이다.
여기서 치유가 안되는 사람은 수많은 망령들이 빙의되어 있
는 경우로 보아야 한다.

직접 〈체질개선 시술〉을 받고 〈제령〉을 하면 대부분의 경
우는 혈압은 정상이 된다.

고혈압과 반대되는 저혈압도 진동수 복용으로 완치될 수
있는 병임을 밝혀둔다. 이 저혈압도 심령적인 원인에서 비롯
되는 경우가 많다.


## 29。 저혈압은 왜 생기나?

나의 경험에 의하면 대체로 고혈압은 남자에게 많고, 저혈
압은 여자에게 많은 것으로 생각이 된다.

유체(幽體)가 발달되어 있는 여성의 경우, 죽은 영혼이 빙
의가 되게 되면 거의 예외없이 저혈압 환자가 된다.

정상적인 혈압을 지닌 사람 또는 고혈압인 사람들은 궤체
로 초저녁 잠이 많고 아침에는 일찍 일어나는 사람들이 많은
데 비하여, 저혈압인 사람들은 밤중 늦게까지 깨어 있는게

보통이고, 아침에는 늦잠을 자는 버릇들이 있다.

그리고 저혈압인 사람은 심장의 기능이 약하기 때문에 피순환이 잘 안되는 탓인지 만성적으로 항상 피곤을 느끼게 마련이다.

저혈압에 대해서는 현대의학에서는 그 원인을 모르는 것으로 되어 있는 것으로 안다. 대부분이 심장의 기능이 약해서 빈혈이 있게 마련이고 혈액순환이 잘 안되는 체질이라고 한다.

따라서 저혈압 환자는 무리한 활동을 할 수가 없다. 그러나 좋은 점도 아주 없는 것은 아니다.

〈골골 하면서 80을 산다〉는 속담에도 있듯이 오래 사는 이들을 보면 저혈압인 사람들이 많은 것으로 생각이 된다.

저혈압이기에 평소에 무리를 하지 않고 몸을 아끼는 탓이 아닌가 싶다.

영혼이 빙의가 되어서 저혈압이 된 사람은 내가 발견한 〈옴 진동수〉를 일정한 기간 마시게 되면 정상혈압이 된다. 이때, 2~3일 몸살을 앓게 되는 경우가 많다. 새벽잠이 없어지게 되면 혈압은 정상으로 된 증거이다.

또한 제령을 하면 대부분의 저혈압 환자는 정상 혈압으로 돌아가게 된다.

혈압 강하제를 써서 고혈압은 고칠 수가 있지만, 저혈압은 현대의학으로서는 그 원인도 모르고 치료법도 없는 난치병 가운데 하나이다.

그러나 나는 수없이 많은 저혈압 환자들을 고친 예가 많은 게 사실이다.

## 〈後記〉

나는 그동안 18년에 걸쳐서 심령능력차로서 또 초능력자로서의 일을 해온 사람이다.

20여 권이 넘는 많은 심령관계 서적을 집필해 오는 가운데 언젠가 한권만 읽으면 나의 심령과학에 대한 이론(理論)을 완전히 터득시켜줄 수 있는 새로운 책을 쓰는게 소원이었다.

현대는 모두가 바쁜 생활을 하고 있기에 일반인들은 그렇게 여러권의 책을 읽을 수 있는 시간적인 여유가 없다고 생각이 되었기 때문이었다.

이제 나의 오랜 숙원(宿願)이 이루어진 셈이다.

기쁜 마음 그지가 없다.

이 책은 삼분의 일은 새로 쓴 것이고 나머지 삼분의 이는 그동안 써온 여러 책들의 정수만 뽑아서 다시 편집을 한 것이다. 따라서 이 책이 출간이 되면 나머지 책들은 절판(絶版)을 해 버릴 생각이다.

현대를 사는 바쁜 사람들이 이 책 한권을 읽고 심령과학에 대한 필요한 지식을 얻게 되고 체질개선을 해보고 싶다든가 자기의 전생(前生)을 알고 싶어진다면, 내가 이 책을 쓴 목적은 충분히 달성한 것이라고 생각한다.

이 책을 읽고 체질개선을 하고 싶어졌다든가 자기의 전생을 알고 싶어진 사람들은 명문당(明文堂) 편집부로 연락을 해주시던가, 나의 연구원으로 연락을 해주시기 바란다.
　나는 회원체(會員制)로 체질개선연구원을 운영하고 있기
때문이다.

聖光磁氣體質改善研究院
110-230　서울市 鍾路區 三淸洞 35-104
〖전화〗730-6000, 733-0220
安東民

독자들의 건투를 빈다.
1988년
三淸洞 碧湖亭에서

著者　識

# 前生을 봐드립니다

| | | | | |
|---|---|---|---|---|
| 初版 發行 | ● | 1989年 | 1月 | 10日 |
| 再版 發行 | ● | 1989年 | 6月 | 20日 |
| 3版 發行 | ● | 1991年 | 5月 | 20日 |
| 4版 發行 | ● | 1994年 | 12月 | 26日 |

著　者 ● 安　東　民
發行者 ● 金　東　求

發行處 ● 明　文　堂

서울特別市 鍾路區 安國洞 17~8
對替　　010041-31-0516013
電話　　(營) 733-3039, 734-4798
　　　　(編) 733-4748
FAX　　734-9209
登録　　1977. 11. 19. 第 1~148號

● 落張 및 破本은 交換해 드립니다.
● 不許複製

값 4,500원
ISBN 89-7270-467-9

# 安東民 幸福論

# 자기
# 자신과의
# 싸움

인간의 행복과 불행,
성공과 실패의 因子는
어디에서 비롯되는가?
인간의 삶 속에 性의 위치와
역할은 어떤 것인가?
서울大 文理大 출신으로
小說家이기도 하며, 40세에 심령능력자가 되어
많은 난치병 환자들을 치료하고 있는
安東民이 性문제에 관해 구체적으로 진단하고
행복으로 가는 자기관리법을
집중 연구하여 제시한다.

값 3,500원